Die Liedersammlung Stuttgart, Württembergische Landesbibliothek,
Cod. Don. A III 18

Studien und Texte zum Mittelalter und zur frühen Neuzeit

herausgegeben von Volker Honemann

Band 19

Katrin Ebinger-Möll

Die Liedersammlung
Stuttgart, Württembergische
Landesbibliothek, Cod. Don. A III 18

Edition und Kommentar

Waxmann 2016
Münster · New York

Diese Arbeit wurde von der Philosophischen Fakultät der Universität Tübingen im Sommersemester 2012 als Dissertation angenommen.

Bibliografische Informationen der Deutschen Nationalbibliothek
Die Deutsche Nationalbibliothek verzeichnet diese Publikation in der Deutschen Nationalbibliografie; detaillierte bibliografische Daten sind im Internet über http://dnb.dnb.de abrufbar.

Studien und Texte zum Mittelalter und zur frühen Neuzeit, Bd. 19

ISSN 1617-3953
Print-ISBN 978-3-8309-3368-7
E-Book-ISBN 978-3-8309-8368-2

© Waxmann Verlag GmbH, 2016
Steinfurter Straße 555, 48159 Münster

www.waxmann.com
info@waxmann.com

Umschlaggestaltung: Matthias Grunert, Münster
Umschlagbild: Ausschnitt aus: Stuttgart, Württembergische Landesbibliothek, Cod. Don. A III 18, 1v.
Gedruckt auf alterungsbeständigem Papier, säurefrei gemäß ISO 9706

Printed in Germany

Inhalt

Einleitung

Im Zentrum dieser Arbeit stehen acht kleinformatige, handschriftlich beschriebene Pergamentblätter, die in der Württembergischen Landesbibliothek Stuttgart unter der Signatur ‚Cod. Don. A III 18‘ aufbewahrt sind und bislang von der Forschung noch nicht zur Kenntnis genommen wurden.[1] Die Handschrift selbst liefert keine direkten Hinweise auf ihren Entstehungshintergrund, höchstwahrscheinlich stammt sie aus dem 16. Jahrhundert und ist der Schreibsprache nach in der Grenzregion der heutigen Niederlande und Deutschlands anzusiedeln. Der Inhalt besteht aus 15 lateinischen und volkssprachigen Liedtexten mit Bezug zum Weihnachtsfestkreis, wobei der Bekanntheitsgrad der einzelnen, allesamt anonym überlieferten Lieder höchst unterschiedlich einzustufen ist. Einerseits beinhaltet die Sammlung im Spätmittelalter entstandene Lieder wie beispielsweise die Cantio *Dies est laetitiae* oder das heute noch bekannte Lied *In dulci iubilo*, deren überregionale und teilweise Epochen überdauernde Überlieferung von einer breiten Rezeptionsgeschichte zeugt. Andererseits befinden sich volkssprachige Lieder aus dem 16. Jahrhundert darunter, die ihren Tradierungsschwerpunkt in der niederländischen Drucküberlieferung haben und deren Wirkung regional begrenzt blieb. Die Sammlung zeichnet sich trotz der thematischen Klammer durch eine große Heterogenität aus. Das Nebeneinander von unterschiedlichen Liedtypen, die Mischung von Latein und Volkssprache sowie Einflüsse verschiedener frömmigkeitsgeschichtlicher Strömungen wie Devotio Moderna und Reformation machen die Liedersammlung zu einem unikalen Zeugnis privater Weihnachtsfrömmigkeit.

Die Liedersammlung wird in vier Großkapiteln umfassend erschlossen. Einer Beschreibung der Handschrift folgen Edition und Kommentarteil, eine Einordnung der Sammlung in den überlieferungsgeschichtlichen Kontext schließt die Untersuchung ab. Im Rahmen der Beschreibung (Kapitel 1) werden neben der Handschrift in ihrer Materialität auch sprachliche und inhaltliche Aspekte behandelt. Im Editionsteil (Kapitel 2) steht die Sammlung als geschlossene Einheit im Zentrum. Folglich werden die Liedtexte zunächst als Transkriptionen in der Reihenfolge der Handschrift nacheinander abgedruckt. Darüber hinaus muss aber auch das Variantenspektrum der einzelnen Lieder berücksichtigt werden, denn die in der Stuttgarter Sammlung überlieferten Texte stellen jeweils nur eine ganz bestimmte Fassung eines Liedes dar.[2] Die schwerpunktmäßig mündliche Tradierung sowie der Gebrauch in unterschiedlichen

---

1   Bei der Aufarbeitung der Donaueschinger Bestände der Stuttgarter Landesbibliothek hat Dr. Sven Limbeck eine kurze Beschreibung der Handschrift angefertigt, die für diese Arbeit zur Verfügung gestellt wurde.

2   KORNRUMPF (2000) kommt bei der Analyse von *In dulci iubilo* zu dieser Erkenntnis und erörtert anschließend die Konsequenzen für die Editionsphilologie.

Kontexten prägten die anonym überlieferten Lieder in hohem Maße und führten in vielen Fällen zu einer ständigen Adaptation der Texte. Das Resultat ist eine Überlieferung mit verschiedenen Fassungen, die zum Teil stark voneinander abweichen. Obwohl die Komplexität der Überlieferungslage für jedes Lied unterschiedlich gelagert ist, erfordert die Wesensart der Lieder per se eine Auseinandersetzung mit diesen Varianten, wenn man eine Aussage über ein Lied – und nicht über eine bestimmte Fassung – machen will. Der Benutzer der Edition soll also einerseits die Stuttgarter Sammlung mit ihren spezifischen Textfassungen, andererseits aber auch das Variantenspektrum zu jedem einzelnen Lied in Betracht nehmen können.[3] Aufgrund der großen Materialfülle konnte die Einbeziehung der Parallelüberlieferung allerdings nur für die volkssprachigen Lieder realisiert werden, da deren Überlieferung im Vergleich zu den lateinischen Liedern überschaubarer ist.[4]

Bei der Anlage der Edition kommt die Frage nach einer adäquaten Darstellungsweise der Varianten auf. Während vor allem in der handschriftlichen Überlieferung zahlreiche Textvarianten tradiert sind, gibt es in der Drucküberlieferung die Tendenz, dass sich eine bestimmte Fassung durchsetzte, wenn diese beispielsweise in einem konfessionell gebundenen Gesangbuch oder einem anderen einflussreichen Druck überliefert ist. Die Stuttgarter Sammlung ist aufgrund des Mediums ‚Handschrift‘ durch eine große Variabilität geprägt. Die niedergeschriebenen Texte konnten einerseits von verschiedenen Fassungen aus der schriftlichen oder mündlichen Überlieferung beeinflusst worden sein; einige Texte der Sammlung weisen sogar eine starke Eigenständigkeit gegenüber der Parallelüberlieferung auf. Andererseits besteht bei manchen Texten eine große Ähnlichkeit zu anderen Fassungen, die aus der Drucküberlieferung bekannt sind. Bei der Edition der Parallelüberlieferung steht daher eine flexible Lösung im Vordergrund, die für jedes Lied anders aussehen kann: Wenn sich die Texte aus der Parallelüberlieferung stark von der Stuttgarter Fassung unterscheiden, werden komplette Fassungen transkribiert, die anschließend im Kommentarteil zum jeweiligen Lied abgedruckt werden. Wenn es sich dagegen abgesehen von kleineren Varianten um dieselbe Fassung wie in der Parallelüberlieferung handelt, werden diese Varianten in einem Apparat unterhalb des Stuttgarter Texts dargestellt; die

---

3   Die Editionen von Liedersammlungen berücksichtigen zumeist nur die Fassungen, die in der zu edierenden Quelle überliefert sind, für den Benutzer bleibt somit der Blick auf diese eine Fassung beschränkt. Aufgrund des Umfangs ist eine komplette Edition der Parallelüberlieferung in der Regel kein praktikables Verfahren für die Edition einer Liedersammlung, die Aufarbeitung von Konkordanzen ist jedoch eine Möglichkeit, dem Benutzer einen Überlick zu bieten, vgl. z.B. die Edition des Gesangbuchs von Adam Reißner (Adam Reißner, hg. v. JANOTA). Nach diesem Ansatz wird auch hier für die lateinischen Lieder der Stuttgarter Sammlung verfahren.

4   Lieder, die bereits im Rahmen von Monographien ausführlich besprochen sind, bzw. von denen komplette Editionen vorliegen, werden ebenfalls weniger ausführlich behandelt.

Entscheidung für die eine oder die andere Vorgehensweise ergibt sich jeweils aus dem vorhandenen Material.[5] Es scheint im Rahmen dieser Edition nicht sinnvoll, von vornherein grundsätzlich alle Fassungen vollständig zu transkribieren und gleichberechtigt nebeneinander zu stellen.[6] Denn hier kommt der pragmatische Aspekt ins Spiel, dass die Edition benutzerfreundlich bleiben sollte. Je mehr Fassungen ediert werden, desto unübersichtlicher wird die Lage. Wenn es sich anbietet, ist daher ein Apparat vorzuziehen, der die Varianten mehrerer Fassungen bündelt und auf einen Blick evident macht. Dennoch wird man wohl in den meisten Fällen ganze Fassungen abdrucken müssen, da die Texte zu unterschiedlich sind, als dass sie in einem Apparat dargestellt werden könnten. Bei der Transkription ganzer Fassungen ist eine interne Strukturierung als Orientierung sinnvoll. Die Anordnung der transkribierten Fassungen erfolgt daher wenn möglich „hierarchisch" in Bezug auf die Stuttgarter Fassung. Zudem wird eine Gruppierung der Fassungen vorgenommen, wenn diese eine identische oder ähnliche Strophenabfolge aufweisen. Die genauen Richtlinien der Edition werden im Editionskapitel dargelegt.

In der Anlage des Kommentars (Kapitel 3) spiegeln sich wie in der Edition die zwei Ebenen wider, dass einerseits die Sammlung, andererseits ein bestimmtes Lied in den Blick genommen werden kann. Der in der Stuttgarter Sammlung überlieferte Text, dem auch im Kommentarteil die Priorität vor den anderen Fassungen zukommt, wird zunächst in Form eines Stellenkommentars besprochen. Anschließend wird auf die Überlieferungs- und Rezeptionsgeschichte des jeweiligen Lieds eingegangen. Die meisten Liedtexte, die in dieser Arbeit kommentiert werden, sind zwar durch die mehrbändigen Editionen zum deutschen Kirchenlied von WACKERNAGEL und BÄUMKER bzw. zum niederländischen Lied von VAN DUYSE bereits seit Ende des 19. Jahrhunderts bekannt, sie stießen in der Forschung jedoch auf unterschiedlich stark ausgeprägtes Interesse.[7] Bei der Aufarbeitung der Parallelüberlieferung und der Darstellung

---

5   Zu den Kriterien, die zur Entscheidung führten, ob die Varianten im Apparat oder ob die komplette Fassung abgedruckt wurde, vgl. Kap. 2.1.

6   Die vollständige Transkription aller Fassungen und ihre Gleichberechtigung wäre die methodische Vorgehensweise in der Tradition der New Philology. Obwohl das Verfahren zum Teil in dieser Arbeit praktiziert wird, soll dies nicht als Plädoyer für die Methode verstanden werden. Einen (kritischen) Überblick zur Diskussion um die New Philology gibt STACKMANN (1994).

7   Abgesehen von einzelnen kleineren Beiträgen in Lexika und Aufsätzen sind an dieser Stelle Monographien hervorzuheben, die auch für diese Arbeit wichtige Ergebnisse liefern: Als Standardwerk zum volkssprachigen geistlichen Lied gilt JANOTA (1968). Zu den niederländischen Weihnachtsliedern ist die Studie von KNUTTEL (1906) immer noch maßgebend. In jüngerer Zeit sind einige Liedmonographien in der Reihe ‚Mainzer Hymnologische Studien' erschienen, v.a. HARZER (2006) zum Lied *In dulci iubilo* und WENNEMUTH (2003) zum Hymnus *Christe qui lux es* und seinen Übertragungen.

der einzelnen Lieder kann daher teilweise auf vorliegende Ergebnisse verwiesen oder daran angeknüpft werden, in vielen Bereichen steht zunächst aber Grundlegendes, wie z.B. eine Zusammenstellung der Überlieferungslage, im Vordergrund. Im Rahmen des Kommentarteils werden zudem auch die komplett transkribierten Fassungen der Parallelüberlieferung abgedruckt. Die Rubriken des Kommentars werden ebenfalls zu Beginn des Kapitels erläutert.

Im Schlusskapitel erfolgt die Verortung der Stuttgarter Sammlung in ihrem überlieferungsgeschichtlichen Kontext (Kapitel 4). Dazu werden zunächst Sammlungen mit Konkordanzen vorgestellt, wobei das besondere Augenmerk auch hier auf den volkssprachigen Liedern liegt. Vor der Reformation prägten in den Niederlanden und in den angrenzenden Regionen zwei große Bewegungen das geistige Leben: Die Devotio Moderna und der Humanismus. Während der Humanismus ein eher elitäres Phänomen blieb, das eine qualitative Erweiterung der Bildungsinhalte mit sich brachte, ermöglichte die Devotio Moderna einer breiten Masse Zugang zu geistlicher Bildung;[8] die Volkssprache hatte dabei einen hohen Stellenwert. Die Devotio Moderna entstand im 14. Jahrhundert in den Niederlanden und wirkte von dort aus auch auf angrenzende Gebiete.[9] Für die Entwicklung des geistlichen Liedes, das in den Niederlanden im 15. Jahrhundert eine regelrechte Blütezeit erlebte, war die Bewegung von großer Bedeutung. In den Häusern und Klöstern wurden viele Handschriften produziert, darunter auch zahlreiche Musikhandschriften.[10] Neben lateinischen Cantiones, Hymnen oder Sequenzen wurden unzählige volkssprachige Lieder gedichtet und gesammelt. Bei der Tradierung von volkssprachigen Liedern spielte der weibliche Zweig der Devotio Moderna eine wichtige Rolle. Einige dieser Devotio-Moderna-Handschriften, die Konkordanzen mit der Stuttgarter Sammlung aufweisen, werden im letzten Kapitel der Arbeit vorgestellt, wobei an dieser Stelle großenteils vorhandene Forschungsergebnisse referiert werden können.[11] Obwohl die Stuttgar-

---

8   Vgl. HEIMANN (1997), S. 31f.

9   Die Wirkung der Devotio Moderna auf die umliegenden Länder wird in der Forschung immer wieder betont, vgl. z.B. REHM (1985). Beispielsweise reformierte der als Chronist bekannte Johannes Busch (geb. 1399) sämtliche Klöster in Niedersachsen im Geist dieser Bewegung, biographische Darstellung bei LESSER (2005). Es gibt jedoch auch das Phänomen, dass deutsche Lieder in den Niederlanden rezipiert wurden, vgl. die umfassende Studie von BOS (2003).

10 Zur Handschriftenproduktion in Klöstern der Devotio Moderna, vgl. KOCK (2002). Zu Musikhandschriften vgl. die Beiträge von HASCHER-BURGER (2002), (2007) und (2008).

11 Zentral für dieses Kapitel ist die von Ulrike Hascher-Burger betreute Datenbank MUSICA DEVOTA, in der Handschriften mit zahlreichen Verweisen auf Sekundärliteratur und zum großen Teil auch mit Verzeichnissen der Liedanfänge katalogisiert sind. Die Forschung zum niederländischen Lied wird in der Germanistik kaum zur Kenntnis genommen, ein wichtiger Beitrag diesbezüglich ist die Literaturgeschichte von TERVOOREN (2006).

ter Handschrift keine typische Devotio-Moderna-Sammlung ist, stellt die spätmittelal-
terliche Frömmigkeitsbewegung in Bezug auf das hier überlieferte Liedgut wohl den
Ausgangspunkt dar.

Mit der Reformation erhielt das geistliche Lied neue Impulse. Ab der zweiten
Hälfte des 16. Jahrhunderts verbreitete sich in den Niederlanden der Calvinismus, in
diesem Kontext wurden die Psalmengesänge, die im hier untersuchten Liederbuch
nicht vertreten sind, zur vorherrschenden Liedgattung.[12] Aber auch die Täufer und die
Lutheraner pflegten eine jeweils eigenständige Liedkultur.[13] Gedruckte
Liedersammlungen wurden ab der zweiten Hälfte des 16. Jahrhunderts in großer
Anzahl produziert und lassen sich nicht immer eindeutig einer bestimmten
Benutzergruppe zuordnen.[14] In diesem Zusammenhang wurden neue Lieder gedichtet,
aber auch altes Liedgut, das bereits Bestandteil von Devotio-Moderna-Handschriften
war, wurde weiter gesammelt und ging in die Drucküberlieferung ein. Die Stuttgarter
Sammlung hat auffallend viele Konkordanzen zu einigen niederländischen Drucken,
die an dieser Stelle ebenfalls vorgestellt werden. Die gedruckten Sammlungen sind in
den meisten Fällen nur punktuell erforscht, so dass die Darstellung hier auf einige
Basisdaten beschränkt bleibt.

Anschließend werden die Fassungen der Stuttgarter Sammlung noch einmal
systematisch ins Zentrum gerückt und es werden nun in Bezug auf die komplette
Sammlung überlieferungsgeschichtliche Bezüge zu anderen Sammlungen evident
gemacht. Von zentralem Interesse ist an dieser Stelle ein Druck mit dem Titel
Suverlijc Boecxken in den Auflagen von 1572, 1600a und 1600d, der nicht nur eine
hohe Anzahl an Konkordanzen mit der Stuttgarter Sammlung aufweist, sondern auch
signifikante Ähnlichkeiten beim Textvergleich der volkssprachigen Liedfassungen
zeigt. Ein abschließendes Resümee, in dem versucht wird, das Profil der Stuttgarter
Sammlung herauszustellen, schließt die Untersuchung ab.

---

12   Einen Überblick zur Reformation in den Niederlanden bietet NOORDZIJ (2003). Zum
      Psalmengesang vgl. LUTH (2004).

13   Die Täufer grenzten sich von den Mennoniten ab; zu ihrer Liedkultur vgl. ZIJLSTRA
      (2000). Zu den Lutheranern vgl. die Studie zur Rezeption des Bonner Gesangbuchs von
      HOLLWEG (1971).

14   Im REPERTORIUM II, S. 763–818, sind über 500 gedruckte weltliche und geistliche
      Liedersammlungen aus dem 16. Jahrhundert aufgelistet.

1   Beschreibung der Handschrift

1.1   Geschichte der Handschrift

Der Entstehungsort der Liedersammlung ist unbekannt. Indizien zur Provenienz und zu früheren Eigentümern sind nicht enthalten. Die Geschichte der Handschrift wird erst im Jahr 1870 fassbar, als sie vom Augsburger Antiquar Albert Fidelis Butsch in den Besitz der Sammlung der Fürstlich Fürstenbergischen Hofbibliothek Donaueschingen überging.[15] Dies belegt der Bleistiftvermerk *Er. von Butsch jr. 26. Jan. 1870. – 3 fl* (= Gulden), der sich auf der Innenseite des Umschlags und noch einmal am Ende der Sammlung mit der Preisangabe auf Blatt 8r befindet. Auf Blatt 1r steht ebenfalls mit Bleistift und in gleicher Schrift die in Klammern gesetzte Nummer *(5255)*, bei der es sich vermutlich um eine alte Inventarisierungsnummer handelt. Von der Donaueschinger Sammlung gelangte die Handschrift nach dem Kauf durch die Württembergische Landesregierung in den 1990er-Jahren in die Landesbibliothek Stuttgart; die jetzige Signatur 'Stuttgart, Württembergische Landesbibliothek, Cod. Don. A III 18' verweist auf ihre Donaueschinger Herkunft.

1.2   Äußere Merkmale

Die Sammlung besteht aus acht Pergamentblättern im Format 16x11 cm, die in einem roten Umschlag einer medizinischen Dissertation (Ernst Schwartz: *De cystitidis pathologica*, Berlin 1847) aufbewahrt sind. Bis auf Blatt 1r und 8v ist jedes Blatt mit Liedtexten beschrieben, wobei der Schriftraum ca. 11,5–14,5x8,5–10,5 cm umfasst und sich die Schrift auf bis zu 35 Zeilen pro Blatt erstreckt. Auf Blatt 1r ist oben ein Schriftzug zu erkennen, der von der Blattmitte zur rechten Ecke hin verläuft und sich über zwei Zeilen erstreckt. Dieser Text ist stark verblasst und am Blattrand aufgrund eines Wasserschadens nicht lesbar. In der Mitte der Seite befinden sich Federproben.

Die Handschrift ist in einem relativ gut erhaltenen Zustand, so dass fast der gesamte Text lesbar ist. Auf den ersten drei Blättern befindet sich ein Wasserfleck auf der äußeren Ecke und entlang des oberen Rands, auf Blatt 8 ist im oberen Drittel außerhalb des Schriftraums ein kleines Loch. Das Pergament ist nicht von besonders

---

15   Dieser Hinweis, die Maße bezüglich Schriftraum und Blattgröße und die Bestimmung der Schrift sind der bislang unveröffentlichten Katalogisierung von Dr. Sven Limbeck entnommen, die mir für diese Arbeit zur Verfügung stand.

guter Qualität, vermutlich handelt es sich um einen Restbestand.[16] An zwei Stellen sind Rasuren vorhanden: Auf Blatt 3v wurde das obere Drittel der Seite bearbeitet, eine weitere abgeschabte Stelle befindet sich auf Blatt 7v. Unter dem Liedtext stand vormals ein anderer Text, dessen Spuren zwar noch sichtbar sind, der jedoch auch mit Hilfe einer Schwarzlichtlampe nicht mehr lesbar ist. Für die Schrift wurde durchgehend schwarze Tinte verwendet. Die Gestaltung ist schmucklos und der äußere Eindruck legt nahe, dass es sich um eine für private Frömmigkeitspraktiken geschaffene Aufzeichnung handelt.

1.3 Schrift und Schriftbild

Bei der Schrift handelt es sich um eine Kurrentschrift mit Einschlägen einer humanistischen Kursive.[17] Charakteristische Schreibgewohnheiten der Sammlung sind die Schreibung von <st> als Ligatur sowie der Wechsel von langem, mit Schaft geschriebenem und rundem <s>. Die Buchstaben <n> und <u> sind dem Schriftbild nach identisch, weshalb zur Unterscheidung das <u> in den meisten Fällen mit einem Strich überschrieben ist. Die Gestaltung ist nicht gerade sorgfältig, an einigen Stellen sind Wörter durchgestrichen. Einige Überschriften sind unterstrichen, an wenigen Stellen sind an den Majuskeln am Lied- oder Strophenbeginn flüchtig Verzierungen angedeutet. Ob verschiedene Schreiberhände am Werk waren, muss offen bleiben; eindeutige Hinweise darauf gibt es nicht. Allerdings ist die Schrift auch nicht durchgehend gleichmäßig. Ein deutlicher Einschnitt ist auf Blatt 5r zu erkennen, wo das hier endende Lied (*Drie kooninghen vtuercoeren*) eindeutig dickere Schriftzüge als das nachfolgende Lied (*Dies est letitiæ nam processit hodie*) aufweist. Als Indiz für eine zweite Hand reicht die Beobachtung wohl nicht aus, da die Schriftveränderung viele Gründe haben könnte, z.B. könnte die Sammlung nicht in einem Zug entstanden sein und eine längere Pause zwischen den Aufzeichnungen der beiden Lieder gelegen haben, vielleicht wurde auch nur die Feder an dieser Stelle neu angespitzt.

Das Schriftbild der einzelnen Texte ist ungleichmäßig. Einige Texte sind über die gesamte Breite der Seite geschrieben, andere sind in Versen abgesetzt. Wenn der Text ungeachtet der Versgrenzen über die ganze Zeile geschrieben ist – dies ist bei allen

---

16 Die Verwendung von Pergament scheint zunächst ungewöhnlich für das 16. Jahrhundert, der Beschreibstoff wurde aber gerade in den Niederlanden zu dieser Zeit wieder verstärkt verwendet, vgl. SCHNEIDER (1999), S. 106.

17 Zu diesem Ergebnis gelangt Dr. Sven Limbeck in seiner unveröffentlichten Katalogisierung. Zur humanistischen Kursive, die im 16. Jahrhundert unter anderem auch von Reformatoren verwendet wurde, und zur Kurrentschrift vgl. SCHNEIDER (1999), S. 82–84; hier auch der Verweis auf den Beitrag von TACENKO (1992), in dem Schriftproben abgedruckt sind.

lateinischen Texten der Fall –, erfolgt häufig eine Kennzeichnung des Strophenbe-
ginns durch Majuskeln und durch einen Zeilenumbruch. Teilweise sind die Versgrenzen auch durch Virgeln oder Kommata verdeutlicht. Bei anderen Liedern sind die
einzelnen Strophen dagegen deutlich voneinander abgesetzt, in das letzte Lied der
Sammlung (Nr. 15) ist sogar eine Nummerierung der Strophen eingefügt. Dieses
uneinheitliche Schriftbild ist nicht außergewöhnlich und begegnet auch in anderen
Liederhandschriften, teilweise gibt es auch in gedruckten Sammlungen keine durchgehende Normierung im Schriftbild.[18] Vielleicht könnte man das divergierende
Schriftbild in der Stuttgarter Handschrift auch als Hinweis für ein allmähliches Entstehen der Sammlung deuten.

1.4   Datierung

Sicher datieren lässt sich die Handschrift nicht, die Schrift ist jedoch charakteristisch
für das 16. Jahrhundert.[19] Weiter einschränken lässt sich diese Datierung durch den
Inhalt: Lied Nr. 5 (*Een kyndekyn soe lauelick*) ist in der hier vorliegenden
vierstrophigen Fassung nachreformatorisch.[20] Die Fassung von Lied Nr. 13 (*Christe,
die du byst dach ende licht*) stammt ebenfalls aus der reformierten Tradition. Sie ist
erstmals im Erfurter Enchiridion aus dem Jahr 1526 bezeugt und fand in leicht modi-
fizierter Form auch Eingang in das Klugsche Gesangbuch.[21] Zumindest aufgrund des
erstgenannten Liedes können wohl die ersten beiden Jahrzehnte des 16. Jahrhunderts
als Entstehungszeitraum mit Sicherheit ausgeschlossen werden. Lied Nr. 13 ist jedoch
vermutlich als Nachtrag, d.h. zumindest nach der Niederschrift von Lied Nr. 14 in die
Sammlung gelangt. Ein sicheres Indiz für das nachreformatorische Entstehen der
Sammlung ist der Eintrag dieses Liedes daher nicht. Zu bedenken ist an dieser Stelle
auch, dass sich der Entstehungsprozess der gesamten Handschrift über einen längeren
Zeitraum erstreckt haben könnte.

Einen weiteren Anhaltspunkt für die Datierung liefern vielleicht Lied Nr. 10
(*In dulci iubilo*) und Lied Nr. 14 (*Wie wyl mede toe Bethleem*). Exakt dieselben Fassungen der Lieder sind erstmals in einem Druck aus dem Jahr 1572 belegt (SuB 1572)
und auch in späteren Auflagen des Drucks sind diese Fassungen enthalten. Nahelie-
gender wäre es, an dieser Stelle von einer Priorität des Drucks auszugehen. Die Exis-
tenz einer früheren Auflage dieses Drucks (nach 1546) mit ähnlichem Inhalt wird in

---

18   Wie z.B. im Druck SuB 1572, der teils einspaltig, teil zweispaltig gedruckt ist. Auch hier
      sind einige Lieder in Strophen abgesetzt gedruckt, andere in fortlaufendem Text ungeach-
      tet der Versgrenzen.
19   Zu diesem Ergebnis kommt Dr. Sven Limbeck in seiner Katalogisierung.
20   Vgl. JANOTA (1968), S. 96.
21   Vgl. WENNEMUTH (2003), S. 115–117.

der Forschung diskutiert, so dass auch hier kein endgültig sicherer Anhaltspunkt für eine Datierung gegeben ist.[22] Als Ergebnis muss man sich wohl mit dem Stichwort „nachreformatorisch" begnügen. Da ein deutlicher Zusammenhang mit dem oben erwähnten Druck besteht, ist die Handschrift vermutlich nicht vor dem Jahr 1546 entstanden.

1.5 Fragmentarische Überlieferung?

Im jetzigen Zustand sind die einzelnen Blätter und die gefalteten Bögen, aus denen sich die Handschrift zusammensetzt, zwar mit Bleistift foliiert, aber lose hintereinander gelegt, so dass die Frage aufkommt, ob es sich um ein Fragment oder eine vollständig überlieferte Liedersammlung handelt. Der Anfang und das Ende der Sammlung sind erhalten, denn auf Blatt 1r befinden sich Federproben und Blatt 8v ist leer. Zudem lassen sich die Blätter 1 und 8, die im jetzigen Zustand als zwei Einzelblätter überliefert sind, an der Schnittspur nahtlos zu einem Bogen zusammenfügen, in den die anderen Bögen und Blätter hineingelegt werden können. Ursprünglich waren die acht überlieferten Blätter aus vier Pergamentbögen gefaltet. Diese Bögen waren zusammengeheftet, die Heftspuren sind an den Blatträndern noch deutlich eingeprägt. Die Heftung erfolgte dabei nicht zu einer konventionellen Lage, denn abgesehen vom ersten Bogen (Blatt 1 und 8), der die übrigen Blätter ursprünglich umschloss, wurden die gefalteten Bögen nicht ineinander, sondern hintereinander gelegt. Im Laufe der Zeit wurde die Heftung gelöst, teilweise wurden die gefalteten Bögen zu Einzelblättern zerschnitten.

Die Sammlung besteht insgesamt aus vier einzelnen Blättern (Blatt 1, 6, 7 und 8) und zwei gefalteten Bögen (Blatt 2/3 und 4/5). Aufgrund der Heft- und Schnittspuren an den Blatträndern lässt sich die Blattfolge eindeutig rekonstruieren. Da sich Blätter und Bögen lückenlos zusammenfügen lassen, ist es eher unwahrscheinlich, dass es sich um eine fragmentarische Überlieferung handelt. Es ist vielmehr davon auszugehen, dass die Anzahl der überlieferten Blätter sowie die rekonstruierte Blattfolge exakt der Sammlung zum Zeitpunkt der Heftung entsprechen. Es bleibt jedoch zu erwähnen, dass nach Blatt 1v, 3v, 5v und 6v die Möglichkeit bestünde, dass dort früher weitere Bögen eingeschoben waren, da an diesen Stellen jeweils Lied- und Blattende zusammenfallen.

---

22 Vgl. dazu Kap. 4.2.2.

1.6   Schreibsprache

In der Liedersammlung ist kein direkter Hinweis auf den Entstehungsort enthalten. Daher ist die Bestimmung der Schreibsprache, die grob auf die Grenzregion zwischen den heutigen Niederlanden und Deutschland verweist, die einzige Möglichkeit zur Lokalisierung. Im Mittelalter und in der Frühen Neuzeit bildeten verschiedene niederfränkische und niedersächsische Dialekte ein Kontinuum, zwischen denen keine Grenze im Sinne einer „sprachliche[n] Bruchstelle" auszumachen ist.[23] Dieses Sprachkontinuum erstreckte sich zwischen einem westlichen „Kerngebiet", das Flandern, Holland und Seeland, später dann auch Brabant und Utrecht umfasste, sowie einem Zentrum im Osten zwischen Nordniedersachsen und Westfalen, wo eine lübisch geprägte niederdeutsche Schreibsprache vorherrschte.[24]

Das Gebiet zwischen Maas und Rhein muss im 16. Jahrhundert als eigenständiger Wirtschafts- und Kulturraum unabhängig von modernen Staatsgrenzen betrachtet werden.[25] Vom ausgehenden Mittelalter an kam in dieser Region eine niederfränkische Schreibsprache auf, die zunächst noch durch eine starke Bindung an die Ortsmundarten gekennzeichnet ist, dann auch von überregionalen Ausgleichstendenzen erfasst wurde und in der Forschung als „Rheinmaasländisch" bezeichnet wird.[26] Innerhalb des Rhein-Maas-Dreiecks, das von einer komplexen Territorialgeschichte geprägt ist, kam es allmählich zu einer sprachlichen Teilung: Während im Süden zunehmend hochdeutsche Formen aufkamen, herrschte im Norden und Westen mit dem Geldrisch-Kleverländischen eine Schreibsprache vor, die viele westliche Formen aufwies;[27] ortsspezifische Unterscheide hatten allerdings weiterhin Bestand.[28] Ebendort, im geldrisch-kleverländischen Übergangsgebiet, ist die Schreibsprache der Liedersammlung zu verorten.[29] Einige sprachliche Charakteristika der Sammlung werden im Folgenden dargestellt:

- Die hochdeutsche Lautverschiebung ist nicht realisiert, das Entstehungsgebiet liegt also nördlich der Benrather Linie („maken-machen-Linie") sowie der Uerdinger Linie („ick-ich-Linie");[30] dies belegt die Form *sternen makers* sowie die

---

23   Vgl. KREMER (2004), S. 3396 und 3398.
24   Vgl. Ebd.
25   Einen Überblick über Politik, Wirtschaft, Kultur und Gesellschaft gibt HANTSCHE (2000); wirtschaftliche und kulturelle Aspekte fokussiert beispielsweise HEIMANN (1997). Sprachliche Zeugnisse behandelt die Literaturgeschichte von TERVOOREN (2006).
26   Vgl. HANTSCHE (2000), S. 66; KREMER (2004), S. 3398.
27   Vgl. KREMER (2004), S. 3398.
28   Vgl. CORNELISSEN (2003), S. 34f.
29   Für diese Einschätzung danke ich Frau Dr. Friedel Helga Roolfs, Münster.
30   Vgl. HANTSCHE (2000), S. 67.

durchgehende Verwendung von *ick*. In den Formen *olt, golt, solde* oder *ensolden* ist die für das Niederländische charakteristische Vokalisierung von *l* vor *ld/lt* nicht durchgeführt.[31] Einmal ist allerdings die Form *ick soud* belegt.

- Im Anlaut wird bei Personal- und Possessivpronomina durchgehend *h* verwendet; dabei überwiegen Pronomina mit a-Vokalismus (zehnmal *haer*, einmal *hoer)*.[32]

- Gelegentlich erscheint a-Graphie für o (*apenbaire*, fünfmal *gaedt* aber auch *godt, gecaemen*, dreimal *gebaeren* aber auch *geboeren*).[33]

- An einer Stelle wird das Pronomen *v* (‚euch') verwendet, das „unzweideutig niederrheinisch ist".[34]

- Im Anlaut findet sich in der Regel z-Graphie (*ziele, zyn, zeeden*), deren Verbreitung nach Westen hin zunimmt.[35]

- Es sind viele „niederländische" Formen enthalten, wie z.B. *niet* ‚nicht', *hedt* ‚es', *kracht* ‚Kraft' oder *die* als bestimmter Artikel im Nom. Sg. mask.

- Neben der Form *vns/vnse*, die über 40-mal vorkommt, wird sechsmal die Form *ons/onser* verwendet.[36]

- In der Handschrift kommen sowohl die Formen *ende* und *vnde* vor, wobei eine klare Gewichtung erkennbar ist: Beinahe durchgehend wird *ende*, viermal nur wird die Form *vnde* verwendet.

- Bei vielen Formen hat eine Senkung von *u* zu *o* vor Nasal stattgefunden, z.B. *onnoselen, wonderlick, onsprekelick* oder *ionge*. Diese Senkung ist zwar häufig, allerdings nicht konsequent (z.B. kommen auch die Formen *sunden, stunden* oder *wunder* vor).[37]

---

31   Vgl. PETERS (1987), S. 63.
32   Vgl. den Beitrag von Georg Cornelissen in TERVOOREN (2006), S. 334.
33   Zur Verteilung vgl. CORNELISSEN (2003), S. 29.
34   CORNELISSEN (2003), S. 35.
35   Vgl. PETERS (1987), S. 74.
36   Zur Verteilung vgl. DE SMET (1983), S. 749.
37   Vgl. PETERS (1987), S. 64.

1.7   Zum Inhalt der Sammlung

1.7.1 Übersicht

Die Sammlung enthält 15 Lieder, die ohne Notation überliefert sind. Zum Teil sind sie mit Melodieverweisen versehen, teilweise verweisen die Überschriften auf Festtage aus dem Weihnachtskreis:

Blatt	Lied Nr.	Überschrift / Incipit
1r		Federproben
1v	1	Inc: *Puer nobis nascitur*
1v	2	Ü: *Eodem tono ‚Puer nobis‘ teuthonice* Inc: *Ons wort geboeren een kyndelyn*
2r	3	Ü: *In natiuitate Christi* Inc: *Dies est letitie in ortu regali*
2v	4	Inc: *Hedt is een dach der vroelickheyt*
3r	5	Ü: *Eodem tono* Inc: *Een kyndekyn soe lauelick*
4r	6	Ü: *In festo trium regum* Inc: *Drie kooninghen vtuercoeren*
5r	7	Inc: *Dies est letitiæ nam processit hodie*
5r	8	Inc: *Totus mundus iocundetur*
5r	9	Inc: *Magnum nomen domini Emanuel*
5v	10	Inc: *In dulci iubilo*
5v	11	Inc: *Puer natus in Bethleem*
6r	12	Ü: *De circumcisione Christi ymnus* Inc: *Mit disen nijen iaere*
6v	13	Ü: *Ymnus ‚Christe qui lux‘* Inc: *Christe, die du byst dach ende licht*
7r	14	Inc: *Wie wyl mede toe Bethleem*
7v	15	Ü: *Op die wyse ‚Puer nobis nascitur‘* Inc: *Waer ys die dochter van Zion*
8v		leer

1.7.2 Cantiones für Weihnachten und volkssprachige Weihnachtslieder

Die Sammlung besteht aus insgesamt 15 geistlichen Liedern, und zwar aus sechs lateinischen Cantiones für Weihnachten, dem Mischlied *In dulci iubilo*, sieben volkssprachigen Weihnachtsliedern und einer Übertragung des lateinischen Hymnus *Christe qui lux es*.[38] Die Liedtypen sind sehr vielfältig, thematisch weisen aber alle Lieder bis auf den Hymnus einen klaren Bezug zum Weihnachtsfestkreis auf.

In der Forschung hat sich bezüglich der lateinischen Gesänge eine relativ klare Terminologie etabliert. Grundsätzlich wird zwischen den in der Liturgie verwendeten Gattungen ‚Psalm‘, ‚Antiphon‘, ‚Hymnus‘ oder ‚Sequenz‘ unterschieden, wovon sich die nichtliturgische Gattung ‚Cantio‘ relativ klar abgrenzt.[39] In der Stuttgarter Sammlung sind ausschließlich Lieder der letztgenannten Gattung vertreten. Cantiones sind gereimte, in der Regel einstimmige Lieder in lateinischer Sprache; in den meisten Fällen sind sie geistlichen Inhalts.[40] Sie können zwar im Gottesdienst Verwendung gefunden haben, hatten darin jedoch keinen festen Platz. Zumeist wurden sie in der Funktion eines Tropus verwendet und sind daher von kernliturgischen Gesängen zu unterscheiden.[41] Im Gottesdienst wurden die Cantiones vor der Reformation im Regelfall nicht von der Gemeinde gesungen, sie spielten jedoch eine große Rolle bei der privaten Andacht oder in geistlichen Spielen und sind daher sehr zahlreich überliefert.

---

38   Bei den Texten der Stuttgarter Sammlung handelt es sich durchgehend um „Lieder“, Melodien sind – abgesehen von Lied Nr. 2, das jedoch mit einem Melodieverweis überliefert ist –, in der Parallelüberlieferung bezeugt. Die Vergewisserung, ob eine Melodieüberlieferung vorliegt, ist wichtig, da es sich sonst auch um ein Reimgebet handeln könnte, vgl. JANOTA (1968), S. 265.

39   Vgl. JANOTA, (1968), S. 271.

40   Vgl. ČERNY (1995), Sp. 389. Hier auch weitere Aspekte zur Form der Cantio sowie eine musikgeschichtliche Einordnung. AMELN (1985) hat den Begriff dahingehend erweitert, dass er auch lateinisch-volkssprachige Mischlieder wie *In dulci iubilo* als Cantiones bezeichnet. KOHLE (2004), S. 168, Anm. 982, verwendet den Begriff ‚Cantio‘ sogar zur Bezeichnung von volkssprachigen Bearbeitungen lateinischer Cantiones (hier auch weitere Literatur sowie ein kurzer Forschungsabriss zum Begriff). Je weiter die Definition gefasst wird, desto größer wird auch der potentielle Rezipientenkreis, da die lateinische Sprache nicht mehr Grundvoraussetzung ist.

41   Zum Begriff ‚Tropus‘ vgl. die Definition von Haug in HAUG/STÄBLEIN (1998), Sp. 897f. Hier wird der Begriff zunächst nicht als Gattungsbegriff verwendet, sondern das Verfahren zur Erweiterung bestehender (liturgischer) Gesänge wird als Tropus bezeichnet.

Charakteristisch für diese Liedgattung ist zudem eine lebendige Übertragungskultur.[42] Obwohl sich die Gattung ‚Cantio' deutlich von den anderen Gattungen lateinischer Lieder unterscheidet, ist sie in sich äußerst vielfältig und heterogen. Dies wird – abgesehen von der thematischen Vielfalt – bereits deutlich, wenn man die sechs Cantiones der Stuttgarter Sammlung miteinander vergleicht. Unter formalem Aspekt sind die Strophenformen allesamt unterschiedlich, zwei Cantiones haben einen Refrain (*Dies est letitiæ nam processit hodie* und *Puer natus in Bethleem*) und auch im Redemodus unterscheiden sich die einzelnen Lieder. So enthalten einige Cantiones vorwiegend im narrativen Stil gehaltene Strophen (*Dies est letitie in ortu regali, Puer natus in Bethleem*), bei anderen steht dagegen der Aufruf zum Jubel im Vordergrund (*Totus mundus iocundetur*).

Für die unterschiedlichen volkssprachigen Lieder, die mit dem Oberbegriff ‚Geistliches Lied' bezeichnet werden, ist es aufgrund der im Gegensatz zu den lateinischen Gesängen liturgisch nicht festgelegten Gebrauchssituationen schwieriger, eine differenziertere Terminologie zu finden.[43] Grundsätzlich unterscheiden sich hier die Herangehensweisen von JANOTA (1968) und RÖSSLER (1981). In seiner umfassenden Studie zum geistlichen Lied hat Janota eine Terminologie gewählt, die am Gebrauch der Lieder orientiert ist.[44] Die Bezugskomponenten sind einerseits die Funktion der Lieder, d.h. ihre Verwendung in der Liturgie bzw. in privaten Frömmigkeitskontexten, andererseits der Rezipientenkreis, der sich zwischen den Polen ‚Gemeinde' und

---

42 JANOTA (1968), S. 249. Für die zahlreichen Übertragungen der Cantiones liefert JANOTA (1968), S. 250–52, zwei Erklärungen: Zum einen ihre lose Verbindung zur Liturgie, weshalb die Texte zunächst umso leichter eine Verbindung mit volkssprachigen Strophen eingehen konnten. Zum anderen wirkte sich die formale Nähe zu den Volksliedern bzw. die Verbindung zu Tanzliedern positiv auf die Übersetzungspraxis aus. Die Übertragungen von Hymnen und Sequenzen richteten sich oftmals nach der Silbenzahl; diese zu berücksichtigen war bei der Übertragung der (rhythmischen) Cantiones nicht notwendig.

43 ‚Geistliches Lied' als Oberbegriff bezeichnet pauschal Lieder geistlichen Inhalts. Der Begriff wird schwerpunktmäßig für volkssprachige sowie für volkssprachig-lateinische Mischlieder gebraucht, zumeist nur in Bezug auf vorreformatorische Lieder. Neben der in der Forschung verwendeten Terminologie enthalten auch die Quellen teilweise Gattungsbezeichnungen, die jedoch inkonsequent verwendet werden. So wird beispielsweise auch in dieser Sammlung das erste Lied als *hymnus* bezeichnet, obwohl es nicht zum klassischen Hymnenschatz gehört, vgl. WACHINGER (2003), S. 95.

44 Zur Terminologie vgl. JANOTA (1968), S. 245–273, insbesondere S. 265–273, schematische Darstellung auf S. 271.

‚Gemeinschaft' bewegt.[45] Dieses differenzierte, auf der Basis einer reichen Materialfülle erarbeitete Konzept stieß in der Forschung auf positive Resonanz.[46] Eine andere Klassifizierung wurde von RÖSSLER (1981) in seiner systematisch angelegten Monographie am Beispiel von volkssprachigen Weihnachtsliedern aus allen Epochen entworfen. Er untersuchte die Texte unter den Aspekten ‚Redemodus' und ‚Stoff' und entwickelte so ein Koordinatensystem, in dem 12 verschiedene Liedtypen auftreten können;[47] der Ansatz konnte sich jedoch in der germanistischen Forschung nicht durchsetzen.[48]

---

45 In Bezug auf volkssprachige Lieder ist demzufolge grundsätzlich zwischen dem Gemeinschafts- und dem im Gottesdienst verwendeten Gemeindelied zu unterscheiden, wobei letzteres zwar der Liturgie nahekam, z.B. in Form eines Predigtliedes, vor der Reformation jedoch keine liturgische Funktion innehatte. Auch von der Schola Cantorum konnten volkssprachige Lieder im Gottesdienst gesungen werden. Zwischen diesen beiden Liedtypen ist das Konventikellied angesiedelt, das im Vergleich zum Gemeinschaftslied in Klöstern oder semireligiosen Kreisen rezipiert wurde und somit eine größere Nähe zur Liturgie als das Gemeinschaftslied aufweist, das im Gegensatz dazu beispielsweise auch in bürgerlichen Schichten oder im Meistersang anzutreffen ist, vgl. JANOTA (1968), S. 271.

46 Vereinzelt wurde an Janotas Studie Kritik geübt. WACHINGER (2003), S. 94, kritisiert, dass in Janotas Schema der Heterogenität der einzelnen Rezipientengruppen des geistlichen Liedes nicht genügend Rechnung getragen wird. Kritisiert wurde auch Janotas eng gefasster Liturgiebegriff, z.B. LIPPHARDT (1972a) und HARNONCOURT (1974), S. 290–292. Janotas Liturgiebegriff passe nicht zu den historischen Gegebenheiten, „[z]ur Liturgie des Mittelalters gehört […] die Gesamtheit der Formen, die im öffentlichen Gottesdienst verwendet werden", HARNONCOURT (1974), S. 291. In der Diskussion geht es vor allem um den Stellenwert volkssprachiger Texte (besonders im Bereich des Stundengebets). Die volkssprachigen Texte gehören nach WACHINGER (2011), S. 324–327, nicht zur Liturgie (Begriff nach Janota), vereinzelt gibt es jedoch Ausnahmen.

47 Vgl. RÖSSLER (1981), Schema auf S. 37. Neben der epischen, dramatischen und lyrischen führt Rößler noch eine parodistische Grundhaltung an; bezüglich des Stoffs unterscheidet er zwischen biblischem Bericht, kirchlicher Lehre und kerygmatischer Predigt.

48 Problematisch sind vor allem die Kriterien der Rede, so kann ein Lied z.B. zugleich 'episch' und 'parodistisch' sein (vgl. z.B. die Parodie des Liedes *Dies est letitie in ortu regali* abgedruckt bei WACKERNAGEL III, Nr. 467). Weiterhin können sich die Kriterien innerhalb eines Liedes abwechseln, z.B. wechseln sehr häufig dramatische Partien oder Strophen mit epischen (vgl. z.B. Lied Nr. 6 der Stuttgarter Sammlung). Schließlich ist auch das Kriterium der ‚lyrischen Grundhaltung' vor allem in Bezug auf vormoderne Texte verwirrend, da hier als ‚lyrisch' in der Regel grundsätzlich sangbare Texte bezeichnet werden, vgl. das Einleitungskapitel in Lyrik des späten Mittelalters, hg. v. WACHINGER, S. 611. Bezüglich des Stoffs sind ebenfalls mehrere Kriterien innerhalb eines Liedes denkbar.

Da die Lieder der Stuttgarter Handschrift eine thematische Verbindung aufweisen, bietet es sich an, die volkssprachigen Lieder als ‚Weihnachtslieder‘ zu bezeichnen. Der Begriff wird im Folgenden für alle volkssprachigen Lieder verwendet, die inhaltlich einen Bezug zur Weihnachtsgeschichte aufweisen und typische Weihnachtsmotive enthalten, wie z.B. Inkarnation, Krippe, Hirten, Herodes oder die Heiligen Drei Könige. ‚Weihnachtslied‘ bezieht sich hier allerdings nur auf die inhaltlich-motivische Komponente, nicht auf einen tatsächlichen Gebrauch der Lieder an Weihnachten.[49] Die Lieder sind vom Typus her ebenfalls sehr heterogen.[50] Trotz der thematischen Klammer werden verschiedene motivische Aspekte akzentuiert und es kommen unterschiedliche Sprechhaltungen zum Tragen. Auch in formaler Hinsicht herrscht eine gewisse Vielfalt, so haben drei der acht volkssprachigen Lieder beispielsweise einen Refrain (*Drie kooninghen vtuercoeren*, *Mit disen nijen iaere* und *Wie wyl mede toe Bethleem*). Einige Lieder beziehen sich inhaltlich und formal auf lateinische Prätexte (z.B. *Ons wort geboeren een kyndelyn / Waer ys die dochter van Zion* und *Hedt is een dach der vroelickheyt / Een kyndekyn soe lauelick*).

1.8 Zum Aufbau der Sammlung

Die Sammlung hat einen klaren thematischen Schwerpunkt. Von den 15 enthaltenen Cantiones und volkssprachigen Liedern beinhalten 14 Lieder klassische Weihnachtsmotive. Eine Ausnahme stellt diesbezüglich nur Lied Nr. 13 dar (*Christe, die du byst dach ende licht*), eine volkssprachige Übertragung des lateinischen Hymnus *Christe qui lux es*.[51] Drei Lieder sind mit Überschriften versehen, die auf einen kirchlichen Festtag aus dem Weihnachtskreis verweisen (Nr. 3 *In natiuitate Chisti*, Nr. 6 *In festo trium regum*, Nr. 12 *De circumcisione Christi ymnus*), die Anordnung der Sammlung verläuft jedoch nicht chronologisch nach dem Festkalender.[52]

---

49   Manche Lieder wurden an Festtagen aus dem Weihnachtskreis, jedoch nicht exakt am Weihnachtstag gebraucht (Lied Nr. 6 am Dreikönigstag, Lied Nr. 12 am Neujahrstag bzw. am Fest der Beschneidung Christi). Es ist im einen oder anderen Fall nicht auszuschließen, dass die Lieder auch außerhalb des Weihnachtskreises verwendet wurden. Beispielsweise hat HASCHER-BURGER (2007) die Verwendung einiger Lieder der Devotio Moderna im Rahmen der Meditation nachgewiesen; es wäre demnach denkbar, dass Weihnachtslieder auf diese Weise auch außerhalb des Weihnachtskreises gebraucht wurden.

50   Vgl. den Kriterienkatalog zu unterschiedlichen Liedtypen bei WACHINGER (2003), S. 95.

51   Der Hymnus wurde ursprünglich in der Tagzeitenliturgie bei der Komplet verwendet, vgl. WENNEMUTH (2003), S. 31.

52   Das Dreikönigsfest wird am 6., das Fest der Beschneidung am 1. Januar gefeiert.

Obwohl keine klare Gliederungsstruktur, die sich durch die gesamte Sammlung zieht, erkennbar ist, scheint die Anordnung nicht komplett willkürlich erfolgt zu sein. Gerade im ersten Drittel sind die Cantiones und Lieder sorgfältig aufeinander abgestimmt: Einer lateinischen Cantio folgt jeweils eine volkssprachige Übertragung, die auf dieselbe Melodie gesungen wird (*Puer nobis nascitur / Ons wort geboeren een kyndelyn* bzw. *Dies est letitie in ortu regali / Hedt is een dach der vroelickheyt*). Lied Nr. 5 (*Een kyndekyn soe lauelick*) wird ebenfalls auf die Melodie von *Dies est letitie* gesungen, so dass zwischen den Liedern Nr. 1 und 2 sowie Nr. 3, 4 und 5 eine enge Beziehung besteht.[53] Lied Nr. 6 (*Drie kooninghen vtuercoeren*) kommt einem Einschnitt gleich, da es sich einerseits um ein volkssprachiges Refrainlied ohne lateinische Vorlage handelt. Andererseits wird thematisch ein neuer Akzent gesetzt, da Herodes und die Heiligen Drei Könige im Vordergrund stehen. Es folgt nun ein Block lateinischer Lieder, zunächst kürzere Cantiones (Nr. 7–9: *Dies est letitiæ nam processit hodie*, *Totus mundus iocundetur* und *Magnum nomen domini Emanuel*), denen sich das Mischlied *In dulci iubilo* und die Cantio *Puer natus in Bethleem* anschließen. Die Lieder Nr. 12–15 bilden einen abschließenden volkssprachigen Block, der in sich jedoch sehr heterogen ist. Lied Nr. 12 ist wiederum ein volkssprachiges Refrainlied, das man aufgrund der zentralen Rolle Marias auch als Marienlied bezeichnen könnte. Das nächste Lied, *Christe, die du byst dach ende licht*, ist ein Nachtrag und unterscheidet sich wie bereits erwähnt grundlegend von den anderen Liedern. Lied Nr. 14 (*Wie wyl mede toe Bethleem*), ebenfalls einem Refrainlied, folgt schließlich Lied Nr. 15 (*Waer ys die dochter van Zion*), dessen Melodie mit Lied Nr. 1 und 2 übereinstimmt – überschrieben ist es mit der Überschrift *Op die wyse 'Puer nobis nascitur'* – und das somit vielleicht wieder zyklisch auf den Beginn der Sammlung zurückverweist.

Während das erste Drittel der Sammlung einer nachvollziehbaren Konzeption unterliegt, erscheint der Rest willkürlicher. Auffällig ist lediglich eine relativ konsequente Einteilung in etwa gleich starke Sprachblöcke:

---

53 Die Melodie ist in einigen Sammlungen ein Ordnungsprinzip, vgl. z.B. die gedruckte Liedersammlung DEPB 1539.

Nr. 1–5	**Lateinische Cantiones und volkssprachige Weihnachtslieder gemischt** Cantiones haben die Funktion von Prätexten in Bezug auf den Text und/oder auf die Melodie
Nr. 6	Einschnitt: *Drie kooninghen vtuercoeren* (volkssprachiges Refrainlied ohne lateinischen Prätext, Dreikönigslied)
Nr. 7–11	**Lateinische Cantiones für Weihnachten** Zunächst kurze Cantiones (Nr. 7–9), in diesem Abschnitt befindet sich auch das Mischlied *In dulci iubilo* (Nr. 10)
Nr. 12–15	**Volkssprachige Weihnachtslieder** Formal und inhaltlich sehr heterogen, darunter als Nachtrag auch der Hymnus *Christe, die du byst dach ende licht* (Nr. 13)

Die Anlage der Handschrift ist vielleicht sukzessive erfolgt. Die Sammlung muss nicht von Anfang bis Ende geplant worden sein, sondern könnte auf einem Stück Restpergament für den privaten Gebrauch nach und nach angelegt und erweitert worden sein, wobei das erste Drittel noch streng durchkonzipiert wurde. Danach wurden die Konzeptionsrichtlinien gelockert und es stand nur noch das Kriterium 'Weihnachtslied' im Vordergrund.

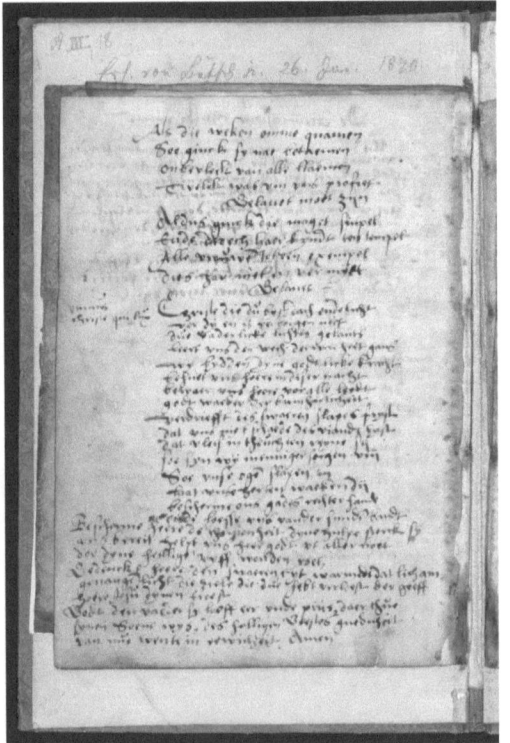

Interessant ist die Überlieferung von Lied Nr. 13 *Christe, die du byst dach ende licht*. Es scheint fast so, als sei der Text nachträglich in die Sammlung eingefügt worden. Das Incipit beginnt nach dem ersten Drittel auf Blatt 6v. Während die ersten vier Strophen noch großzügig in Versen abgesetzt geschrieben sind, erstrecken sich die letzten drei ungeachtet der Versgrenzen über die gesamte Breite. Pro Strophe wird auf diese Weise eine Zeile eingespart, so dass der Text gerade noch auf die Seite passt.

Stuttgart,
Württembergische Landesbibliothek
Cod. Don. A III 18, 6v

Mit der Aufnahme des Hymnus erhielt die Sammlung einen neuen Akzent. Der Text hebt sich bereits durch seine Gattungszugehörigkeit deutlich von den anderen Cantiones und Liedern ab. Die zentralen Themen sind Lobpreis und Bitte, die Sprechhaltung gleicht durchweg dem Stil eines Gebetes. Obwohl die Überlieferung im unmittelbaren Kontext von Weihnachtsliedern auch in der Deventer Liederhandschrift belegt ist, kann der Hymnus nicht als typisches ‚Weihnachtslied‘ bezeichnet werden.[54] In seinem theologischen Gehalt weicht der Text stark von den anderen Weihnachtsliedern ab. Gott wird als Vater oder Herr angesprochen (*godt waeder*, Str. II,4), das Motiv des Krippenkindes fehlt dagegen. Mit der Aufnahme des Hymnus erhält die Sammlung insgesamt eine tiefere theologische Dimension, da durch die starke Betonung dieser anderen Seite Gottes das Motiv der Dreifaltigkeit stärker präsent gemacht wird. Dazu kommt, dass die Nacht, die in allen anderen Liedern als heilige Nacht besungen wird, plötzlich ambivalent wird. In der Nacht ist der Mensch schutzbedürftig (*behuet vns, heere, in diser nacht*, Str. II,2), der Schlaf ist bedrohlich (*Verdriefft des swaeren slapes fryst*, Str. III,1). Nicht die Freude auf die Erlösung, sondern das Bewusstsein der Sündhaftigkeit des irdischen Daseins kommt zum Ausdruck (Str. VI), Versuchung, Sünde und Teufel sind aktuelle und real existierende Bedrohungen (Str. III). Die Gegenwart ist zweimal mit dem Adjektiv *swaere* beschrieben (Str. III,1 *swaeren slapes fryst*[55] und Str. VI,1 *swaeren tyt*) und nicht als „fröhlich“, wie in den anderen Weihnachtsliedern. Die Freude über die Geburt Christi, die in allen anderen Liedern zum Ausdruck kommt, wird schließlich durch die explizite Erwähnung des Kreuzestod (*dor dyne heillige vyff wonden roet*, Str. V,4) am deutlichsten kontrastiert und die Inkarnation bleibt somit in dieser Sammlung explizit auf die Passion bezogen.[56] Gerade im Schlussteil der Sammlung stellt der Hymnus einen besonders starken Gegensatz zu seinem unmittelbaren Kontext dar. Er steht zwischen zwei Refrainliedern (*Mit disen nijen iaere*, Nr. 12, und *Wie wyl mede toe Bethleem*, Nr. 14). Nr. 12 ist ein Marienlied, in Nr. 14 sind Jubel und Tanz zentrale Themen.

---

54 WENNEMUTH (2003), S. 35, nennt Belege für den Gebrauch des Hymnus zur Winterzeit und zum Advent, die Überlieferung im Kontext von Weihnachtsliedern scheint daher nicht ungewöhnlich. Auch in einigen gedruckten Sammlungen ist der Hymnus mit Weihnachtsliedern überliefert. Bei genauerem Hinsehen ist jedoch gerade der Kontrast zu den Weihnachtsliedern auffällig.

55 Der Ausdruck ist nach einigen mittelalterlichen Kommentaren zu deuten als das Leben in Sünde, vgl. EINIG (1995), S. 74.

56 Die Passion ist gelegentlich auch in anderen Weihnachtsliedern Thema, z.B. WACKERNAGEL II, 706.

2 Edition

2.1 Editionsrichtlinien

Bei der Edition der Liedersammlung kommt die Frage, ob in den transkribierten Text eingegriffen wird oder nicht bzw. wie stark ein Text vereinheitlicht wird, einer philologischen Grundsatzentscheidung gleich. Für jede Entscheidung gibt es gute Argumente, die sich vor allem danach richten, welchen Zweck eine Edition verfolgt und an welchen Benutzerkreis sie sich richten soll. Grundsätzlich kann man an der Methode der „New Philology", nach der Texte konsequent mit allen Fehlern dargeboten werden, kritisieren, dass diese Art von Edition gewisse Probleme für den sprach- und literaturwissenschaftlich interessierten Benutzer mit sich bringt.[57] Mit einem Text, in dem offensichtliche Fehler nicht verbessert sind, ist literaturwissenschaftliches Arbeiten im Einzelfall schwer möglich, der Mehrwert einer Edition gegenüber einem Faksimile ist oftmals nicht auszumachen. Die Methode wird bereits dann problematisch, wenn der Text übersetzt werden soll. Ein Vorteil wäre dagegen die Möglichkeit eines sehr detaillierten Vergleichs verschiedener Textfassungen.[58]

Wenn eine Edition das Ziel verfolgt, dass der Text als Grundlage für sprach- und literaturwissenschaftliche Fragestellungen benutzbar sein soll, muss er in anderer Weise aufbereitet sein.[59] Die Edition muss dann bereits das Ergebnis einer philologischen Reflexion darstellen und editorische Eingriffe am transkribierten Text werden in diesem Fall vorgenommen – gegebenenfalls auch gegen die Lesart der Handschrift.

---

57   Zur forschungsgeschichtlichen Diskussion vgl. GLESSGEN/LEBSANFT (1997), S. 10–14. Bei diesen Editionen stehen die Überlieferungsträger und die Umstände der Aufzeichnung vor dem eigentlichen Text bzw. der Text in seiner „Materialität" im Vordergrund, vgl. WOLF (2002). Kritisch zur New Philology in Verbindung mit postmodernen Theorien äußert sich SCHNELL (1997). Oftmals würden die älteren Editionen zu pauschal kritisiert. Zur Editionsgeschichte des geistlichen Lieds ist zu erwähnen, dass auch in älteren Editionen nicht nach dem Archetypus-Prinzip der Lachmann-Philologie ediert wurde, z.B. wird in den Editionen von WACKERNAGEL meistens mehrere Fassungen eines Liedes nach verschiedenen Quellen wiedergegeben.

58   Nach dieser Methode geht z.B. HARZER (2006) in ihrer Monographie zu *In dulci iubilo* vor. Hier werden alle Fassungen als Synopse wiedergegeben, auf offensichtliche Fehler wird durch [!] im Text hingewiesen, Verbesserungsvorschläge werden im Text nicht gemacht. Da die Quellen im Anschluss an die Edition jedoch ausgewertet werden und nur ein einziges Lied mit wenigen Strophen im Zentrum steht, ist die Vorgehensweise in diesem Fall gut begründet.

59   Um am Beispiel *In dulci iubilo* zu bleiben, vgl. die Edition in: Lyrik des späten Mittelalters, hg. v. WACHINGER, S. 484f. nach Mainz, Stadtbibliothek, Hs I 164, 200v. Fehler sind im Text verbessert, Interpunktion wurde eingefügt und die Graphie reguliert.

2.1.1 Transkription

Die Edition der Stuttgarter Liedersammlung richtet sich nach der zweitgenannten Vorgehensweise. Die wenigen offensichtlichen Fehler sind im Text verbessert. Methodisch wird die Stuttgarter Handschrift dabei als Leithandschrift behandelt, in problematischen Fällen – wenn z.B. einzelne Buchstaben oder in einem Fall auch ein ganzes Wort nicht lesbar ist – wird die Parallelüberlieferung hinzugezogen und der Text auf dieser Basis rekonstruiert; Konjekturen waren aufgrund einer reichen Parallelüberlieferung nicht erforderlich. In Grenzfällen wurde die Lesart der Handschrift beibehalten und das Problem im Kommentarteil nochmals aufgegriffen, gegebenenfalls wird hier auch eine Übersetzungsmöglichkeit angeboten. Damit die Eingriffe in den Text auf den ersten Blick durchsichtig sind, ist jede Abweichung von der Handschrift in der Edition durch Kursivierung gekennzeichnet. Im ersten Apparat, der direkt unterhalb des Textes eingerichtet ist, sind allein die Differenzen zwischen hergestelltem Text und Handschrift verzeichnet. Die Lesart der Handschrift wird hier immer mitgeführt, so dass die Nähe zum Überlieferungsträger gewahrt ist. Zugunsten der besseren Lesbarkeit und Übersichtlichkeit sind an der Transkription folgende Vereinheitlichungen vorgenommen:

- Reguliert ist die Groß- und Kleinschreibung. Im edierten Text wird Großschreibung bei Überschriften und am Lied- und Strophenbeginn verwendet. Zudem werden Orts- und Personennamen sowie das Nomen sacrum 'Christus' groß geschrieben.
- Die Getrennt- und Zusammenschreibung ist an einigen Stellen normalisiert. In der Handschrift stehen die Wörter oft dicht nebeneinander gedrängt und die Wortgrenzen sind nicht immer eindeutig ersichtlich. Insgesamt wird hier eher zurückhaltend vorgegangen, vor allem bei „kleinen Wörtern". So ist die Zusammenschreibung der Wörter *in* + *der*, selten auch *in* + *den* in der Handschrift fast konsequent durchgehalten und begegnet zuweilen auch in anderen Handschriften; diese Besonderheit wird in der Edition beibehalten.
- Reguliert wird die Interpunktion, die im edierten Text nach modernen Gesichtspunkten erfolgt. In der Handschrift sind zwar in einigen Liedern Virgeln und Kommata enthalten, diese dienen aber keiner syntaktischen Gliederung, sondern eher einer Strukturierung der Verse für den Fall, dass der Text über die ganze Zeile geschrieben ist.
- In der Handschrift sind an einigen Stellen Abkürzungen und Nasalstriche verwendet, die im edierten Text wie üblich aufgelöst sind. In den lateinischen Texten kommen die Abkürzungen <q³> für *-que*, <d̅n̅s̅ > für *Dominus* und <ͻ> als Abkürzung für *-us* vor. In den volkssprachigen Texten stehen an einigen Stellen die geläufigen Abkürzungen für *-er* sowie *-ēn* für *ende*. In einigen Liedern wird der Refrain nach den ersten Worten mit einem rundlichen Zeichen abgekürzt, das *et cetera* bedeutet. Abgekürzt sind weiterhin in Lied Nr. 14 die Wörter *alleluia* und *kirieleyson*.

- Auf orthographischer Ebene ist die Schreibung des *u* normalisiert, über dem in der Handschrift in den allermeisten Fällen ein Strich <ú>, manchmal auch ein offener Kringel steht. Im edierten Text ist das überschriebene Zeichen nicht wiedergegeben, da es in der Handschrift lediglich zur Unterscheidung von <u> und <n> dient. In volkssprachigen Texten können für [i:] neben <i> auch die Zeichen <ij>, <ÿ> oder <y> stehen, z.B. *hij, hÿ* und *hy*.[60] Da die beiden Zeichen <ij> und <ÿ> in dieser Handschrift kaum voneinander zu unterscheiden sind und ohnehin den gleichen Lautwert haben, erscheint in der Transkription nur <ij> oder wenn keine Punkte überschrieben sind <y>. An einigen wenigen Stellen ist in den lateinischen Texten der Laut [ä:] als Ligatur <æ> geschrieben. Diese Schreibweise wird in der Transkription beibehalten. Zudem steht in den lateinischen Texten in einigen wenigen Fällen das Zeichen <ę>, das entweder für den Laut [ä:] oder für [e:] stehen kann und in der Transkription ebenfalls nicht vereinheitlicht wird.
- Die Handschrift lässt zum Teil das Bemühen erkennen, der poetischen Gestalt der Lieder durch das Schriftbild gerecht zu werden, teilweise sind die Texte aber auch ungeachtet der Versgrenze über die gesamte Breite der Seite geschrieben. Im edierten Text sind alle Lieder in Versen wiedergegeben.

2.1.2 Miteinbeziehung der Parallelüberlieferung

Die Stuttgarter Liedersammlung ist, ähnlich wie alle vergleichbaren Sammlungen, in ihrer Zusammenstellung unikal, die einzelnen Lieder sind dagegen in anderen Liedersammlungen teilweise vielfach bezeugt.[61] Aufgabe der Edition ist daher auch die Zusammenstellung der Überlieferungslage für jedes einzelne Lied, die unter der Rubrik ‚Überlieferung‘ im Kommentar dargestellt wird, wo die Anzahl der ermittelten Handschriften und Drucke bis zum Jahr 1600 verzeichnet ist. Die Cantiones sind, da sie im Gegensatz zu den meisten hier überlieferten volkssprachigen Liedern in vielen verschiedenen Regionen tradiert wurden, viel häufiger überliefert als die volkssprachigen Texte. Für die Cantiones konnten die Quellen im Rahmen der Arbeit nicht alle systematisch ausgewertet werden. Die Überlieferung der volkssprachigen Lieder ist dagegen in den meisten Fällen überschaubarer. So wurde die pragmatische Entscheidung getroffen, sich auf die Parallelüberlieferung der volkssprachigen Texte aus dem niederdeutschen und niederländischen Sprachraum zu konzentrieren. Wenn man die

---

60   Vgl. LASCH (1974), S. 85. <ie> ist vermutlich davon zu unterscheiden, da neuere Untersuchungen ergeben haben, dass <ij> und <ie> nie als Reim überliefert sind, vgl. NEON (Sprachgeschichte, Kap. 6: Mittelniederländisch, Orthographie und Aussprache).

61   Vergleichbare Sammlungen wären z.B. das Liederbuch der Anna von Köln, das jedoch auch unikal überlieferte Lieder und einige Melodien enthält, oder die Werdener Liederhandschrift.

Parallelüberlieferung mit einbezieht und in der Edition darstellen will, gibt es grob
zwei Möglichkeiten: Die vollständige Transkription ganzer Fassungen oder die Darstellung der Abweichungen in einem Variantenapparat. Von beiden Möglichkeiten
wird im Rahmen dieser Arbeit Gebrauch gemacht.[62]

Die meisten hier überlieferten volkssprachigen Lieder sind vor allem in der handschriftlichen Überlieferung in zahlreichen, Wortlaut und Strophenfolge betreffenden
Varianten erhalten, so dass in keinem Fall eine Fassung einer anderen gleicht. Dieser
Variantenreichtum scheint typisch für das Geistliche Lied zu sein, eine Konsequenz
des Gebrauchs der Lieder in unterschiedlichen Gegenden zu unterschiedlichen Zeiten
und oftmals auch das Ergebnis längerer mündlicher Tradierung. Manche Lieder haben
eine jahrhundertelange Geschichte und unterlagen einem ständigen Transformations-
prozess. Was man auf den ersten Blick als „ein Lied" wahrnimmt, sind daher vielmehr verschiedene Fassungen eines Liedes.[63]

Die Umsetzung eines Variantenapparats, der systematisch alle Varianten erfasst,
ist vor diesem Hintergrund problematisch. Schwierig wäre zum einen, dass die Vielzahl an Varianten den Apparat überlasten würde. Zum anderen betreffen die Varianten in vielen Fällen auch die Strophenzahl und Strophenfolge, so dass ein Variantenapparat oftmals nicht mehr sinnvoll scheint. Vor dem Hintergrund, dass es sich in den
meisten Fällen der Parallelüberlieferung um verschiedene und als eigenständig zu
betrachtende Liedfassungen und gerade nicht um bloße Varianten einer Fassung
handelt, ist ein Variantenapparat keine adäquate Darstellungsmethode. Die meisten
Texte der Parallelüberlieferung werden daher vollständig transkribiert im Kommentarteil wiedergegeben.

Im 16. Jahrhundert sind neben der handschriftlichen Überlieferung auch zahlreiche Drucke zu berücksichtigen. Gerade die Übernahme in ein gedrucktes Gesangbuch
konnte wiederum auf sekundärem Weg zu einer „kanonisierten" Fassung führen. Die
„Festigkeit" des Textes kann unter anderem auch vom Medium der Überlieferung

---

62 In diesem Punkt distanziert sich die Edition von der New Philology, da nicht grundsätz-
lich alle Fassungen transkribiert werden sollen, sondern die Beziehungen zwischen den
Textfassungen berücksichtigt werden – ohne dass in diesem Fall jedoch ein klassisches
Stemma erstellt wird.

63 Zu diesem Ergebnis gelangt KORNRUMPF (2000), S. 169, in ihrem Aufsatz zu *In dulci
iubilo*. Bei der Edition eines bestimmten Liedes – nicht wie in diesem Fall bei der Edition
einer Sammlung – kann das Leithandschriftenprinzip im Einzelfall an seine Grenzen
stoßen, wie Gisela Kornrumpf am Beispiel von *In dulci iubilo* aufgezeigt hat. Ihre we-
sentlichen Kritikpunkte sind dabei, dass die Wahl der Leithandschrift oft nur unter willkürlichen Gesichtspunkten erfolgen könne, sowie der Umstand, dass die Verlagerung der
Varianten in einen Apparat der Tatsache nicht gerecht wird, jedes Lied als eigenständige
Fassung zu betrachten. Zur methodischen Reflexion vgl. z.B. auch SCHWEIKLE (1982)
und (1994), hier im Kontext von Minnesang-Editionen.

abhängen, denn bestimmte, in wirkungsmächtigen Gesangbüchern enthaltene Fassungen eines Liedes konnten sich leichter durchsetzen. Eine in der Drucküberlieferung verbreitete Fassung konnte dann selbstverständlich auch wieder in eine Handschrift aufgenommen werden. Dieser Fall liegt bei einigen Liedfassungen der Stuttgarter Sammlung vor. Das Festlegen von Kriterien zur Entscheidung, ob es sich um dieselbe oder um eine andere Fassung handelt, ist freilich problematisch. Dennoch sind nach Auswertung des Materials immer wieder drei Merkmale aufgefallen, durch die sich dieselben Liedfassungen auszeichnen: Die tendenzielle Übereinstimmung von Strophenzahl und Strophenfolge, lange Passagen wörtlicher Übereinstimmung sowie signifikante Ähnlichkeiten in Bezug auf einzelne Formulierungen, die eine Fassung klar von einer anderen unterscheidet.

Die Stuttgarter Sammlung enthält in zwei Fällen dieselben Fassungen, die auch in der Drucküberlieferung aus der lutherischen Tradition bekannt sind (Lied Nr. 5 und 13). Zudem hat die Handschrift auffällig viele Konkordanzen mit dem niederländischen Druck *Suverlijc Boecxken* (SuB), der erstmals im Jahr 1508 gedruckt wurde und in stark erweiterter und teilweise überarbeiteter Form in acht weiteren Auflagen aus dem 16. Jahrhundert erhalten ist. Mit der Auflage von 1572ff. sind die meisten Konkordanzen bezeugt, so sind alle Cantiones und Lieder bis auf Lied Nr. 8 in diesem Druck enthalten. In fünf Fällen kann man dabei klar von derselben Fassung sprechen (Lied Nr. 5, 6, 10, 12, 14). Der Druck SuB 1572 (frühester Druck, mit dem die meisten Konkordanzen bezeugt sind) ist die im Apparat am häufigsten mitgeteilte Quelle, die Varianten von SuB 1508, dem ersten Druck mit dem Titel *Suverlijc Boecxken*, werden ebenfalls im Apparat wiedergegeben.[64] Neben der Stuttgarter Handschrift teilt außerdem ein handschriftlicher Nachtrag in einem gedruckten Utrechter Cantuale (Utrecht, GA, XIII G 43) mit dem Druck SuB 1572 dieselben Fassungen von Lied Nr. 10 und Nr. 14. Vermutlich sind auch diese Fassungen von der Drucküberlieferung beeinflusst worden; die Varianten dieser Quelle werden ebenfalls im Apparat mitgeteilt.

2.1.3 Variantenapparat und Transkriptionen anderer Fassungen

Der Variantenapparat berücksichtigt Quellen, die dieselben Fassungen wie die Stuttgarter Sammlung überliefern, und stellt die Abweichungen zum Stuttgarter Text heraus. Er befindet sich als zweiter Apparat unterhalb der durchgehenden Trennlinie am Seitenende und ist nach folgenden Kriterien eingerichtet:

---

64 Der Zusammenhang zwischen der Stuttgarter Sammlung und den Drucken wird an späterer Stelle behandelt, vgl. Kap. 4. Von SuB 1508 liegt eine Faksimile-Ausgabe vor, die als Grundlage für den Apparat gedient hat (Suverlijc Boecxken 1508, hg. v. MAK), der Druck SuB 1572 wurde eingesehen; von SuB 1600 lagen Kopien vor.

- Der Schwerpunkt liegt auf „Sinnvarianten", d.h. es sind vor allem bedeutungs-tragende Wortvarianten aufgenommen (z.B. *lieve / suete*)
- Ein sehr häufiger Variantentyp bei den Liedern ist das Fehlen vs. das Vorhan-densein von (zumeist „kleinen") Wörtern. Diese Variantenart ist selbstverständ-lich auch im Apparat verzeichnet.
- Wortstellungsvarianten werden ebenfalls im Apparat berücksichtigt (z.B. *wert hi / hi wert*).
- Auch grammatische Varianten sind aufgenommen wie die Verwendung eines Verbs in verschiedenen Tempora oder verschiedenen Modi.
- Berücksichtigt sind zudem Wortbildungsvarianten (z.B. Verwendung verschie-dener Derivationssuffixe wie *kindekyn / kindelyn*) sowie alternative Wortformen, die im Lexikon unter dem gleichen Lemma verzeichnet sind (z.B. *sterne / sterre*, *aller / alder*, *en / ende* oder alternative Formen bei Pronomina, z.B. Personalpro-nomen Dat. Pl. *hen / hem*, obwohl gerade das letztgenannte Beispiel in den Bereich dialektale/regional bedingte Varianten hineinreichen kann).
- Ebenso sind kontrahierte vs. nicht kontrahierte Formen aufgenommen (*dat dyt / dattet*) sowie Varianten, die durch Trennungen vs. keine Trennungen von Hiat-stellen zustande kommen (z.B. *doe Herodes / doen Herodes*).
- In seltenen Fällen variieren bei Substantiven die Genera. Auch diese Varianten sind in den Apparat mit aufgenommen.
- Dialektale und orthographische Varianten – die im Einzelfall nur sehr schwer voneinander zu unterscheiden sind – sind aufgrund ihrer unüberschaubaren Anzahl grundsätzlich nicht im Apparat verzeichnet. (Eine solche dialektale Variante wäre z.B. *vnde / ende* oder *it / hedt*; eine rein orthographische Variante wäre *hij / hy*). Ein größeres Problem tritt auf, wenn man im Apparat z.B. zwei Texte aufnehmen möchte, von denen der eine Text Niederdeutsch ist, die andere jedoch viele niederländische Formen enthält (Lied Nr. 5). Zwischen diesen Texten gibt viele sprachliche Differenzen, die man zwar als „dialektale Vari-ante" bezeichnen könnte (*ende / vnde*), es kommen teilweise aber auch komplett verschiedene Formen vor (*demoedicheit / othmŏdicheyt*). Letztere Art von Vari-anten – die insgesamt sehr selten vorkommen – sind im Apparat mit aufgenom-men.
- Flexionsbedingte Varianten werden nicht in den Apparat aufgenommen. Ein häufiger Fall ist hier eine starke vs. schwache Nominaldeklination. Schwache Formen werden allerdings gegebenenfalls aufgenommen, wenn der Numerus der Form nicht eindeutig ist. In seltenen Fällen ist hiervon auch die Konjugation betroffen (nur bei der Bildung des Partizips *vonden* vs. *gevonden*).
- Varianten, die aufgrund der Realisierung vs. Nicht-Realisierung einer Elision im Schriftbild zustande kommen, werden ebenfalls nicht berücksichtigt (z.B. *be-ware vns* vs. *bewar vns*).

- Häufig kommt es vor, dass Unterschiede durch Getrennt- vs. Zusammenschreibung zustande kommen (z.B. *vintmen / vint men*). Diese Art von Varianten wird nicht berücksichtigt.
- Auf Normalisierungen jeder Art wird im Apparat verzichtet, es werden lediglich Abkürzungen und Nasalstriche aufgelöst.
- In seltenen Fällen sind im Apparat Druckfehler bzw. nicht identifizierbare Formen mit [!] gekennzeichnet.

Wie eingangs erwähnt, ist die am häufigsten im Apparat aufgeführte Quelle der Druck SuB 1572. Diese Quelle ist daher im Apparat immer die erstgenannte, d.h. wenn im Apparat eine Variante mitgeteilt wird, die in SuB 1572 und zusätzlich noch in einer weiteren Quelle enthalten ist, dann wird die Variante stets nach SuB 1572 wiedergegeben. Im Apparat sind folgende Kurzsiglen verwendet:

Co	Costerius OHB 1590
Ho	Hofken 1577
MEn	Magdeburger Enchiridion 1536
Sl	Slüter 1531
SuB08	SuB 1508
SuB72	SuB 1572
Utr	Utrecht, GA, XIII G 43 (handschriftliche Fassungen)
VL	VhSL 1600

Die Transkriptionen anderer Fassungen erscheinen im Kommentarteil unter der Rubrik ‚Varianten und andere Fassungen'. Die Anordnung der verschiedenen Textfassungen sieht dabei für jedes Lied anders aus. Soweit es möglich ist, werden die Fassungen im Paralleldruck dargestellt, um einerseits das Verhältnis zum Stuttgarter Text, andererseits bestimmte Zusammenhänge in der Strophenfolge zwischen den einzelnen Fassungen evident zu machen. Für die Transkriptionen gelten sowohl für handschriftliche als auch für gedruckte Quellen dieselben Richtlinien wie oben dargelegt für die Stuttgarter Handschrift. Zusätzlich sind hier folgende Gesichtspunkte zu berücksichtigen:

- Einige Texte sind schwer verständlich (dies gilt vor allem für die volkssprachigen Übertragungen der sprachlich anspruchsvollen Cantio *Dies est letitie in ortu regali*). Hier gilt der Grundsatz, dass Auffälligkeiten markiert, beschrieben und wenn möglich erklärt werden. Mit Eingriffen in den Text wurde sehr sparsam verfahren.
- Die teilweise in der Parallelüberlieferung enthaltenen Noten sind in den Editionen nicht berücksichtigt, da die sprachliche und inhaltliche Erschließung der Texte im Vordergrund steht.

- Um den Reim zu rekonstruieren, der in einigen Fassungen an wenigen Stellen gestört ist, wird bei den Transkriptionen ganzer Fassungen nicht eingegriffen, wenn der Text grammatisch korrekt ist. Auf das Problem wird im zweiten Apparat hingewiesen.
- In einigen Quellen kommen weitere Abkürzungen vor: z.B. für das Suffix -heit, oder das Präfix pro-. In manchen Fällen sind auch die Eigennamen (zum Teil recht willkürlich) abgekürzt. Diese Abkürzungen werden ohne weiteren Vermerk aufgelöst.

Zwei Handschriften, das Liederbuch der Catherina von Tirs und die Werdener Liederhandschrift, gelten als verschollen, weshalb bei der Wiedergabe der Texte auf Editionen zurückgegriffen werden muss.[65] Hier wird die Groß- und Kleinschreibung der Edition beibehalten, die Interpunktion jedoch ohne Vermerk im Apparat an manchen Stellen verändert.

Jeder transkribierte Text wird gegebenenfalls mit zwei Apparaten versehen. Im ersten Apparat wird nach Eingriffen in den Text die Lesart des Überlieferungsträgers dokumentiert, zudem werden problematische und unleserliche Stellen gekennzeichnet. Der zweite Apparat entspricht einem knappen Stellenkommentar. Die Texte werden mit kurzen Anmerkungen versehen, wobei hier sprachliche Aspekte (Wortangaben, grammatische Erläuterungen) im Vordergrund stehen sollen, die dem unmittelbaren Textverständnis dienen. Selbstverständlich können die Texte anderer Fassungen nicht mit der gleichen Intensität durchgearbeitet werden wie die Fassungen der Stuttgarter Handschrift.

---

65 Die Transkriptionen basieren hier auf den Editionen Catherina von Tirs, hg. v. HÖLSCHER und Werdener Liederhandschrift, hg. v. JOSTES. Ein neuerer Abdruck von HÖLSCHER liegt auch im Rahmen der Edition Frauenlieder, hg. v. CLASSEN vor.

2.2 Text

1

I   Puer nobis nascitur,
        rector angelorum,
        in hoc mundo *pascitur*
        dominus dominorum.

II   In presepe ponitur
        sub feno asinorum,
        cognouerunt dominum,
        Christum, regem celorum.

III   Hinc Herodes timuit
        magn*o* cum liuore,
        infantes et pueros
        occidit cum dolore.

IV   Qui natus est ex Maria
        die hodierna,
        perducat nos cum gratia
        ad gaudia superna.

V   Nos de tali gaudio
        cantemus in choro,
        in cordis et organo
        benedicamus domino.

I,3 pascitur] *fehlt.* **III,2** magno] magna.

2

Eodem tono ‚Puer nobis' teuthonice

I   Ons wort geboeren een kyndelyn,
een koeninck alder engelen,
inder werrelt wort hij geuoet,
een heere alre heeren.

II   Inder krubben wort hij geleijt
op dat hoij der ezelen,
die hebben al d*en* heeren *b*ekandt
vor den koeninck der hemelen.

III   Hierom Herodes beanxtet was
myt groeter nijdicheyden,
die onnoselen hij doden liet
ende kynderen myt droefheyden.

IV   Die daer huiden geboren is
vander maget reyne,
moet vns leyden voer syn genaede
al in die vreude gemeine.

V   O et i et e et o,
laat vns singen in der kercken vroe,
in snaeren ende in orgelen ijo
benedicamus domino.

II,3 den] en *schlecht lesbar.* | bekandt] b *nicht lesbar, vgl. SuB72.*

3

In natiuitate Christi

I   Dies est letitie
     in ortu regali,
     nam processit hodie
     de ventre virginali
5   puer admirabilis
     vultu delectabilis
     in humanitate,
     qui inestimabilis
     est et in*eff*abilis
10   in diuinitate.

II   Mater hec est filia,
     pater hic est natus.
     quis audiuit talia?
     deus homo natus,
5   seruus est et dominus,
     qui vbique cominus
     nescit comprehendi,
     pręsens est et eminus,
     stupor iste geminus
10   nescit comprehendi.

III   Orto dei filio
     virgine de pura
     vt rosa de lilio
     stupescit natura,
5   quod parit iuuencula
     natum ante secula
     creator*em* rerum,
     quod vber mundicie
     lac dat puericie
10   antiquo dierum.

I,9 ineffabilis] inaffabilis.   **III,7** creatorem] creatorum.

IV   Angelus pastoribus
     iuxta suum gregem
     nocte vigilantibus
     natum celi regem
5   nunciat cum gaudio,
     iacentem in pręsepio
     infantem pannosum,
     angelorum dominum,
     et pre natis hominum
10   forma speciosum.

V   Vt vitrum non laeditur
     sole penetrante,
     sic illesa creditur,
     virgo post et ante.
5   fęlix est puerpera,
     cuius sacra viscera
     deum portauerunt,
     et beata vbera,
     que ætate tenera
10   Christum lactauerunt.

VI   In obscuro nascitur
     illustrator solis,
     stabulo reponitur
     princeps terrę molis,
5   fasciatur dextera
     qui affixit sydera,
     dum celos ascendit.
     concrepat vagitibus,
     qui tonat in nubibus,
10   dum celos extendit.

VII Orbis dum describitur,
     virgo pregnans ibat
     Betleem, quo nascitur
     puer, qui nos scribat
5   in illorum curia,
     qui cantabant ‚gloria‘,
     noue dignitatis.

deus in sublimibus
det pacem hominibus
10   bone voluntatis.

4

I   Hedt is een dach der vroelickheyt
      al in des koeninckx houe,
      want daer hefft geboeren een macht
      een kyndt van groeten looue.
5   een kyndt, dat is seer wonderlick
      ende altomael *genoe*chellik
      nae syne mynschelickeheyden,
      syn wesen is vmbegripelick
      ende daer thue onsprekelick
10   nae synder godtlickheyden.

II   Die dochter is moeder wonderlick,
      die soen, dat is haer vaeder,
      waer hoerde yemandts des gelick?
      hij is godt ende *mynsche* te gaeder,
5   hij is knecht ende daer thue heer,
      hij is ouer al en dat is meer
      ombegrippelick te vynden,
      tegenwordich ende veer,
      waer horden ymandts van sullicke heer?
10   ten kan geen man versynnen.

III   In den donckeren wort geboren
      der sonnen verlichter,
      die prins wort in een stall gelecht,
      alder werrelt een stichter.
5   die moeder in den dueckeren want
      des sternen maker*s* rechterhandt,
      die den hemel wrachte.

Nr. 4, I,6 altomael genoechellik] altomaele, *das zweite* e *ist durchgestrichen.* genchellik, *die Buchstaben* en *sind durchgestrichen,* oe *fehlen.* **II,4** mynsche] godt. **III,6** des] der. | makers] maker.

        hij schriede als een kyndeken doet
        die wolcken d*i*en hem vnder voet,
10   doe hij op voer myt krachte.

IV   Doe voort quaem die gaedes soen
        al van der maget puere,
        gelick de lelie bloiet schoen,
        verwonderde die natuere,
5   hoe dat een ionge maget wan.
        eer die werelt ye began,
        hij mackte hem nae syn behaegen,
        dat die borsten der reynicheit
        gauen melck der kyntschelickheyt
10   den olden ionck van dagen.

V   Gelick dat niet en quest dat gelaas
        al daer die sonne schynt dorre,
        soe geloeff men, dat se maget was
        nae als sy was te voeren.
5   die moeder is gebenedyt,
        in wiems lich*a*m besloeten leyt
        gadt soene wort mynsche geboeren.
        weet, dat der borsten hellich waeren,
        die godt in synne ionge iaeren
10   te suigen hadde verc*oer*en.

VI   Godt den herdekens ontboot
        des snachs bij hoere*n* beesten,
        al by der engelen blytschap groet
        van des koenickx feesten,
5   die gewonnen hadde een macht
        ende inder cribben was gelacht
        in doekerkens gewonden,
        hij is alder werrelt heer
        ende van gedante schonder meer
10   dan yemants is gevonden.

---

9 dien] den.   **V,6** in] in *ergänzt.* | licham] m *nur schattenhaft lesbar.*   **10** vercoeren] oer
schlecht lesbar.   **VI,2** hoeren] hoere.

VII   Doe men al die werrelt beschrieff
      doe ginck die maget swaere
      te Bethleem, dae sy d*ue* blyff
      ende gewan haer kyndt aldaere,
5   dat moet ons schriuen inden hooff,
      daer die engelen singen gadt loff
      van nyer weerdicheit,
      godt hijr bouen in hemelrick
      verleene den mynschen op ertrick
10   van gueden wille vrede.

5

Eodem tono

I   Een kyndekyn soe lauelick
      is vns gebaeren huiden
      van eender ionckvrow suiverlick
      tot troosten vns armer luiden.
5   war vns dat kyndeken niet geboeren,
      so weeren wy altomael verloeren,
      dat heyl is vns*er* alle.
      ey, due suete Jesu Chryst,
      datu mynsche geboeren byst,
10   behoet vns van der hellen.

II   Die tyt is nue gants vrouden rick
      te louen gaedts naemen,
      dat Christus van den hemelrick
      vp erden is gecaemen.

VII,3 due] dře?
Nr. 5,   I,7 vns*er*] vnse.

Nr. 5, Üs.,1 Eodem tono] Noch een schoon gesang van der geboorte Christi op de wijse: Dies est *SuB72*. Eyn gesanck van der gebort Christi den me [!] vp Wynachten synget vormeret *Sl*. **I,1** kyndekyn] kindelin *Sl*.   **3** eender] eener *SuB72*, *Sl*.   **4** tot troosten] tot trost *SuB72*. tho troste *Sl*. | armer] arme *SuB72*, *Sl*.   **5** kyndeken] kindelin *Sl*.   **6** weeren] were [!] *Sl*. | altomael] althomalen *Sl*.   **8** ey…suete] Eya sôte *Sl*.   **9** geboeren] gheworden *SuB72*.   **10** van der] voor die *SuB72*, *Sl*.   **II,1** gants] ghar *Sl*. | vrouden rick] vreugdelijc *SuB72*.   **2** louen] laue *Sl*.

5 hedt is een groete demoedicheit
die godt van hemel by vns deyt.
een knecht is hij geworden,
svnder alle sonden vns gelick,
daer doehr wy worden *in* eewicheit rick,
10 dracht vnser sunden bordell.

III Wel hem, dy dit gelouende is
myt des herten vertrouwen,
die*n* wort die salicheit gewijs.
wel, die daer op bouwen,
5 dat Christus heefft genoch gedaen
vor vns, darom is hij vt gegaen
van godt, den eewigen waeder.
o wunder ouer wonderdaet,
Christus dracht vnse mysdaet
10 ende stillet vnsen haeder.

IV Des dancken hem alle christenheit
voer sollicke groete gnede
ende bydde syne barmherticheit,
dat hij vns behoede
5 voer valsche leer ende boese wandel,
daer wy lange tyt in hebben gestaen,
hij wyl vns dat vergeuen.
godt vaeder, soen ende helligen geest,
wy bydden van dij aldermeest,
10 laat vns in vreeden leuen.

II,6 deyt] e *schlecht lesbar*. **9** in] *ergänzt*. **III,3** dien] die.

---

5 demoedicheit] othmôdicheyt *Sl*. **6** die] dat *SuB72*. | van hemel] van den hemel *SuB72*. **7** knecht] kint *SuB72*. **8** svnder] An *Sl*. | sonden] sûnde *Sl*. **9** worden] werden *Sl*. | in eewicheit] eeuwig *SuB72*, *Sl*. **10** sunden bordell] sûnde borden *Sl*. **III,1** gelouende] gelôuen *Sl*. **2** des] der [!] *SuB72*. *fehlt Sl*. | herten vertrouwen] herten gants vertrouwen *SuB72*. gantzem hertens truwen *Sl*. **3** dien wort] Dem wert *Sl*. **4** wel die] wel den die *SuB72*, *Sl*. **6** is] *fehlt* [!] *Sl*. **7** den] dem *Sl*. **10** ende] En *SuB72*. **IV,1** dancken hem] dancke hem *SuB72*. danck'em *Sl*. **2** groete gnede] grooten goeden *SuB72*. grote ghûde *Sl*. **3** syne] zijn *SuB72*, *Sl*. **4** vns behoede] ons voort behoede *SuB72*, *Sl*. **5** boese wandel] boese waen *SuB72*. bôsem wân *Sl*. **6** wy lange] wi ein lange *Sl*. | hebben] *fehlt Sl*. **8** helligen] hilge *Sl*. **10** in vreeden] im frêde *Sl*.

6

In festo trium regum

R　　Een kyndeken etc.

I　　Drie kooninghen vtuercoeren
　　　quamen in Jerusalem.
　　　sy vrachden: ‚waer is geboren
　　　die koninck der Juden?
5　　wij sagen in orienten
　　　die sterne syn,
　　　wy koemen hem aenbeden,
　　　dat kyndekyn.'

R　　Een kyndekyn is vns geboren
　　　in Bethleem,
　　　des hefft Heroedes tooren,
　　　dat schyn*t* aen hem.

II　　Doe Herodes dat vernaem,
　　　dat dyt kyndeken gebaeren was,
　　　hy wert tornich ende graem
　　　ende hi vntsaech hem das,
5　　dat hi verliesen solde
　　　syn rick was groet.
　　　hy dacht, hoe hij mochte brengen
　　　dat kyndeken ter doot.
R　　Een kyndeken

Ref.,4 schynt] schyn.

Üs.,1 In…regum] *Überschrift fehlt SuB08, Co, Ho, VL.* **I,2** in] te *Co, Ho, VL.* **3** is] hi was *SuB08, Co, Ho, VL.* **4** Juden] Joden strem *Co.* **6** sterne] sterre *SuB08, Co, Ho, VL.* **7** hem] *fehlt VL.* | aenbeden] aenbidden sijn *Co.* om te aenbidden *VL.* **8** dat] Dat cleyne *VL.* **Ref.,1** Een…4 hem] *Refrain vor der ersten Strophe ausgeschrieben, nach jeder weiteren abgekürzt SuB08, Co, Ho, VL.* **3** hefft] hadde *SuB08, Co, Ho, VL.* **4** schynt] scheen *SuB08, Co, Ho, VL.* **II,1** Doe] Doen *Co, Ho, VL.* **2** dat dyt] dattet *SuB08.* Dat t' *Co.* Dat dat *Ho.* Dat het *VL.* | kyndeken] kint *SuB08, Co, VL.* **3** hy wert] wert hi *SuB08, Co, Ho.* **4** hi] *fehlt SuB08, Co, Ho.* **6** was] *fehlt SuB08.* **7** hy dacht hoe hij mochte brengen] Te brenghen en met rowe *Co.*

III   Hy vraechde myt hasticheyde,
       war dat kyndt gebaeren was.
       ‚te Bethleem in die steede‘,
       soe was, dat men daer laes.
5   al dar soe is geboren
       die heere groet,
       die vns sal kunnen verloessen
       van den ewigen doet.

R   Een kyndt

IV   Herodes sprach den vreemden:
       ‚gaet hymd ende sueckt dat kyndt
       myt also grooter hoeden.
       men secht hij is koeninck,
5   koeninck bouen alle koeningen,
       soe is hij fyn.
       men secht, hij sal besitten
       dat ricke myn.

V   Als gi dat kyndeken hebt gevonden,
       soe kert dan weder tot my
       in also korter stunden
       en segt my, war dattet sij.
5   ick soudt soe gerne anbeeden
       dat kleene kyndekyn,

III,1 vraechde] vraechden *Co, Ho*. **2** dat kyndt] tkint *SuB08*. **3** in die] inder *VL*. **4** laas] les *SuB08*. **5** al] *fehlt SuB08, Co, Ho, VL*. | soe] *fehlt SuB08, Co, Ho, VL*. | is] is he *Co*. **7** die vns sal kunnen verloessen] Verlosser inden noot *Co*. | kunnen] *fehlt SuB08, Ho, VL*. **8** van... ewigen] Vander eewigher *Co*. Vander eewigher *Ho*. van de eeuwighe *VL*. **IV,1** den] tot den *Co, Ho, VL*. **2** hymd] henen *SuB08, Co, Ho, VL*. | ende] en *SuB08*. **3** grooter] grooten *Co, Ho, VL*. **4** men secht hij is koeninck] Tot dat ghy hem kindt *Co*. | secht] seyt *Ho*. **5** koeninck] *fehlt SuB08, Co, Ho*. | koeningen] Coninghen macht *Co*. **7** secht] seyt *Ho*. | besitten] met crac ... [*schlecht lesbar*] *Co*. **V,1** dat kyndeken] dat kint *SuB08, VL*. die kint *Ho*. dit kint *Co*. **2** dan] fehlt *Co, Ho, VL*. **3** korter stunden] corten stonden *Co, Ho, VL*. **4** en] Ende *Co, Ho*. | dattet] dat *SuB08, Co, Ho, VL*. **5** soudt soe] souso *SuB08*. soudet *Co, Ho*. **6** kleene] cleyn *Co, Ho*.

hedt hefft so seer dorsneden
dat herte myn.'
R   Een kyndeken

VI   Mar als die koeningen quaemen
     buitten Jerusalen,
     myt vruechden sy vernaemen
     die sterne staen voer hen
5   al tot, dar sy vonden
     dat kyndekyn
     in doeken gewonden
     by der moeder syn.
R   Een kyndeken

VII Die drie koeningen aenbaden
     tkijndt van derthien daegen olt.
     sy offerden myt werdicheiden
     mirrhe, wierock ende golt.
5   dat deden sy daromme,
     dat haer scheen groot noet,
     si sagent alomme ende omme
     van hauen bloet.
R   Een kyndeken

VIII Des snachs als sy slopen wolden,
     quaem die engel gaeds tot hem,
     dat sy niet keeren ensolden
     al doer Jerusalem.
5   myt eenen anderen wegen
     so syn sy gekeert,
     al yn haer koeninckricke,

VI,3 vruechden] vroeden *SuB08*.   **4** sterne] sterre *SuB08, Co, Ho, VL.* | hen] hem *SuB08, Co.*
5 dar] *fehlt SuB08.* dat *Co, Ho, VL.*   **7** gewonden] ghewonden sijn *Co.*   **VI, Ref.,1** Een
kyndeken] *fehlt Ho.*   **VII,1** Die] *fehlt SuB08, Co, Ho, VL.*   **2** tkijndt] het kindt *VL.* | tkijndt van
derthien daegen] Dat kint niet seer *Co.*   **3** myt werdicheiden] wel beraden *Co, Ho, VL.*   **6** haer]
daer *Co, Ho, VL.*   **7** ende] en *SuB08.*   **VIII,1** snachs] nachts *SuB08, Ho.*   **2** hem] hen *Ho.*
4 doer] ouer *Co, Ho, VL.*   **5** myt] Nae *Co, Ho.* Maer *VL.*   **6** so] *fehlt VL.*   **7** al…haer] Tot in
haren *Ho.* | al yn haer koeninckricke] Tot in hun Rijck ter deghe *Co, VL.*

	als men vns lee*r*t.
R	Eeen kyndeken

	Nue bydden wij dise kynde,
IX	dat Jesus is genaempt,
	dat hij vns wylde brengen
	hyr bouen in dat suete landt,
5	daer hem die engelen eeren
	tot aller tyt.
	dat gunne ons godt die heere
	gebenedijt.
R	Een kyndeken

7

I	Dies est letitiæ,
	nam processit hodie
	Christus rex de virgine.

R_1	Sine viro
	virgula de flor*e*,
	modo miro.

II	Res miranda creditur,
	virgo n*o*ndum læditur,
	verbum hanc ingreditur.

R_2	Sine viro
	vt vellus in rore,
	modo miro.

VIII,8 leert] r *nicht lesbar.* **IX,7** gunne] *Zweimal in der Handschrift, einmal durchgestrichen.*
Nr. 7, Ref.1,2 flore] floro **II,2** nondum] nundum.

---

8 als] Alsoo *VL.* **IX,1** Nue bydden wij dise kynde] Wy bidden nv en singhen *Co, VL.* | dise]
den *Ho.* **2** genaempt] becant *SuB08, Co, Ho, VL.* **3** wylde] wil *SuB08.* wille *Co, Ho.* **4** hyr
bouen in dat suete] In sijns Vaders *Co, VL.* | in dat] int *SuB08.* **6** aller] alder *SuB08, Co, Ho,
VL.* **7** godt…heere] die heere der heeren *SuB08, Ho.* | die] den *Co.*

III Castitatis lilium,
     peperisti filium,
     Christum regum dominum.

R₁ Sine viro
    virgula de flore,
    modo miro.

             8

I   Totus mundus iocundetur
     nato saluatore.
     casta mater, que concepit
     Gabrielis ore.
5   sonoris vocibus,
     synceris mentibus
     exultemus et letemur.
     hodie, hodie, hodie,
     Christus natus ex Maria
10   virgine, virgine, virgine,
     vir vir vir vir vir vir vir vir virgine.
     gaudete, gaudete!
     gaudeamus et letemur,
     itaque itaque itaque
15   ita ita ita ita itaque.

             9

I   Magnum nomen domini Emanuel,
     quod annuntiatum est per Gabriel,
     hodie aparuit in Israel.
     sunt completa, que prędixit Gabriel
5   de Maria virgine in Bethleem.
     eya, eya,
     virgo deum genuit,
     sicut diuina voluit
     clementia.

Nr. 8, I,9 Maria] Marie.

10   gaudete, gaudete,
        Christus natus hodie,
        gaudete,
        ex Maria virgine.

        10

I   In dulc*i* iubilo
        singet vnde weeset vroo.
        al vns herten vroude
        licht in pręsepio,
5   hedt lichtet als die sonne
        matris in gremio.
        ergo merito,
        ergo merito,
        des sullen alle herten
10   wesen in gaudio.

II   O Jesu paruule,
        nae dy is my soe wee.
        troestet all myn gemode,
        tu puer optime,
5   en dat dor dyn genaede,
        tu princeps glorie.
        trahe me post te,
        trahe me post te,
        al yn dyns vaders ricke
10   tu puer inclite.

III   Vbi sunt gaudia?
        nergens meer dan daer,
        dar die engelen singen
        de noua cantica.

Nr. 10, I,1 dulci] dulce.

Nr. 10, I,2 weeset] west *Utr.*   **3** al] Als *SuB72, Utr.* | vns…vroude] myn en vrouden *Utr.*
5 hedt] dat *Utr.* **9** des] dat *Utr.* **II,3** troestet] troecht *Utr.* | gemode] genuechte *Utr.* **5** en…
dyn] Ende dat door zijn *SuB72.* dat doet doer dyn *Utr.* **8** trahe…te] *fehlt SuB72.* **III,3** dar]
fehlt Utr.

5   haer soete stimmen clingen
in regis curia.
eia qualia,
eia qualia,
dar sy vns moeten wisen
10   Christi presentia.

IV   Maria nostra spes,
wy bidden v ionckvrowe des,
dat wy salich worden
duer v progenies,
5   vergiff vns vnse sunden
noch meer dan centies.
vitam nobis des,
vitam nobis des,
dat vns te lonen werde
10   æterna requies.

11

I   Puer natus in Bethleem,
vnde gaudet Jerusalem.

R   Amor, amor, amor,
quam dulcis est amor.

II   Assumpsit carnem filius
dei patris altissimus.

R   Amor, amor, amor,
quam dulcis est amor.

III Per Gabrielem nuncium
virgo concepit filium.
R   Amor

IV   Tanquam sponsus de thalamo,
processit matris vtero.

---

5 stimmen] kelen *Utr.*   **IV,2** v] iu *SuB72.*   **3** dat] des *Utr.* | worden] *fehlt Utr.*   **4** v progenies] iu
progenies *SuB72.* dyn progeniens [!] *Utr.*   **5** vergiff] Vergheeft *SuB72.*   **6** noch] nach *SuB72.*
9 werde] worden *Utr.*

V   Hic iacet in presepio,
     qui regnat sine termino.
R   Amor, amor, amor, et cet.

VI   Cognouit bos et azinus,
     quod puer esset dominus.

VII Reges de Saba veniunt,
     aurum, thus, myrrham offerunt.
R   Amor, amor, amor, et cet.

VIII Intrantes domun inuicem
     deum salutant et hominem.

IX   Vnde semper angelicas
     deo dicamus gratias.

R   Amor, amor, amor,
     quam dulcis est amor.

12

De circumcisione Christi ymnus

I   Mit disen nijen iaere
     soe wort vns apenbare,
     hoe dat een maget vruchtbare
     die werrelt hefft verbliet.

R   Gelouet moet syn dat suete kyndeken,
     geeret moet syn dat reyne machdekyn
     nu en eewelick tot all tyt.

Nr. 12, Üs.,1 De…ymnus] *Üs. fehlt SuB72, SuB08.* Dese liedekens singtmen op den Iaersdach *Co, Ho.* hier na volghen de gheestelijcke nieu Jaer Liedekens *VL.*   **I,3** dat] haer *VL.*   **4** hefft] al *SuB08.*   **Ref.,1** moet] moetet *SuB72.* | suete] *fehlt SuB08.*   **2** reyne] soete *SuB72, Co, Ho, VL. fehlt SuB08.*   **3** en…all] eeuwelijck ende in aller *SuB72.* ende eewelijc tot alder *SuB08.* en eewelijck in alder *Co, Ho.* eeuweliijck ende in alder *VL.*

II   Hoe wel was haer te moede,
     doen sy in vlesche ende in bloede
     aensach haers herten *h*oede,
     den heer der werrelt wyt.
R   Gelouet moet zyn etc.

III Sy barden hem sunder pyune
     ende blyff een maget fyne,
     des sunders medicine,
     des hebben die Juden spijt.
R   Gelouet moet zyn etc.

IV   Die engelen sangen schoene
     ‚glorie‘ inden troene,
     ter ehren ende to loue
     den kynde gebenedijt.
R   Gelouet

V   Als achdagen waeren geleeden,
     doe wort Jesus besneeden
     al nae der Joeden zeeden,
     twelck vns van sunden vriet.
R   Gelouet

VI   Vt orienten lande
     quamen ter offerhande

II,3 hoede] boede.

II,1 wel] *fehlt VL.*   **2** doen] Doe *SuB72.* | in²] *fehlt SuB72, SuB08, Co, Ho, VL.*   **3** haers] haren *SuB72.*   **Ref.,1** Gelouet…etc] Ghelovet *nach den Str. II–V SuB72. nach den Str. II–V, VII–IX Co. nach jeder Str. Ho.* Ghelo *SuB08 nach jeder Str. außer IX. Str. I–IV Ref. ausgeschrieben, Str. V–IX* Ghelovet *VL.*   **III,1** barden] baerde *Co, Ho, VL.* | hem] *fehlt SuB72, SuB08, VL.*   **4** spijt] nijt *SuB72, SuB08, Co, Ho, VL.*   **IV,2** ‚glorie‘] Gloria *SuB72, VL.*   **3** ende to loue] S'conincx Croone *Co.* | to loue] ten love *SuB72, Ho, VL.* te loone *SuB08.*   **4** den kynde] Dat kindeken *SuB72.* Des kindeken *Co.* Den kindeken *Ho.* het kindeken *VL.* | gebenedijt] des seker sijt *SuB08.*   **V,1** achdagen] die acht dagen *Co, Ho.* | geleeden] leden *SuB08.*   **2** doe] so *SuB08.* Doen *Ho, VL.* | wort] wert *SuB72, SuB08, Co, Ho, VL.*   **3** nae] naer *VL.* | Joeden] Jootscher *SuB72, VL.*   **4** van] *fehlt* [!] *VL.*   **VI,2** ter] ten *SuB72, VL.*

> drie koeningen vnbekand*e*
> gode gebenedijt.

R   Gelouet

VII   Des derthien dages sijt vroeder
> vanden sy hem by synder moeder,
> Joseph was syn behoeder,
> soe vns die schrifftuer beliet.

R   Gelouet

VIII   Als die weken omme quamen,
> soe ginck sy nae betaemen
> onbevlock*t* van alle blaemen,
> twelck was vm vns profiet.

R   Gelauet moet zyn

IX   Aldus ginck die maget simpel
> ende draech haer kyndt ten tempel,
> alle vrouwen tot een exempel,
> dies har niet en vermijet.

R   Gelauet

13

Ymnus ‚Christe qui lux‘

I   Christe, die du byst dach ende licht
> vor dij en is verborgen niet,
> due vaderlicke lichtes gelants,
> leert vns den wech der warheit gans.

VI,3 vnbekande] e *schlecht lesbar*.   **VIII,3** onbevlockt] onbevlock.

---

4 gode] Tot Godt *VL*.   **VII,1** derthien] derthienden *SuB72*.   **2** synder] sijn *SuB72*, *VL*.   **3** syn]
haer *SuB72*, *Co*, *Ho*, *VL*.   **VIII,1** weken omme] ses weken *SuB72*, *SuB08*. ses weken omme
Co, *Ho*, *VL*.   **2** nae] nae't *SuB72*. naert *Co*, *Ho*.   **3** alle] aller *SuB72*. alder *SuB08*, *Co*, *Ho*, *VL*.
4 vm] *fehlt Co*, *Ho*. voor *VL*.
Nr. 13, Üs.,1 Ymnus…lux‘] De Hymnus Christe qui lux es et dies *MEn*.   **I,2** en] *fehlt MEn*.
3 lichtes] lichte *MEn*.   **4** leert] lere *MEn*.

II   Wij bydden dyne godtlicke kracht,
        behuet vns, heere, in diser nacht
        bewaer vns, heere, vor allem leydt,
        godt waeder der barmharticheit.

III   Verdriefft des swaeren slapes fryst,
        dat vns niet schaede des viands lyst,
        dat vleis in theuchten reyne sij,
        soe syn wij menniger sorgen vrij.

IV   Soe vnse ogen slapen in,
        laat vnse herten waeken dij,
        bescherme ons, gades rechter handt,
        ende loesse vns van der sunden bandt.

V   Bescherme, heere, de christenheit.
        dyne hulpe sterck sy vns bereit,
        helpt vns, heer godt, vt aller noet
        dor dyne heillige vyff wonden roet.

VI   Gedencke, heere, den swaeren tyt
        warmede dat licham geuangen licht,
        die ziele, die due hebt verloest,
        der geeff, heere Jesu, dynen troest.

VII   Godt den vaeder sy loeff, eer vnde prijs,
        daer thue synen soene wys,
        des helligen geestes gnedicheit
        van nue wente in eewicheit.
        Amen.

II,3 allem] alle.   **III,2** viands] s *schlecht lesbar*.   **V,4** heillige] herrlige?   **VI,1** den] *zu* der *verbessern?*

III,1 Verdriefft] Vordriff *MEn*.   **4** menniger sorgen] mannigerley sorge *MEn*.   **IV,2** herten] herte *MEn*.   **4** sunden] sunde *MEn*.   **V,1** Bescherme] Beschermer *MEn*. | de] der *MEn*. **3** helpt] help *MEn*.   **VI,1** den] der *MEn*.   **2** warmede] darmede *MEn*. | licham] liff *MEn*. **3** hebt] heffst *MEn*.   **VII,1** den] dem *MEn*.   **2** daer...synen] Dartho ock synem *MEn*. **3** gnedicheit] gûdicheit *MEn*.   **4** wente] an beth *MEn*.

14

I Wie wyl mede toe Bethleem?
kyrieleison,
daer vintmen den koeninck van Jerusalem.

R alleluia, alleluia, alleluia,
gelauet sie die reyne maget Maria,
alleluia, alleluia, alleluia,
gelouet sie die reyne maget Maria.

II Esaias propheteerde vns aldus,
kirieleyson,
dat liue kynde sal heeten Jesus.

R alleluia, alleluia, alleluia,
gelauet sie die reine maget Maria.

III To lauen soe willem wy dansen en springen,
kirieleyson,
,gloria inexcelsis' singen.

R alleluia, alleluia, alleluia,
gelauet sie die reyne maget Maria.

IV Nu hebben wy dat kyndeken gevende*n*,
kirieleyson,
in snoeden doeckerken gewonden.

R alleluia, alleluia, alleluia,
gelouet sie die reyne maget Maria.

IV,1 gevenden] gevende.

I,2 kyrieleison] kyr. *SuB72*. **Ref.,3** alleluia alleluia alleluia gelouet sie die reyne maget Maria] Alleluya. Gelovet etc *SuB72*. alleluya etc *Utr.* **II, Ref.,1** alleluia alleluia alleluia gelauet sie die reine maget Maria] Alleluya *SuB72, Utr.* **III,1** To] Tot *SuB72.* | lauen] love *SuB72, Utr.* | en] ende *Utr.* **2** kirieleyson] *fehlt SuB72, Utr.* **3** inexcelsis' singen] inexcelsis Deo singhen *SuB72, Utr.* **Ref.,1** alleluia[1]...2 Maria] *fehlt SuB72, Utr.* **IV,3** snoeden doeckerken] snoode doeckerlkens *SuB72.* snode dokerijns *Utr.*

alleluia, alleluia, alleluia,
gelouet sie die reyne maget Maria.

15

Op die wyse ‚Puer nobis nascitur‘

I   Waer ys die dochter van Zion?
      ick solse blyede maken,
      een bootschop solde ick aen haer doen
      van alsoe hoogen saiken.

II   Een donckerheit is vns verclaart,
      ons is een licht gereesen,
      een maget hefft een kyndt gebart,
      dat dunck my wonder wesen.

III   Dat hemelrick ende ertrick
      noyt en kostent gebruicken,
      dat sal een teeder ionge macht
      in haeren licham sluyten.

IV   Nu is hij teder ende *cranck*,
      een maget moeten hem voeden.
      thys recht dat wys hem weten danck,
      van syner groeter oetmoeden.

V   ‚Heer Jesus wat heb dys gemeent‘,
      wy soldens iu gerne vragen,
      ‚dat ghij hierneder ligt en weent?
      ghij siet so jonck van dagen.‘

VI   Hy tont ons syn guedertierentheit,
      wylen was hij verbolgen,
      hy driefft soe groete oetmoedicheit,
      wij en kunnen hem niet gevolgen.

Nr. 15, IV,1 cranck] meuck? *Text nach SuB72.*

Ref.,3 alleluia[1] … 8 Maria] Alleluya. Ghelovet sy die Maghet Maria *SuB72. fehlt Utr.*

VII Dat vns hijr voermals was so *we*
        dat moeten wy nu gebruicken.
        om een appel die Adam beet,
        dede godt den hemel sluiten.

VIII Al dat is ende wesen sall
        heeff godt yn synder machte.
        Jesus quaem int aertsche daell
        tot calder myddernachte.

IX   O heer, looff moet v altyt syn,
        wylt vns dan geleyden
        myt die werde moeder dyn,
        als wy van hieraff scheyden.

VII,1 we] *Loch in der Handschrift, die Buchstaben* we *sind nur zur Hälfte lesbar.*

3 Kommentar

3.1 Zur Anlage des Kommentars

Im Kommentarteil wird jedes Lied der Sammlung einzeln behandelt, wobei für die Cantiones und die volkssprachigen Lieder verschiedene Darstellungsweisen gewählt werden. Während bei den volkssprachigen Liedern die in der Parallelüberlieferung enthaltenen Fassungen transkribiert und genau ausgewertet werden, war dies für die Cantiones aufgrund der breiten Materialfülle nicht zu leisten. Der Kommentarteil besteht bei den Cantiones daher in der Regel aus fünf, bei den volkssprachigen Liedern aus sechs Rubriken, die im Folgenden kurz vorgestellt werden.

Der Kommentar beginnt bei allen Liedern mit dem Text der Stuttgarter Fassung. Nach einer kurzen Einleitung, die den Inhalt des Liedes zusammenfasst, folgt ein ausführlicher Stellenkommentar zum Liedtext. Kommentiert werden generell alle Stellen, die einer inhaltlichen Erklärung bedürfen. Dies können einfache Sacherläuterungen sein, oder auch bestimmte sprachliche Bilder und Motive, vereinzelt wird weiterführende Literatur genannt. Weiterhin wird im Stellenkommentar auf Bibelstellen verwiesen, die im Text wörtlich oder sinngemäß zitiert werden (die Zitate richten sich dabei nach der Ausgabe: Biblia sacra iuxta vulgatem versionem, hg. v. B. Fischer, J. Gribomont u.a., 4. Aufl., Stuttgart 1996). Aufgenommen sind zudem einzelne Beobachtungen, die die Struktur des Textes betreffen, z.B. zum Aufbau, zu Wortfeldern usw. An problematischen Stellen in Bezug auf das Textverständnis wird eine Übersetzung der Textpartie angeboten. Die volkssprachigen Lieder sind mit Wortangaben versehen, die sich an einen mittelhochdeutsch, nicht aber an einen niederländisch kompetenten Benutzer richten. Sämtliche Wortangaben sind dem mittelniederländischen Wörterbuch von Verwijs/Verdam entnommen.

Unter der Rubrik ‚Überlieferung‘ sind anschließend alle ermittelten Handschriften und Drucke bis zum Jahr 1600 verzeichnet, die das Lied überliefern.[66] An dieser Stelle den Anspruch der Vollständigkeit zu erheben, wäre sowohl für die volkssprachigen, insbesondere aber für die lateinischen Lieder illusorisch. Dennoch wurde der Versuch unternommen, so viele Quellen wie möglich zusammenzutragen, um eine möglichst breite Grundlage zu haben, wenn im Anschluss auf die Verbreitung und Rezeption der einzelnen Lieder eingegangen wird. Für die Ermittlung der Überlieferung, die nur bedingt systematisch erfolgen konnte, wurden verschiedene Datenban-

---

66   Das Jahr 1600 wurde aus pragmatischen Gründen in Übereinstimmung mit den meisten Datenbanken als Grenze angesetzt. Die Anzahl erhaltener gedruckter Quellen wäre im 17. Jahrhundert nicht mehr überschaubar, die handschriftliche Tradierung würde dagegen nur noch eine untergeordnete Rolle spielen.

ken verwendet. Die Überlieferung der volkssprachigen Lieder ist auf der Basis des Forschungsstandes aus dem Jahr 2001 im Repertorium van het Nederlandse lied tot 1600 (REPERTORIUM) verzeichnet, das Handschriften und Drucke aus dem niederländischen Sprachraum berücksichtigt. Eine weitere Datenbank für das niederländische Lied, die auch über das Jahr 1600 hinausreicht, ist die im Internet frei zugängliche Digitale Bibliotheek voor de Nederlandse Letteren (DBNL). Im Bereich der niederländischen Überlieferung ist daher eine gute Basis für eine annähernd vollständige Erfassung der Überlieferung vorhanden. Dass einige volkssprachige Lieder auch in niederdeutschen Quellen enthalten sind, die in diesen Datenbanken nicht verzeichnet sind, ist natürlich nicht auszuschließen, vereinzelte Hinweise aus der Sekundärliteratur wurden diesbezüglich aufgenommen. Zu den Liedern *Christe, die du byst dach ende licht* und *In dulci iubilo* liegen neuere Monographien vor, in deren Rahmen die Überlieferungslage bereits nahezu vollständig aufgearbeitet ist.[67] Insgesamt ist davon auszugehen, dass in den Archiven noch einiges an nicht ausgewertetem, zum Teil auch noch nicht gesichtetem Material liegt.[68]

Für die Cantiones, deren Überlieferung im Gegensatz zu den volkssprachigen Liedern in der Regel nicht auf eine bestimmte Region begrenzt ist, ist derzeit wohl keine annähernd vollständige Erfassung der Überlieferung möglich. Überaus hilfreich war hier das Repertorium lateinischer Gesänge im Rahmen der von Ulrike Hascher-Burger betreuten Datenbank MUSICA DEVOTA, das Handschriften und Drucke berücksichtigt, die mit der Devotio Moderna in Verbindung stehen. Außerdem waren für die Cantiones die Monographien JANOTA (1968) und HARZER (2006) sowie das Repertorium zu den Handschriften mehrstimmiger Musik, das schwerpunktmäßig böhmische Quellen verzeichnet, eine große Hilfe. Viele Hinweise zur Überlieferung der Cantio *Dies est letitie* konnten dem entsprechenden Verfasserlexikonartikel entnommen werden.[69] Ergänzt wurden für einige Cantiones auch vereinzelte Hinweise aus der Sekundärliteratur; eine Überprüfung an den Originalquellen bzw. an Photokopien oder Scans hat für die Cantiones nicht stattgefunden. Im Zuge von geistlichen Spielen sind ebenfalls einige Cantiones überliefert, in der Regel wird aber nur das Incipit in den Texten anzitiert. Berücksichtigt wurden hier nur die drei sogenannten Kindelwiegenspiele, deren „Kernszene" von lateinischen und volkssprachigen Weihnachtsliedern begleitet wird, andere Spielgattungen wurden nicht systematisch durchsucht.[70]

---

67 Vgl. WENNEMUTH (2003) und HARZER (2006).
68 Kürzlich erst wurden von HASCHER-BURGER (2008) z.B. die Musikhandschriften von Frauenklöstern aus dem Raum Lüneburg systematisch beschrieben.
69 Vgl. LIPPHARDT (1980) mit Nachtrag von KORNRUMPF (2004).
70 Vgl. BERTHOLD (1932), S. 209f. Dazu gehören das Erlauer-, das Hessische- und das Sterzinger Weihnachtsspiel. Eine Übersicht über die deutschsprachigen Spiele zum Weihnachtskreis bietet die Monographie von KRIEGER (1990).

Bei der Darstellung der Drucküberlieferung wird bei den Gesangbüchern aus dem deutschsprachigen Raum in der Regel nur die erste Auflage genannt, die in den meisten Fällen auch durch eine Faksimileausgabe zugänglich ist. Bei der niederländischen Drucküberlieferung, die im Rahmen des Repertoriums vollständig aufgearbeitet ist, werden in dieser Arbeit konsequent alle Auflagen genannt.

Im Kommentar sind vielfach Abkürzungen verwendet. Einige häufig genannten Handschriften werden der besseren Lesbarkeit halber abgekürzt, wobei hier keine sperrigen Siglen eingeführt, sondern die in der Forschung gängigen Bezeichnungen verwendet werden, wie z.B. ‚Utrechter Lhs.‘ oder ‚Ldb. der Anna von Köln‘. Die vollständigen Signaturen sind dem Literatur- und Quellenverzeichnis zu entnehmen, wo alle in der Arbeit genannten Handschriften aufgeführt sind. Die Drucke, deren vollständige Angaben im Siglenverzeichnis dokumentiert sind, werden komplett nach Siglen zitiert. Die Vergabe der Siglen richtet sich hier nach dem Repertorium, da hier für einen Großteil der zitierten Drucke bereits Siglen festgelegt worden sind. Handschriften- und Siglenverzeichnis sind zugleich als Register angelegt.

Unter der Rubrik ‚Editionen‘ sind alle ermittelten edierten Fassungen und Faksimile-Ausgaben verzeichnet, darunter befinden sich auch einige wenige digitalisierte Handschriften, die über das Internet zugänglich sind. In einigen Fällen sind die Texte mehrfach ediert, an dieser Stelle wird – zumeist zugunsten neuerer Editionen – auf die Auflistung von älteren Arbeiten verzichtet, um Mehrfachnennungen zu vermeiden. Auf die Standardwerke zum evangelischen bzw. katholischen Kirchenlied von Wackernagel und Bäumker sowie im Bereich der niederländischen Liedforschung auf die mehrbändige Edition von van Duyse wird jedoch konsequent verwiesen. Im Anschluss daran verzeichnet die Rubrik ‚Literatur‘ einschlägige Forschungsbeiträge, insofern keine neueren Monographien vorliegen, die den aktuellen Forschungsstand wiedergeben.

In einem kurzen Abriss erfolgt dann die Darstellung der Geschichte des jeweiligen Liedes in grob chronologischem Verlauf. Schwerpunktmäßig wird auf die verschiedenen Kontexte eingegangen, in denen eine Cantio oder ein volkssprachiges Lied überliefert ist, sowie auf potentielle Gebrauchsformen. Die Forschungslage zu den einzelnen Cantiones und Liedern ist sehr unterschiedlich.[71] Grundlage der Darstellung ist daher zumeist die Auswertung der Überlieferung. Beispielsweise können Provenienzen auf spezifische Kontexte verweisen, in denen die Handschrift in Gebrauch war. Auch die Art der Quelle, in der ein Lied überliefert ist, ist von Interesse und lässt

---

71   Zu den Liedern *In dulci iubilo* und *Christe qui lux* liegen Monographien vor: HARZER (2006) und WENNEMUTH (2003); Zu einigen Cantiones gibt es Aufsätze oder Verfasserlexikonartikel; teilweise sind sie auch im Rahmen von Monographien behandelt, v.a. MÄKINEN (1964) und JANOTA (1968). Zu den volkssprachigen Liedern gibt es dagegen so gut wie keine Forschung.

Rückschlüsse auf eine potentielle Verwendung des Liedes zu. Ist ein Lied beispielsweise in liturgischen Handschriften überliefert, ist dies ein Hinweis für die Verwendung im Gottesdienst.[72] Handelt es sich bei einer Handschrift um eine persönliche
Aufzeichnung im schmucklosen Stil, liegt eine Verwendung im Zuge privater Frömmigkeitspraktiken nahe. Schließlich können in den Quellen auch sehr direkte Anhalts-
punkte für bestimmte Verwendungsweisen enthalten sein. Neben Überschriften, die
Hinweise zum Gebrauch enthalten können, ist manchmal auch der Kontext, in dem
ein bestimmtes Lied steht, von Interesse. Als Grundlage für diesen Abschnitt wurden
vor allem Handschriftenbeschreibungen durchgesehen, die in den meisten Fällen über
die im Internet frei zugänglichen Datenbanken Handschriftencensus, Manuscripta
Mediaevalia und Musica Devota abrufbar sind – letztere bietet für viele Quellen sogar
ein Verzeichnis der Liedanfänge. Zu einzelnen Liedersammlungen oder Handschriften liegen Verfasserlexikonartikel, in manchen Fällen auch komplette Editionen vor.
    Die Rubrik ‚Varianten und andere Fassungen‘ ist in der Regel nur bei den volks-
sprachigen Liedern angelegt. Im Ausnahmefall werden auch zu den Cantiones vereinzelt Fassungen aus der Parallelüberlieferung ediert und besprochen. Unter dieser
letzten Rubrik werden verschiedene Fassungen miteinander verglichen und mögliche
Zusammenhänge zwischen den Fassungen oder aber Spezifika aufgezeigt; dies geschieht immer in Hinblick auf die Stuttgarter Fassung. Anschließend folgen die Transkriptionen der Fassungen zumeist als Paralleldrucke. Der Umgang mit Varianten und
anderen Fassungen sowie die Notwendigkeit ihrer Unterscheidung wurde bereits im
Editionskapitel diskutiert. Die Richtlinien und die Einrichtung der Apparate für die
Transkriptionen wurden ebenfalls an dieser Stelle erläutert.

---

72 Cantiones sind teilweise in liturgischen Handschriften überliefert, schwerpunktmäßig
    aber in sogenannten Cantualen oder Liedersammlungen, auch zusammen mit
    volkssprachigen Liedern. Zu den liturgischen Büchern, die Gesänge überliefern, gehören
    vor allem das Antiphonar und das Graduale. Das Antiphonar enthält Liedtexte zur Tag-
    zeitenliturgie für das Stundengebet, es kann entweder als eigenständiger Handschriftenty-
    pus oder im Kontext eines Vollbreviers überliefert sein. Das Graduale enthält sämtliche
    Gesänge der Heiligen Messe und besteht selbst aus mehreren Teilen (der Kernteil enthält
    die Propriumsgesänge sowie in variabler Form ein Kyriale, Sequentiar und Tropar). Das
    Graduale sowie seine einzelnen Bestandteile können ebenfalls eigenständig oder inner-
    halb eines Vollmissales überliefert sein, vgl. FIALA/IRTENKAUF (1963), S. 111–114 und
    123. Die Cantiones für Weihnachten sind, wenn in liturgischen Handschriften enthalten,
    schwerpunktmäßig im Typ ‚Tropar‘ überliefert, das in der Forschung auch als ‚Cantiona-
    rium‘ bezeichnet wird; synonym dazu werden auch die Bezeichnungen ‚Cantionar‘,
    ‚Cantional‘ oder ‚Catuale‘ verwendet – hiervon ist das ‚Cantatorium‘ zu unterscheiden,
    das die Sologesänge der Kantoren enthält. Das Cantionarium kann jedoch auch eigenstän-
    dig als außerliturgische Handschrift auftreten, in der vor allem Cantiones gesammelt
    wurden, die nicht als Tropen verwendet wurden und keinen Bezug zur Liturgie hatten,
    vgl. FIALA/IRTENKAUF (1963), S. 114f.

3.2   Kommentierung der Texte

3.2.1   *Puer nobis nascitur*

Die hier vorliegende Fassung besteht aus fünf Strophen: In der ersten Strophe wird die göttliche Geburt als Faktum verkündet, Strophe zwei bezieht sich auf das Motiv des Krippenkindes, Strophe drei auf den Kindermord des Herodes. Die vierte Strophe ist ein Gebet mit der Bitte um Erlösung, die abschließende fünfte Strophe enthält einen Aufruf zum Lobgesang. Bis auf die dritte Strophe und das Perfekt in II,3 stehen alle Strophen im Präsens, wodurch der Text einen Bezug zum Kirchenjahr aufweist.

I,1–4] Zwei verschiedene Seiten Gottes werden akzentuiert: Das Kind (*puer*) wird zugleich als mächtiger Herrscher (*rector angelorum, dominus dominorum*) bezeichnet. Die kindliche Seite wird durch die Verwendung von Passivformen (*pascitur, ponitur* II,1) und das Bild der Krippe (II) verstärkt. Ein weiterer Kontrast wird über die Opposition von Himmel (*rector angelorum*) und Erde (*hoc mundo*) eröffnet.

I,3 *pascitur*] Text rekonstuiert nach der am häufigsten bezeugten Variante, auf der auch die anschließende Übertragung der Cantio (Lied Nr. 2) basiert. Andere Varianten: *patitur* (Wienhäuser Ldb.), *panditur* (Piae Cantiones).

I,4 *dominus dominorum*] Biblischer Hoheitstitel, vgl. z.B. 1. Tim 6,15 oder Apc 17,14.

II,1] Das Bild vom Krippenkind geht auf Lc 2,7 zurück.

II,3] Erfüllung der Prophetenstelle Is 1,3: *cognovit bos possessorem suum et asinus praesepe Domini sui. Israhel non cognovit, populus meus non intellexit.* Die Tiere an der Krippe sind im Lukasevangelium nicht erwähnt. Sie wurden in der späteren Tradition hinzugefügt, um die Verbindung zwischen Altem und Neuem Testament zu bekräftigen. In der Auslegungsgeschichte stand seit den Kirchenvätern der Ochse für die Judenchristen, der Esel für die Heidenchristen, vgl. SCHREINER (1994), S. 63.

II,4 *regem celorum*] Vgl. z.B. Mt 5, 19f.

III,1–4] Vgl. Mt 2,16. Die Herodesstrophe steht als einzige Strophe des Liedes komplett in der Vergangenheit. Die liturgische Feier ‚Tag der unschuldigen Kinder' ist am 28. Dezember.

III,3] Mit dem Hendiadyoin *infantes et pueros* wird an das in Strophe eins und zwei aufgebaute Wortfeld „Kind" (*puer*, I,1 und *presepe*, II,1) wieder angeknüpft und eine Verbindung zwischen den leidenden Kindern (*pueri*) und Jesus (*puer*) hergestellt; Andeutung der Passion.

IV,1–4] Alle Reime enden auf den Vokal *a*, ausgerichtet nach dem gewichtigen Wort *Maria*.

V,1–4] Die Strophe leitet in die Gegenwart der Singenden über. Das Singen (*cantemus*) wird auch lautmalerisch durch die Häufung des offenen Vokals *o* im Text und in den Reimen ausgedrückt. Die auffälligste Variante zu dieser Strophe befindet sich im Moosburger Graduale, die dreimal den Vers *O et o et o et o* wiederholt, bevor sie auf *benedicamus domino* endet.

V,3] Vgl. Ps 150,4: [*laudate Dominum…*] *laudate eum in tympano et choro, laudate eum in cordis et organo.* Der Ausdruck *cordis et organo* wird in zahlreichen Gesängen formelhaft verwendet.

V,4 *benedicamus domino*] Auf diese Wendung, die die Cantio als Benedicamus-Tropus ausweist, enden viele lateinische Gesänge, vgl. Analecta hymnica, Bd. 1, S. 37f.

Überlieferung

Handschriften: Amsterdam, UB, I B 50, 11v; Anna von Köln, 11v–12r; Anthonius Ghiselers, 36v; Augsburg, UB, Cod.II.2.8° 23, 141r [?]; Augsburg, UB, Cod. III.1.8° 57, 100r; Basel, UB, A XI 96, 108r; Basel, UB, AN II 46 [?]; Brüssel, KB, Ms. II 270-B, 134v; Brüssel, KB, Ms. II 2631-B, 77r; Catherina von Tirs; Den Haag, KB, 68 A 1, 165r; Hohenfurt, Zisterzienserstift, Stiftsbibl., Cod. 28, 183v; Hohenfurter Lhs., 54r–v; Kassel, LB, 2° Ms. poet. et roman 19 [Incipit Hessisches Weihnachtsspiel]; Kopenhagen, KB, GKS 3451 8°; Leiden, GA, Hs. 65052/7; Leiden, UB, BPL 2777; Leiden, UB, Ms. Thysius 1666, 320r; Lüne, Klosterarchiv, Hs. 11, 1r [Fragment]; Moosburger Graduale, 249; München, BSB, Cgm 444, 19v; München, BSB, Clm 2992, 237v; München, BSB, Clm 5023, 36r [Fragment] und 311v–312r; Nimwegen, UB, HS 475, 73r; Paris, BN, Rés. 1522, 8v; Prag, Knih. nár. muzea II C 7, p. 223; Prag, Národní archiv v Praze, Cod. KVš 376; Prag, Nár. knih. České Rep., Cod. Vissegradensis, 68r; St. Gallen, Benediktinerabtei, Bibl., Cod. 392, p. 89; Tongerer Ldb., 134v; Trier, StB, Hs. 516/1595 8°, 135v; Utrecht, UB, 16 H 34, 54v und 55r; Utrecht, Mus. Cath., BMH h 27, 49v; Utrechter Lhs., 6r; Ms. Valkestijn, 468; Vilnius, Lietuvos Mok. Ak. Bibl., F. 22-95, 109v; Wien, ÖNB, Cod. 4494; Wienhäuser Ldb., 2r; Wittingau, Státní oblastní archiv, A4.

Drucke: Costerius OHB 1590, p. 78 und p. 80; DEPB 1539, CXIXr; Hofken 1577, p. 80; Leisentrit 1567, 44v–45r; Nystadensis 1543, 101v; Piae Cantiones 1582, p. 15; Spangenberg 1544, 3v; Speyerer Gb 1599, 39v; SuB 1508, p. 28f.; SuB 1540, B8r; SuB 1565, A2v–3r; SuB 1572, 2r–v; SuB 1599, A3r–v; SuB 1600a, 2r–v; SuB 1600b, A3r–v; SuB 1600c, A2r–v; SuB 1600d, 2r–v; Utrechter Cantuale 1541, 184v.

Editionen

Anna von Köln, hg. v. SALMEN/KOEPP, S. 9f.; Brüssel, KB, Ms. II 270, hg. v. BOUCKAERT/SCHREURS, Nr.13; HASCHER-BURGER (2002), Nr. 66f. nach Utrecht, UB, 16 H 34; Hohenfurther Lhs., hg. v. ROTHE, S. 384f.; Luitboek van Thysius, hg. v. BURGERS/GRIJP, Bd. 3, 320r; Moosburger Graduale (Digitalisat der UB München), Edition im Beitrag von STEIN (1956), S. 96; München, BSB, Clm 5023 (Digitalisat der Bayerischen Staatsbibliothek); Tropen und Cantiones, hg. v. ROTHE, Nr. 206A nach Prag, Knih. nár. muzea, II C 7; Vilnius, F. 22-95, hg. v. DE LOOS/GONCHAROVA; WACKERNAGEL I, Nr. 327 „aus einer Trierer Handschrift" nach Trier, StB, 516/1595 8° [?]; Wienhäuser Ldb., hg. v. KAUFHOLD, S. 27f.

Costerius OHB 1590 (Online-Publikation DBNL); Devoot ende Profitelijck Boecxken, hg. v. SCHEURLEER, Nr. CCXVI; Hofken 1577 (Online-Publikation DBNL); Leisentrit, hg. v. LIPPHARDT, 44v–45r (=WACKERNAGEL I, Nr. 330); Piae Cantiones, hg. v. MARVIA, p. 15; Speyerer Gb 1599, hg. v. POHL, 39v (=WACKERNAGEL I, Nr. 331); Suverlijc Boecxken 1508, hg. v. MAK, S. 28f.; WACKERNAGEL I, Nr. 328 nach Nystadensis 1543; WACKERNAGEL I, Nr. 329 nach Spangenberg 1544.

Literatur

BRAUNSCHWEIG-PAULI (1991), S. 56f.; JANOTA (1968), S. 104; MÄKINEN (1964), S. 79–83; SMITS VAN WAESBERGHE (1959); STEIN (1956) [abgesehen von JANOTA (1968) stehen bei allen Beiträgen musikwissenschaftliche Aspekte im Vordergrund].

Die genauen Umstände der Entstehung der Cantio *Puer nobis nascitur* sind nicht bekannt, nach einer musikwissenschaftlichen Analyse gelangt SMITS VAN WAESBERGHE (1959) zu der These, dass die Cantio aus der Tropierung der Melodie eines *benedicamus domino* entstanden ist. Dafür spricht vor allem das Ende des Liedes auf *benedicamus domino* bzw. in manchen Fassungen auch auf *deo dicamus gratias*.[73] Dies würde die Entstehung der Cantio fest in Verbindung mit dem Gebrauch im Gottesdienst bringen, was auch von der frühen Überlieferung gestützt wird.

Der älteste Beleg stammt aus dem Moosburger Graduale.[74] Die Cantio befindet sich dort in einem Cantionar innerhalb des letzten Teils der Handschrift, deren Entstehungsprozess um 1360 abgeschlossen wurde.[75] Die Aufzeichnung erfolgte mit anderen lateinischen Weihnachtsliedern unter der Überschrift *De nativitate domini benedicamus*. Alle weiteren Belege reichen nicht vor das 15. Jahrhundert zurück. Die frühe Überlieferung stammt fast ausschließlich aus monastischen Kreisen, eine Ausnahme bildet lediglich der Beleg im Orationale Kaiser Friedrichs III., das um 1450/60 entstanden ist.[76] Der Überlieferungskontext besteht in den ausgewerteten Quellen aus lateinischen oder lateinischen und volkssprachigen Weihnachtsliedern.

---

73   Vgl. dazu auch ČERNY (1995), Sp. 390.

74   Edition: Moosburger Graduale, hg. v. HILEY; einige Weihnachtslieder sind im Beitrag von STEIN (1956) ediert.

75   LIPPHARDT (1972a), S. 176, datiert auch eine Medinger Handschrift, in der das Lied überliefert ist, auf das 14. Jahrhundert. Die Medinger Gebetbücher sind jedoch erst zwischen 1470 und 1520 entstanden, vgl. dazu den Nachtrag ‚Medinger Gebetbücher‘ im Verfasserlexikon [VL², Bd. 11 (2004), Sp. 982]. Das Moosburger Graduale dürfte somit der älteste Beleg sein.

76   Wien, ÖNB, Cod. 4494.

Überliefert ist die Cantio zum Teil in liturgischen Handschriften, wobei sie sich nicht unter den liturgischen Gesängen im engeren Sinne befindet.[77] Das Antiphonar Den Haag, 68 A 1 überliefert die Cantio als Fragment auf den hinteren Buchdeckeln. Auch im Moosburger Graduale steht sie am Ende der Sammlung in einem Cantionar und gehört nicht zum kernliturgischen Teil; ebenso verhält es sich mit einem Antiphonar bzw. Prozessionale aus dem Franziskanerkloster Amberg, in der die Cantio zusammen mit lateinischen und volkssprachigen Weihnachtsliedern überliefert ist.[78] Weitere Belege für die Überlieferung in liturgischen Sammelhandschriften, jedoch nicht im Rahmen der liturgischen Gesänge, wären die Handschriften aus Nimwegen und Vilnius. Die Überlieferung in einem Antiphonar ist schließlich auch in einer Quelle aus Groningen belegt, diese Handschrift ist aber erst gegen Ende des 16. Jahrhunderts entstanden.[79] Zur Überlieferung in den liturgischen Handschriften kommen zahlreiche Belege in Cantionalen, die ebenfalls zumeist aus Klöstern stammen.[80]

Eine Quelle besonderer Art, welche die erste Strophe des Liedes überliefert, ist eine Handschrift aus dem Kloster Medingen.[81] Es handelt sich um ein Gebetbuch, in dem einigen Cantiones oder Strophen von Cantiones feste Plätze im Weihnachtsfestkreis zugewiesen sind, die Struktur dieser Nonnengebetbücher erinnert stark an ein Brevier.[82] Nach dieser Quelle wurde die erste Strophe der Cantio am 29. Dezember, dem Tag des Heiligen Thomas von Canterbury, gesungen. Als Ergebnis kann man festhalten, dass die Cantio wohl im Gottesdienst verwendet und vermutlich wie alle lateinischen Cantiones von der Schola gesungen wurde. Dabei liegt eine ursprüngliche Verwendung als Benedicamus-Tropus nahe.

Weiterhin spielte die Cantio auch bei Frömmigkeitspraktiken außerhalb des Gottesdienstes eine Rolle. Vor allem in Häusern der Devotio Moderna, die das Lied in außerliturgischen Liederhandschriften überliefern, ist eine Verwendung beim gemeinsamen Musizieren im Haus oder Kloster denkbar. Beispiele hierfür wären die Utrechter Liederhandschrift und die Handschrift Brüssel, KB II 2631. Aus Häusern und Klöstern der Devotio Moderna sind auch Handschriften überliefert, die aus dem Be-

---

77   ,Liturgisch' hier im Sinne von JANOTA (1968). Liturgische Handschriften wären hier nach FIALA/IRTENKAUF (1963) insbesondere Graduale und Antiphonar.

78   München, BSB, Clm 2992, vgl. dazu JANOTA (1968), S. 138f.

79   Amsterdam, UB, I B 50, Datierung nach dem REPERTORIUM II, H005.

80   Wie z.B. Augsburg, UB, III.1 8o 57 oder Paris, BN, Néerl. 1522. Oftmals enthalten diese Handschriften das Repertoire eines Chors.

81   Kopenhagen, KB, GKS 3451 8o.

82   Der Begriff ,Weihnachtsbrevier' ist problematisch, da es sich bei einem Brevier eigentlich um ein liturgisches Buch zum Vollzug des Stundengebets (mit lateinischen Texten) handelt, so JANOTA (1968), S. 122. Für LIPPHARDT (1972a), der die Quelle ausführlich erforscht hat, ist sie dagegen eine liturgische Handschrift. Vgl. zur Bezeichnung ,Brevier' auch HÄUSSLING (2004).

sitz einzelner Nonnen stammen und zur privaten Andacht oder zur musikalischen Übung dienten, wie beispielsweise das Liederbuch der Anna von Köln oder das heute verschollene Liederbuch der Catherina von Tirs.

Für einige Quellen, die die Cantio überliefern, kommt ein Gebrauch im Schulunterricht in Betracht. Beispielsweise liegt bei der Handschrift München, BSB, Clm 5023 eine Verwendung im Musikunterricht nahe. Diese Handschrift wurde von Johannes Greis, dem *rector scolarium* von Benediktbeuern, gegen Ende des 15. Jahrhunderts geschrieben.[83] Zudem ist das Utrechter Cantuale von 1541, das die Cantio in gedruckter Form überliefert, in der Schule zum Einsatz gekommen.[84] Interessant ist in diesem Zusammenhang auch das Moosburger Graduale. Johannes von Perchhausen, Dekan des Stifts von Moosburg und Zusammensteller des Cantionars, hat dem letzten Teil der Handschrift eine Vorrede mit einem pädagogischen Anspruch vorangestellt: Die folgenden Lieder seien für den jungen Klerus aufgeschrieben, damit er sich keinen weltlichen Liedern zuwende (f. 230v).

Ein anderer Kontext, in dem die Cantio eine – wenn auch untergeordnete – Rolle spielte, ist das Kindelwiegenspiel.[85] Das Incipit wird im Hessischen Weihnachtsspiel sowie im Sterzinger Weihnachtsspiel zitiert. Im Hessischen Weihnachtsspiel kommt die Cantio als Gesang der Engel nach der Kindelwiegenszene vor, die vom *Resonet in laudibus* (deutsch) begleitet wird. Die Regieanweisung lautet: *Et tunc angeli cantunt: ‚Puer nobis nascitur‘.*[86] Auch im Sterzinger Weihnachtsspiel ist die Cantio als Gesang der Engel überliefert, allerdings kann hier alternativ auch ein anderes Lied gesungen werden: *Tunc aly angeli canunt: ‚Puer nobis mastitur [!] rector angelorum, in hoc mundo pastitur [!] dominus dominorum‘ vel cantunt: ‚Puer natus in Wetlaem‘.*[87] In Handschriften, die Texte zur Kindelwiegenfeier ohne den Rahmen eines Schauspiels überliefern, gibt es allerdings keine Belege.

Erwähnenswert ist an dieser Stelle die Überlieferung in einer Musikhandschrift, dem Luitboek van Thysius, in dem allein die Noten für die Laute ohne Text überliefert ist. Die Anlage der umfangreichen Sammlung wurde zwischen 1595 und 1600 von dem Theologen Adriaan Joriszoon Smout (gest. 1646) in Leiden begonnen, sie umfasst über 900 weltliche und geistliche Stücke verschiedener Sprachen.[88]

---

83 Die Sammlung trägt den Titel *manuale hymnorum, sequentarium et aliorum in ecclesia et extra per annum cantandorum cum notis musicis*; dazu JANOTA (1968), S. 141, (zitiert nach Schmitz): „Man kann sich den Kodex am besten vorstellen als Gebrauchs- und Instruktionsbuch eines Kantors oder Succentors, der mit dem Schülerchor in der Stadtpfarrkirche von Neumarkt zum Gottesdienst gesungen hat".

84 Vgl. zu dieser Quelle VALKESTIJN (1968), S. 243.

85 Zu den Kindelwiegenspielen vgl. BERTHOLD (1932).

86 Weihnachtsspiele, hg. v. FRONING, S. 113.

87 Sterzinger Weihnachtsspiel, hg. v. JORDAN, S. 19.

88 Vgl. Luitboek van Thysius, hg. v. BURGERS/GRIJP, S. 8.

In der Drucküberlieferung ist die Cantio im Rahmen geistlicher Liedersammlungen und konfessionell gebundener Gesangbücher ebenfalls reichlich bezeugt. Nach der Reformation wurde sie vor allem in Gesangbücher aus der katholischen Tradition aufgenommen, so ist sie im bedeutenden Gesangbuch von Johann Leisentrit aus dem Jahr 1567 oder auch im Speyerischen Gesangbuch von 1599 enthalten. In die einschlägigen Gesangbücher der protestantisch-lutherischen Tradition wie z.B. die Gesangbücher von Kluge oder Babst hat die Cantio dagegen keinen Eingang gefunden. Zu erwähnen ist jedoch die Überlieferung im Gesangbuch des Christian Adolf Nystadensis, das zwar laut Vorrede nicht konfessionell gebunden ist, jedoch eher der protestantischen Tradition zuzurechnen ist, da das Gesangbuch Luthers in der Vorrede als Vorbild erwähnt wird.

Neben den lateinischen Fassungen sind mehrere volkssprachige Übertragungen bekannt. Abgesehen von der Fassung, die in der Stuttgarter Handschrift unter Nr. 2 überliefert ist, enthält die Handschrift München, BSB, Clm 5023 eine hochdeutsche Version mit dem Incipit *Ein kindelein geporen ist / hie auff dise erde*; sie ist zusammen mit lateinischen Strophen überliefert.[89] Im Vergleich zu anderen Cantiones sind Übertragungen jedoch eher spärlich bezeugt. Weit verbreitet ist dagegen die Melodie, zu der mehrere volkssprachige Lieder gesungen wurden, in der Stuttgarter Handschrift z.B. das Lied Nr. 15.

Varianten und andere Fassungen

Die Fassung in SuB 1572: Ohne eine systematische Untersuchung aller Fassungen kann nach der Auswertung der edierten Texte an dieser Stelle festgehalten werden, dass sich die Strophenanzahl der Cantio in der Regel im Bereich von fünf bis sieben Strophen bewegt.[90] Dabei ist sehr häufig eine alternative Schlussstrophe überliefert, die auf *deo dicamus gratias* endet (z.B. Wienhäuser Ldb. oder DEPB 1539),[91] oftmals ist auch eine Hirtenstrophe nach Lc 2,9 Bestandteil anderer Fassungen (z.B. Brüssel, KB, MS. II 270 oder Ldb. der Anna von Köln). Im Anschluss wird die Fassung aus dem Druck SuB 1572 wiedergegeben, die aus sieben Strophen besteht und die beiden genannten Strophen enthält.

---

89 JANOTA (1968), S. 104. Edition: WACKERNAGEL II, Nr. 903.

90 Die längste Fassung besteht aus elf Strophen und ist im Liederbuch der Anna von Köln überliefert.

91 Interessant ist an dieser Stelle, dass sich im Moosburger Graduale der letzten Strophe des Liedes die Choralmelodie *deo dicamus gratias* anschließt; daraus könnte sich diese Strophe entwickelt haben.

SuB 1572, 2r–v

I   Pver nobis nascitur,
         rector angelorum,
         in hoc mund*o* pascitur
         dominus dominorum.

II   In presepe ponitur
         sub feno asinorum,
         cognoverunt dominum,
         Christum, regem celorum.

III   Nuntiat pastoribus
         angelus de celis
         ipsum, qu*e*m in Bethlehem
         natum ostendit eis.

IV   Tunc Herodes timuit
         magno cum timore,
         infantes et pueros
         occidit cum dolore.

V   Qui natus est ex Maria
         die hodierna,
         preducat nos cum gratia
         ad gaudia superna.

VI   Nos de tali gaudio
         cantemus in choro,
         in cordis et organo
         benedicamus domino.

VII   Laus et jubilati*o*
         nostro in ore
         et semper angelicas
         deo dicamus gratias.

I,3 mundo] mundi.   **4** dominorum] *fehlt.*   **III,3** quem] quam.   **VII,1** jubilatio] jubilatis.

VII,2 Denkbar wäre hier *sit* zu ergänzen.

3.2.2 *Ons wort geboeren een kyndelyn*

Die ersten vier Strophen sind eine fast wörtliche Übersetzung der Cantio *Puer nobis nascitur* (Lied Nr. 1). Die Fassung beginnt mit einer antithetischen Strophe über die christliche Geburt gefolgt von einer Krippen-, Herodes- und Marienstrophe, die abschließende fünfte Strophe enthält einen auf die Formel *benedicamus domino* endenden Aufruf zum Lobgesang; sie stellt in Bezug auf den hier überlieferten lateinischen Text eine Variante dar.[92]

I,1] Die Form *wort* (vgl. auch I,3 und II,1) ist im Niederländischen Präsens und entspräche somit dem lateinischen Text, im Niederdeutschen könnte die Form auch Präteritum sein. In allen weiteren Übertragungen des lateinischen Incipit steht *is* an der Stelle (Zustandspassiv), was entsprechend der Präsensform auch auf die gegenwärtige Bedeutung der Geburt Christi hinweist.

I,2 *alder*] Variante zu ,aller‘.

I,3 *geuoet*] Kontrahiertes Partizip zu *voeden* ,füttern‘.

II,3 *bekandt*] Partizip von *bekennen*, hier ,erkennen‘.

II,4 *koeninck*] Die auffälligste Abweichung vom lateinischen Prätext ist bei der Übersetzung von Namen und Hoheitstiteln auszumachen: *rector* wird mit *koeninck* übersetzt, *Christum* in II,4 wird nicht übersetzt, das Hendiadyoin *infantes et pueros* wird mit *onnoselen ... ende kynderen* wiedergegeben und *Maria* mit *maget reyne*.

III,1 *beanxtet*] Partizip von *beangsten*, verkürzte Form von *beangstigen*.

III,2 *nijdicheyden*] nidicheit ,Wut, Hass‘.

III,3 *onnoselen*] onnosel ,unschuldig‘.

III,4 *droefheyden*] droefheit, -hede, ,Betrübnis‘.

IV,1 *Die*] Mnl. Relativpronomen, maskulin.

V,1] Die Stelle weicht vom lateinischen Text der Handschrift ab (vgl. Lied Nr. 1). Der Text folgt einer Variante der lateinischen Strophe, vgl. WACKERNAGEL I, Nr. 328, Strophe fünf:

> *O et i et e et o*
> *cantemus in choro,*
> *In chordis et organo*
> *benedicamus domino.*

V,3 *snaeren*] snaer ,Saite‘; pars pro toto.

V,1–4] Die Reimenden auf *o* sind auch in der Übertragung beibehalten.

---

92 Vgl. zu Bibelstellen und inhaltlichen Aspekten des Liedes den Kommentar zu Lied Nr. 1.

Überlieferung

Drucke: Costerius OHB 1590, p. 79–81; Nystadensis 1543, 101v–102r; SuB 1572, 47v; SuB 1600a, 47v; SuB 1600d, 47v.

Edition

Costerius OHB 1590 (Online-Publikation DBNL); WACKERNAGEL III, Nr. 1085 nach Nystadensis 1543.

Bei diesem Lied handelt es sich um eine volkssprachige Übertragung der weitverbreiteten Cantio *Puer nobis nascitur*. Obwohl die Cantio zahlreich überliefert ist, sind Übertragungen selten belegt.[93] Weitere handschriftliche Überlieferung aus dem niederländischen und niederdeutschen Raum ist, abgesehen von der Stuttgarter Fassung, nicht bezeugt. Die Drucküberlieferung ist überschaubar und hat ihren Schwerpunkt in den Niederlanden.[94] Auffällig ist, dass die Überlieferung im Vergleich zur Übertragung anderer lateinischer Cantiones erst relativ spät einsetzt. Alle Textzeugen sind im 16. Jahrhundert entstanden, der erste Beleg stammt aus dem im Jahr 1543 in Magdeburg erschienenen Gesangbuch des Chr. Adolf Nystadensis.

Im hochdeutschen Raum sind Übertragungen der Cantio *Puer nobis nascitur* ebenfalls spärlich belegt.[95] In einer Münchner Handschrift sind zwei Übertragungen jeweils zusammen mit dem lateinischen Text enthalten, ein Fragment und eine aus drei Strophen bestehende hochdeutsche Fassung; sie haben mit der hier vorliegenden Fassung jedoch nichts gemeinsam.[96]

Weitaus häufiger als Übertragungen des lateinischen Textes sind Entlehnungen der Melodie. In handschriftlichen Quellen aus dem Devotio-Moderna-Umkreis sind allein drei verschiedene volkssprachige Lieder belegt, die auf die Melodie der Cantio gesungen wurden. Das lateinische Incipit wurde zwar noch übernommen, der weitere Text ist jedoch unabhängig von der Cantio gestaltet.[97] Diese als Kontrafaktur entstan-

---

93   Nicht auszuschließen sind weitere Übertragungen mit anderem Incipit. Dagegen spricht jedoch, dass gerade das Incipit in der Regel sehr konstant überliefert wird.

94   Dass weitere Fassungen aus dem niederdeutschen Raum existieren, ist nicht auszuschließen, zumal die niederdeutschen Quellen im REPERTORIUM nicht erfasst sind. Bei den Recherchen haben sich jedoch keine Hinweise darauf in der Sekundärliteratur ergeben.

95   JANOTA (1968), S. 104, Anm. 469.

96   München, BSB, Clm 5023, 311v–312. Edition: WACKERNAGEL II, Nr. 903 Incipit: *Ein kindelein geporen ist / hie auff dise erde.*

97   REPERTORIUM I, T 5940–42: *Ons is geboren eyn kyndelyn / noch claere dan de sonne / dat sal der werelt eyn here syn* (Ldb. der Anna von Köln), *Oons is gebaren een kyndekyn / noch claere dan die sonne / dat sal ons alle vroude sijn* (Deventer Lhs.) und *Ons is gheboren een kindekijn / vander maghet marien* (Utrechter Lhs.).

denen Lieder sind in weitaus älteren Quellen enthalten als die wenigen Übertragungen.

Über den Gebrauch des Liedes lassen sich keine genauen Aussagen machen. Der Überlieferungskontext besteht in allen Quellen aus Weihnachtsliedern, im Gesangbuch des Chr. Adolf Nystadensis und in der Stuttgarter Handschrift steht das Weihnachtslied unmittelbar nach der Cantio *Puer nobis nascitur*, wodurch die enge Verbundenheit mit dem lateinischen Text zum Ausdruck kommt.

Aufgrund der wenigen Quellen besteht eine große Schwierigkeit darin, Aussagen über den potentiellen Rezipientenkreis zu machen. Auffällig ist vielleicht die Konzentration auf den niederländischen und niederdeutschen Raum sowie die schwerpunktmäßige Tradierung in lutherisch-reformierten Quellen. Die verschiedenen Auflagen des Drucks mit dem Titel ‚*Suverlijc Boecxken*' (SuB), die in großen Städten wie Amsterdam oder Antwerpen gedruckt wurden, enthalten unter anderem auch Lieder von Martin Luther. Das Gesangbuch des Chr. Adolf Nystadensis stammt ebenfalls aus der protestantischen Tradition und auch die Stuttgarter Liedersammlung enthält Lieder, die aus lutherischen Quellen bekannt sind; allerdings wäre eine Überlieferung in katholischen Quellen ebenso vorstellbar. Eine Übertragung ist schließlich auch in der Liedersammlung des Henricus Costerius enthalten, die keine lutherisch-reformierten Lieder enthält.

Varianten und andere Fassungen

Übersicht über den Strophenbestand und die lateinischen Entsprechungen der Strophen: Stuttgart, WLB, Cod. Don. A III 18 (A); SuB 1572 (B); Nystadensis 1543 (C); Costerius OHB 1590 (D).

Strophen	A	B	C	D
Ons wort geboeren een kyndelyn (Puer nobis nascitur)	I	I	I	I
Inder krubben wort hij geleijt (In presepe ponitur)	II	II	II	II
D'enghelen waren verhuecht (Angeli laeti sunt)				III
D'engel van den hemel fijn (Angelus pastoribus)		III		
Hierom Herodes beanxtet was (Hinc Herodes timuit)	III	IV	III	IV
Die daer huiden geboren is (Qui natus est ex Maria)	IV	V	IV	V
O et i et e et o (O et i et e et o)	V		V	
Laet ons van sulcken blijschap snel (Nos de tali gaudio)		VI	VI	VI
Lof sy hem wt der herten gront (Laus et iubilatio)				VII

Zwischen den Übertragungen, die im Druck SuB 1572 und in der Stuttgarter Handschrift überliefert sind, gibt es eine Verbindung.[98] Die Strophen A drei und B vier sowie A vier und B fünf stimmen fast wörtlich überein. Außerdem machen Ähnlichkeiten im Hinblick auf die Übersetzung einiger lateinischer Vokabeln den Zusammenhang evident: z.B. *rector* ‚koeninck/ coningh‘, *dolor* ‚droefheyden / droefheden‘, *Maria* ‚maget reyne / maghet reyne‘ *gaudia superna* ‚vreude gemeine / vreughde ghemeyne‘. Darüber hinaus wurde in beiden Fassungen die Form *Christum* in II,4 nicht übernommen. Dennoch gibt es Unterschiede: Die in SuB 1572 überlieferte Fassung enthält eine Strophe mehr und weicht in der Strophenfolge ab;[99] außerdem variiert die Schlussstrophe im Vergleich zur Stuttgarter Fassung.[100] Die Übertragung in SuB 1572 ist freier und gibt den lateinischen Wortlaut weniger exakt wieder, legt dagegen mit dem Kreuzreim größeren Wert auf die Form. Im Vergleich zur Stuttgarter Fassung, die die Tempora des lateinischen Textes durchhält, enthalten die Strophen eins bis vier in SuB 1572 abweichend vom Text der Cantio *Puer nobis nascitur* keine Präsensformen. Dies verändert den Text in seiner theologischen Aussage, da die Geburt nun als vergangenes Ereignis betrachtet wird. Der Text der Stuttgarter Fassung lehnt sich im Wortlaut stark ans Lateinische an. Dabei klingt die genaue Übersetzung der Passivformen (z.B. *wort geuoet, wort geleijt*) und der aus zusammengesetzten Verbalkomplexen bestehenden Tempora oftmals sperrig.

Die im Gesangbuch des Chr. Adolf Nystadensis überlieferte Fassung weicht bezüglich Strophenfolge und Wortlaut deutlich von der Stuttgarter Fassung ab. Die Fassung ist unabhängig von den Fassungen in der Stuttgarter Handschrift und in SuB als Übertragung der Cantio entstanden. Das Reimschema dieser Fassung ist auffällig: Die Strophen eins, drei, vier und sechs sind kreuzgereimt, die Strophen zwei und fünf paargereimt. Der Dialekt verweist eher auf den niederdeutschen Sprachraum.
Im niederländischen Druck Costerius OHB 1590 ist eine Fassung überliefert, die Henricus Costerius, dem Herausgeber des Drucks, zugeschrieben wird. Sie ist ebenfalls unabhängig von den anderen Übertragungen entstanden. Überliefert sind sieben Strophen, wobei in den Zusatzstrophen vor allem Jubel, Freude und Gesang im Vordergrund stehen.[101] Der niederländische Text ist parallel zu den lateinischen Strophen überliefert.

---

98 Als Beispiel für die Fassung in SuB wird der in SuB 1572 enthaltene Text analysiert.

99 An dritter Stelle steht eine Strophe, die der lateinischen Strophe *Nunciat pastoribus* entspricht (ediert im Kommentarteil zu Lied Nr. 1 nach SuB 1572, Strophe drei) und die Hirtenszene zum Thema hat; vgl. Lc 2, 9–12 (Der Nebensatz in der Übertragung *een kint, dat al de werelt verlicht* gehört im Bibeltext nicht zur wörtlichen Rede des Engels, hat aber seine inhaltliche Entsprechung in der Formulierung *claritas dei*).

100 Vgl. Lied Nr. 1, Strophe fünf der Stuttgarter Fassung.

101 Die Strophe *Angeli laeti sunt* ist bei WACKERNAGEL I, Nr. 331, ediert. Die Strophe *Laus et iubilatio* ist im Kommentarteil zu Lied Nr. 1 nach SuB 1572 ediert.

B *SuB 1572, 47v*	C *Nystadensis 1543, 101v–102r*	D *Costerius OHB 1590, p. 79–81*
‚Puer nobis nascitur' in't duytsch op de selve wijse		

	B	C	D
I	Ons is geboooren een kindeken soet, aller enghelen coningh, in der weerelt wert hy gevoert, een heer der heeren van alle dingh.	Eyn kindt ys vns gebaren hûd, de regent der engelen, yn desser werlt wert he geuôt, ein herr bauen alle heren.	Een kindt is ons gheboooren, coninck der enghelen chooren, in dese werelt ionck en teer werdt hy ghevoedt, der heeren heer.
II	In der cribben lag hy neer op dat hoy der ezelen, die hebben alle bekent den heer voor den coning der hemelen.	In ein krib wart he gelacht, vp dat hoy den besten gebracht, se hebben erkandt her Ihesu Christ, de kôninck auer dem hemmel ist.	In die cribbe wert hy gheleydt en d'esels hooy op hem ghespreyt, elck kenden hem, die derwaerts ginck, Christum, der hemelen coninck.
III	D'engel van den hemel fijn heeft den herderen vercondigt, in Bethlehem geboren te zijn een kint, dat al de werelt verlicht.	Darumb Herodes sick befrucht mit so grotem hate, dat he de all junge frucht sloch dodt mit grotem smarte.	D'enghelen waren verhuecht en schepten in hem groote vruecht, sy songhen ‚godt sy glorie' in die hoochste consistorie.
IV	Hierom Herodes beanxtet was met grooter nijdigheden, d'onnoselen liet hy doden ras en kinderen met droefheden.	De dar ys gebarn hûtt van eyner maget reyne, de môth vns brengen thom ôuersten gut, dar froude sint alleyne.	Herodes werde doen bevreest door nijdt ghedreuen aldermeest ionghers en kinders van twee iaer dede hy dooden met misbaer.
V	Die daer huyden geboren is van der maghet reyne,	O et i et e et o, lath vns alle wesen fro	Die van Maria comen is op heden desen dach ghewis,

---

IV,2 met] *Unleserlicher*
Buchstabe/Zeichen vor dem m.

I,3 *wert* ist im Mnl. Präteritum.
3 *voeren* 1. ‚füttern', 2. ‚führen'.
4 *dingh* ist eine gleichförmige
Pl.bildung. | **II,1** *neer* ‚nieder'.
2 Syntax problematisch,
möglicherweise ist *dat* zu *dem* zu
verbessern. Oder ist *lag* hier
reflexiv aufzufassen (‚er legte sich
nieder')? **III,1** *den hemel* ist im
Mnl. Dat. Sg. | **2** *herder* ‚Hirte'.
3f. AcI, Üs.: ‚dass ein Kind in B.
geboren ist'. | **4** *verlichten* 1.
‚erleuchten', 2. ‚erleichtern'.
IV,3 *ras* ‚rasch'.

I,2 *de* ist im mnd. Artikel im Nom.
Sg. **II,2** *den besten* ist Dat. Pl.
‚den Tieren', Abweichung vom
lateinischen Text. **III,1** *sik*
befruchten ‚sich in Angst
versetzen' (in der Regel reflexiv
gebraucht), kontrahierte Form.
IV,4 Eigentlich *frouden*?

I,3f. Chiasmus. | *teer* ‚zart'.
II,2 *sprijden* ‚streuen'. | **3** *elck*
‚jeder'. | *derwaerts* ‚abwärts', Üs.:
‚der vom Himmel herab kam'.
III,1 *verheugen* ‚erfreuen',
auffällige Schreibung, *ue* statt *eu*
aber auch in *vruecht*.
4 *consistorie* ‚Versammlung'.
IV,4 *misbaer* ‚Lärm, Geschrei'.

	B	C	D
	leyde ons door sijn genade fris al in vreughde ghemeyne.	vnde singen dem heren, vnsem godt, ya stedes sunder all verdrot.	leyde ons door syn gratie soet tot die vruechden des opperste goet.
VI	Laet ons van sulcken blijschap snel te samen gaen verblijden, met sanghen en orghelspel den heere ghebenedijen.	Vor so grote froude gutt singet fro dem heren, in seidenspel vnde orgel lûtt tho synem laue vnde eeren.	Van sulcken vruecht als is gheschiet laet singhen en spelen een liedt op orghelen en op coorden laet hem louen oock met woorden.
VII			Lof sy hem wt der herten gront en prijs gheseyt door onsen mont en altijts met enghels groeten dat wy hem danck segghen moeten. Amen.

V,3 *fris* wörtl. ‚frisch‘; hier im Sinne von ‚schön‘.
VI,1 *blijschap* ‚Freude‘.
2 *verblijden* ‚freuen‘. | **3** Gesang und Orgel (statt Saiteninstrument, vgl. lat. Text).

V,4 Üs.: ‚ja immerwährend ohne allen Verdruss‘. Nach LÜBBEN lautet die korrekte Form *stede*, möglicherweise nhd. Einfluss, vgl. ‚stets‘. **VI,1** *Vor* hier: ‚aus‘ (aufgrund von).

3.2.3 *Dies est letitie in ortu regali*

Die Fassung besteht aus sieben Strophen, in denen die Geburt Christi als ein nicht zu ergründendes Wunder mit zahlreichen Antithesen beschrieben wird; dieses Wunder ist für den an Raum und Zeit gebundenen menschlichen Verstand nicht nachvollziehbar. In der ersten Strophe geht es um die jungfräuliche Geburt des menschlichen und zugleich göttlichen Kindes, in der zweiten Strophe spitzen sich die Antithesen zur Beschreibung der doppelten Natur Jesu Christi zu. In der dritten Strophe wird das Kind zugleich als Schöpfer aller Dinge beschrieben, Zeitbegriffe spielen hier verstärkt eine Rolle. Die vierte Strophe ist als Hirtenstrophe profiliert; in der fünften steht Maria im Vordergrund. Die sechste Strophe greift die Antithetik noch einmal auf: Einerseits ist vom Krippenkind, andererseits vom allmächtigen Gebieter die Rede. Die siebte Strophe weist Bezüge zur Weihnachtsgeschichte nach Lukas auf und schließt mit einer Bitte um Frieden.

I,1] Dasselbe Incipit haben die Cantiones *Dies est laetitiæ / nam processit hodie* (Nr. 7); *Dies est laetitiae / in festo regali*; *Dies est laetitiae / in aula regali*, die allesamt jünger sind und einen mehr oder weniger starken Bezug zu dieser Cantio aufweisen.

I,1–10] Die Antithesen, die das gesamte Lied durchziehen, werden bereits in der ersten Strophe aufgebaut, indem die Menschlichkeit und Göttlichkeit des Kindes gepriesen wird: *in humanitate – in diuinitate*. Sie haben ihren Ursprung in der Patristik und finden sich beispielsweise in den Weihnachtspredigten des Augustinus, z.B. im Sermo 184, vgl. GAMBER (1980), S. 68–72.

I,5–10] Parallel strukturierter Aufbau der Beschreibung der menschlichen und göttlichen Seite des Kindes.

II,1-10] Die Antithesen konzentrieren sich besonders in dieser Strophe (*Mater – filia, deus – homo, seruus – dominus, presens – eminus*).

II,5 *seruus*] Vgl. den in Is 53 beschriebenen Gottesknecht.

III,3 *rosa de lilio*] Das Bild ist ungewöhnlich. Normalerweise wird, wenn Maria und Jesus mit Rose und Lilie verglichen werden, Maria als die Rose bezeichnet, aus der dann die Lilie hervorgeht, vgl. SALZER (1893), S. 68. In einer anderen Fassung ist an dieser Stelle die Lesart *flora de lilio* überliefert (WACKERNAGEL I, Nr. 332). Dass die Stelle nicht einfach zu verstehen war, bezeugen die vielen Varianten in den Übertragungen (vgl. Lied Nr. 4).

III,6f.] Das Motiv der Präexistenz Christi geht auf den Hebräerbrief zurück und begegnet häufig in Weihnachtsliedern, vgl. dazu RÖSSLER (1981), S. 25. Ein beliebtes Motiv in der Kunst ist die Darstellung des neugeborenen Kindes mit erwachsenen Gesichtszügen, vgl. GAMBER (1980), S. 33. Vgl. zu dieser Stelle auch das Credo: *ex patre natum ante omnia saecula*.

III,8–10] Zu Maria als stillender Gottesmutter vgl. SCHREINER (1994), Kap. 5, insbes. S. 192–201. Das Motiv kommt im Neuen Testament nicht vor, abgesehen von einer Frau, die Maria im Beisein Jesu seligpreist: *quaedam mulier de turba dixit illi beatus venter, qui te portavit et ubera quae suxisti* (Lc 11, 27). In den apokryphen Evangelien und vielen anderen theologischen Schriften wird das Bild der stillenden Gottesmutter dagegen aufgegriffen. Die Vorstellung, dass Christus auf die Muttermilch angewiesen war, galt seit der Spätantike als wichtiger Beweis für seine Menschlichkeit, vgl. SCHREINER (1994), S. 196.

IV,1–10] Lc 2, 8–12. Die Hirtenszene im Lukasevangelium ist strukturell gleichzusetzen mit der Erzählung über die drei Weisen aus dem Morgenland bei Matthäus; in beiden Episoden geht es um das Auffinden und Erkennen des Kindes durch Außenstehende, durch Arme bzw. durch Fremde. Zur theologischen Deutung der Hirten in Lc 2 vgl. HIRT (2002), S. 20.

V,1–4] Sehr häufig verwendetes Bild für die Jungfräulichkeit Marias, Belegstellen bei SALZER (1893), S. 71.

V,6 *sacra viscera*] Marias Körper wurde bereits zu Lebzeiten als heilig angesehen, daher auch die Vorstellung ihrer leiblichen Aufnahme in den Himmel (vgl. das Hochfest *assumptio beatae Mariae virginis* am 15. August).

V,8–10] Vgl. Anmerkung zu III,8–10.

VI,5 *fasciatur dextera*] Nach altem Brauch wurden bei Babys auch die Arme und Hände eingewickelt. Das Bild steht in Kontrast zu VI,6, wo Gott als (mit den Händen) tätiger Schöpfer dargestellt wird.

VI,6f.] In Gen 1,16 erschafft Gott die Sterne. Weiterhin könnte die Stelle vielleicht auch Bezüge zur Apokalypse haben. Hier hat Jesus ebenfalls sieben Sterne in der rechten Hand und erscheint in den Wolken: *et habebat in dextera sua stellas septem* (Apc 1,16) und *ecce venit cum nubibus* (Apc 1,7).

VI,8 *concrepat vagitibus*] *concrepare* ‚dröhnen‘, nachklassisch mit Bedeutungserweiterung, z.B. ‚(laut schallend) ankündigen‘; in den meisten Übertragungen wiedergegeben mit ‚weinen‘. *vagitus* ‚das Schreien kleiner Kinder, das Wimmern‘; hier Abl. Modi. Üs.: ‚er weint auf die Art und Weise wie kleine Kinder schreien‘.

VI,10 *extendit*] ‚(während) er… ausspannt‘, seltene Lesart, die meisten Fassungen haben *descendit* und es liegt die Vorstellung zugrunde, dass Jesus vom Himmel herab steigt (Inkarnation). Einige Fassungen überliefern auch *ascendit* (Himmelfahrt).

VII,1–3] Lc 2,4–6. Die Volkszählung und die Reise nach Bethlehem stehen bereits in Kap. 2 des Lukasevangeliums vor der Geburt, in der Cantio steht die Szene dagegen in der letzten Strophe (auch in anderen Fassungen). Die Chronologie ist dadurch auch in Bezug auf die Strophenfolge als Ordnungskriterium außer Kraft gesetzt.

VII,4 *scribat*] Ein Kompositum zu *scribere* kommt auch in VII,1 vor (*describere*) und bezieht sich dort auf die Volkszählung. Hier wird der Gedanke der *descriptio* wieder aufgegriffen, die jedoch statt von Kaiser Augustus von Jesus Christus durchgeführt wird.

VII,6–10] Die Stelle hat Parallelen zum Lobgesang der himmlischen Heerscharen und der Bitte um Frieden für die Menschen guten Willens nach Lc 2, 13f. Die Singenden (*nos*, VII, 4) stimmen mit ihrem Lied in den Lobgesang der Engel ein, Überleitung auf das Hier und Jetzt der Singenden.

VII,6 ‚*gloria*‘] Die Cantio wurde auch als Gloria-Tropus verwendet.

VII,7] *nove dignitatis* bezieht sich als Genitivus qualitatis auf *gloria*. In der ausgewerteten Parallelüberlieferung gibt es keine entsprechende Variante, zudem weicht die Stelle vom Bibeltext (Lc 2,13f.) ab.

VII,10] Genitivus qualitatis.

Überlieferung

Handschriften: Amsterdam, UB, I B 50, 9v; Amsterdamer Lhs., 162v–163v; Anna von Köln, 16r–18r; Anthonius Ghiselers, 30v–31r; Aosta, Bibl. del Seminario Maggiore, Ms. 13, 62r–v; Augsburg, UB, II.2.8o 13, 130r; Augsburg, UB, Cod. III.1 8o 57, 82v–86r; Bamberg, SB, R.B. Msc. 169, 10–12; Basel, UB, A XI 96, 106v–107r; Basel, UB, AN II 46; Breslau, Arch. Archidieczjalne, Ms. 58, 113r;

Breslau, UB, I Q 466, 33v; Brüssel, KB, Ms. II 270-B, 133v-134r; Brüssel, KB, Ms. II 2631-B, 72r; Den Haag, KB, 68 A1, 165r; Erfurt, Domarchiv, Bibl., Ms. Lit. 6 [erste Strophe]; Gaesdonck, Coll. Aug., Ms. 37; Glogauer Ldb. Nr. 70; Graz, UB, Ms. 557; Hohenfurt, Bibl. Zisterzienserstift, Stiftsbibl., Cod. 28, 183v [Fragment]; Hohenfurter Lhs., 53v–59r; Köln, Hist. Stadtarchiv, W 75, 50v–51r; Königgrätz, Státní okresní archiv, Cod. II A 6; Kopenhagen, KB, GKS 3451 8°; Krakau, Dominikanerkloster, Bibl., Ms. 100; Leipzig, UB, Ms. 1305, 114v–115r; München, BSB, Cgm 444, 20r–21v; München, BSB, Cgm 1115, 39r–v [die Strophe *Angelus pastoribus*]; München, BSB, Clm 2992; München, BSB, Clm 5023, 50v–51r; München, BSB, Clm 6034, 84v; Nimwegen [IV 84]; Olmütz, Státní vědecká knihova, M I 406 [Fragment]; Oxford, Bod. Libr., MS. Lat. liturg. f. 4, 161v; Paris, BN, Rés. 1522, 11r–13r und 217v; Prag, Knih. nár. muzea, I E 22, 86; Prag, Knih. nár. muzea, II C 7; Prag, Knih. nár. muzea, XII A1; Prag, Knih. nár. muzea, XII F 14, 221r und 209r; Prag, Knih. nár. muzea, XIII A 2, 178v–180r; Prag, Národní archiv v Praze, Ms. KVš 376; Prag, Nár. knih. České Rep, X E 2, 9r–10v; St. Gallen, Benediktinerabtei, Bibl., Cod. 392, 85–86; Stuttgart, WLB, Cod. mus. 2o I 3, 1v–7r; Stuttgart, WLB, Cod. mus. 2o I 41; Tongerer Ldb., 125v–126r; Trient, Archivio Capitolare, Cod. 88; Trier, StB, Hs. 516/1595 8o, 135r; Trier, StB, Hs. 1878 4o, 155r–v; Utrecht, Mus. Cath., BMH h 27, 51v und 56r; Utrecht, UB, 16 H 34, 55v; Utrechter Lhs., 4r; Vilnius, Lietuvos Mok. Ak. Bibl., F. 22-95, 106v; Wien, ÖNB, Cod. 4494; Wien, ÖNB, Cod. 5371; Wienhäuser Ldb., 6r–7v.

Drucke: Babst 1545, Nr. 52; Costerius OHB 1590, p. 90, 92 und 94; DEPB 1539, CXXIVr; Kluge 1533, 87v–88v; Leisentrit 1567, 45v–46v; Lossius 1553; Münchner Gb 1586; Nystadensis 1543; Piae Cantiones 1582, p. 28–31; Rigaer Kirchenordnung 1548/49, 69.; Slüter 1531, D6v; Spangenberg 1544; Speyerer Gb 1599, 32v–34r; SuB 1565, A1v–2r; SuB 1572, 1r–v; SuB 1599, A1v–2v; SuB 1600a, 1r–v; SuB 1600b, A1v–2r; SuB 1600c A2r–v; SuB 1600d 1r–v; Tegernsee 1577; Utrechter Cantuale 1541, 181r–v; Zweibrücker Gb 1557, 81v.

Editionen

Anna von Köln, hg. v. SALMEN/KOEPP, S. 12f.; Brüssel, KB, Ms. II 270-B, hg. v. BOUCKAERT/SCHREURS, Nr. 12; Cantiones Germanicae, hg. v. GAMBER, S. 71 nach Erfurt, Domarchiv, Bibl., Ms. Lit. 6; Glogauer Ldb. II, hg. v. RINGMANN, S. 62f. und S. 87; HASCHER-BURGER (2002), Nr. 69 nach Utrecht, UB 16 H 34; Hohenfurther Lhs., hg. v. Rothe, S. 183–194 (=Tropen und Cantiones, hg. v. ROTHE, Nr. 20 [mit Varianten]); Vilnius, F. 22-95, hg. v. DE LOOS/GONCHAROVA, 106v; WACKERNAGEL I, Nr. 332 [nach MONE I, S. 62 und Strophe zehn nach Spangenberg 1544]; Wienhäuser Ldb., hg. v. KAUFHOLD, S. 43–46.

Babstsches Gesangbuch, hg. v. AMELN, Nr. 52; Costerius OHB 1590 (Online-Publikation DBNL); Devoot ende Profitelijck Boecxken, hg. v. SCHEURLEER, Nr. CCXXXVIII; Klugsches Gesangbuch, hg. v. AMELN, 87v–88v; Leisentrit, hg. v. LIPPHARDT, 45v–46v; Piae Cantiones, hg. v. MARVIA, S. 28–31; Speyerer Gesangbuch, hg. v. POHL, 32–34r; Rigaer Kirchenordnung, hg. v. GEFFCKEN, S. 252f.; Slüter Gesangbuch, hg. v. WIECHMANN-KADOW D6v; Zweibrücker Gesangbuch, hg. v. BÜMLEIN, S. 156.

Literatur
BRAUNSCHWEIG-PAULI (1991), S. 55–57; JANOTA (1968), S. 95–99 und S. 127; LIPP-HARDT (1980) [hier Verweise auf weitere Literatur, insbesondere auch auf musikwissenschaftliche Arbeiten]; MÄKINEN (1964), S. 36–43 [musikwissenschaftliche Aspekte]; MAURICE (1957a).

Bislang sind rund 50 Handschriften ausfindig zu machen, die Strophen der Cantio *Dies est letitie in ortu regali* enthalten. Die Überlieferung beginnt im 14. Jahrhundert, wobei der Schwerpunkt im 15. und 16. Jahrhundert liegt.[102] Die Handschriften stammen aus dem gesamten deutschsprachigen Raum, zahlreiche Quellen sind auch aus den heutigen Niederlanden und Tschechien erhalten. Die Cantio zeichnet sich durch großen Variantenreichtum bezüglich Strophenbestand und Strophenanordnung aus, dazu kommen viele Wortvarianten.[103] Neben der Textüberlieferung ist häufig ein ein- oder zweistimmiger, selten ein dreistimmiger Satz belegt.[104] Anhand der breiten Überlieferung ist nicht nur eine Rezeption in den unterschiedlichsten Regionen und Kreisen nachweisbar, sondern es sind auch verschiedene Gebrauchskontexte belegt.

Einige frühe Handschriften, die ausschließlich aus klösterlichem Besitz stammen, weisen eine enge Verbindung zur Liturgie auf. Die Verwendung als Tropus ist in einem Graduale aus Bamberg bezeugt, bei dem es sich zugleich um den ältesten erhaltenen Textzeugen handelt.[105] Die Cantio ist in dieser Handschrift dem Gloria zugeordnet, wobei die einzelnen Strophen interpoliert werden. Dieselbe Überlieferungsform findet sich in einem Hohenfurter Graduale aus dem ortsansässigen Zisterzienserstift sowie in einer Handschrift aus St. Gallen.[106] Eine spätere Variante aus dem 16. Jahrhundert ist als Nachtrag in einem Erfurter Graduale im Rahmen des sogenannten ,Erfurter Weihnachtsgloria' belegt. Hier werden neben lateinischen Cantiones – darunter die erste Strophe der Cantio *Dies est letitie* – auch volkssprachige Strophen interpoliert.[107]

---

102 JANOTA (1968), S. 95, Anm. 406.
103 LIPPHARDT (1980), Sp. 90, geht ursprünglich von einer neunstrophigen Fassung aus.
104 Dreistimmig z.B. in der Handschrift Trient, Archivio Capitolare, Cod. 88.
105 Bamberg, SB, R. B. Msc. 169; vgl. dazu LIPPHARDT (1980), Sp. 90, mit Verweis auf Analecta hymnica, Bd. 1, S. 39.
106 Hohenfurter Liederhandschrift und St. Gallen, Benediktinerabtei, Bibl., Cod. 392. Zur Verwendung als Tropus vgl. STEPHAN (1956), S. 158.
107 HARZER (2006), S. 74.

Zu den liturgischen Handschriften gehören auch ein Graduale aus dem Benediktinerstift St. Lambrecht, das anfangs des 16. Jahrhunderts entstanden ist und neben lateinischen Strophen der Cantio auch eine frühneuhochdeutsche Übertragung beinhaltet, sowie zwei im 15. Jahrhundert entstandene Gradualia aus Tschechien.[108] In Quellen aus dem niederländischen Raum, die allesamt einen Bezug zur Devotio Moderna aufweisen, ist die Cantio beispielsweise in einer liturgischen Sammelhandschrift aus dem Augustinerinnenkloster Marienpoel bei Leiden enthalten.[109]

Nähe zur Liturgie weist auch die – eher seltene – Überlieferung in Handschriften vom Typ ‚Antiphonar' auf. Hierzu gehören eine Handschrift aus dem Franziskanerkloster Amberg, die den Text im letzten Teil zusammen mit anderen lateinischen Weihnachtsliedern überliefert, sowie ein Antiphonar aus Groningen, das aus dem 16. Jahrhundert stammt.[110] An dieser Stelle ist schließlich auch ein für das Fraterhaus in Den Bosch bestimmtes Antiphonar aus Lüttich zu nennen, in dem die Cantio auf den hinteren Buchdeckeln zusammen mit dem Weihnachtslied *Puer nobis nascitur* überliefert ist.[111]

Mit einem Gebrauchshinweis ist die Cantio in einem Medinger Gebetbuch sowie einem Medinger Gebetbuch-Fragment überliefert, die je nach Definition in der Forschung auch zu den liturgischen Handschriften gezählt werden.[112] Demnach wurden sechs Strophen am ersten Weihnachtstag in der Christmette, die erste Strophe am ersten Weihnachtstag in der zweiten Vesper sowie weitere fünf Strophen der Cantio in der Complet gesungen.[113]

Zahlreich überliefert ist die Cantio darüber hinaus in Cantionalen, die auch aus klösterlichem Umfeld stammen, der Überlieferungskontext setzt sich hier zumeist aus lateinischen, teilweise aus lateinischen und volkssprachigen Weihnachtsliedern zusammen.[114] Insgesamt kann man festhalten, dass sich die frühe Überlieferung auf den

---

108 Graz, UB, Ms. 557 sowie Prag, Knih. nár. muzea, XII A 1 und Prag, Knih. nár. muzea, XII F 14 (‚Gradual von Jistebnicz'), vgl. MÄKINEN (1964), S. 26.

109 Vilnius, Lietuvos Mok. Ak. Bibl., F. 22-95.

110 München, BSB, Clm 2992, vgl. JANOTA (1968), S. 138f. und Amsterdam, UB, I B 50.

111 Den Haag, KB, 68 A1. Beschreibung: MUSICA DEVOTA.

112 Vgl. dazu den Kommentar zur Cantio *Puer nobis nascitur*.

113 Kopenhagen, KB, GKS 3451 8°; das Fragment befindet sich im Privatbesitz von K. Ameln, vgl. LIPPHARDT (1972a), S. 162. Zum Gebrauch vgl. LIPPHARDT (1972a), S. 165f. Zur Datierung der Medinger Gebetbücher vgl. den Nachtrag im Verfasserlexikon. Die Cantio ist auch in einer zweiten Medinger Handschrift (Oxford, Bod. Libr., MS. Lat. liturg. f. 4), die Gesänge und Zwischentexte enthält, überliefert, Vgl. HASCHER-BURGER (2008), S. 99.

114 Wie z.B. Augsburg, UB, Cod.III.1.8o 57 (Kirchheimer Cantional); Aosta, Bibl. del Seminario Maggiore, Ms. 13 (Cantional von Aosta); Basel, UB, AN II 46 (Cantional aus der Kartause Basel) oder Paris, BN, Rés. 1522 (Cantional aus Groningen).

klösterlichen Rahmen konzentriert und einen deutlichen Bezug zum Gottesdienst aufweist; manche Handschriften belegen sogar die Verwendung als Tropus.

Auffällig ist die breite Überlieferung in Handschriften aus monastischen oder semireligiosen Kreisen der Devotio Moderna; der Überlieferungsschwerpunkt liegt hier eher im frühen 16. Jahrhundert. In einer Sammelhandschrift, deren Herkunft nicht eindeutig zu bestimmen ist, ist die Cantio im Kontext von lateinischen Weihnachtsliedern überliefert, weiterhin befinden sich Meditationstexte des Thomas von Kempen darin.[115] Ein ähnlicher Überlieferungskontext, bestehend aus lateinischen Liedern und Texten des Thomas von Kempen, begegnet auch in einer Kölner Handschrift, die zu Beginn des 16. Jahrhunderts im Franziskanerkloster zu Mechelen entstanden ist.[116] Abgesehen von den oben erwähnten Handschriften aus dem Devotio-Moderna-Umkreis ist die Cantio auch in einigen außerliturgischen Liederhandschriften belegt. Dazu gehören beispielsweise das Tongerer Liederbuch, das um 1450 vermutlich im Augustinerchorherrenkloster *Ter Nood Gods* geschrieben wurde, oder die Utrechter- und die Amsterdamer Liederhandschrift. Neben der Verwendung im Gottesdienst legen diese Handschriften einen Gebrauch beim gemeinsamen Musizieren nahe. Immer häufiger begegnet in diesen Quellen die Kombination mit volkssprachigen Texten. Neben dem Singen ist auch eine Verwendung als Lese- oder Meditationstext denkbar, dies kommt vor allem bei Handschriften in Betracht, die zum privaten Gebrauch angefertigt wurden.[117] Unter derartigen Handschriften ist die Aufzeichnung in einem Breslauer Autograph des Franziskaner Nikolaus von Kosel hervorzuheben.[118] Es handelt sich dabei um ein Rapiarium bestehend aus weltlichen und geistlichen Texten.

Allmählich fand auch eine Rezeption außerhalb des Gottesdienstes sowie fernab von klösterlichen und semireligiosen Kontexten statt. Interessant ist die Überlieferung im Glogauer Liederbuch, das neben mehrstimmigen lateinischen Liedern auch untextierte Stücke und volkssprachige weltliche Lieder enthält.[119] Die Handschrift war im Besitz der Kollegiatskirche, Sammler und Schreiber vermutet man unter den Sängern des Doms oder der Pfarrkirche und die Handschrift wurde vermutlich im Gottesdient gebraucht. Darüber hinaus ist auch der Gebrauch in der Schule und zur Geselligkeit in Betracht zu ziehen.[120]

Aus städtisch-bürgerlichen Kreisen stammt eine Augsburger Musikhandschrift, die in den Jahren 1504–1515 entstanden ist und zeitweise im Besitz des Augsburger

---

115   Basel, UB, A XI 96.

116   Köln, Hist. Stadtarchiv, W75. Zur Beschreibung der Handschriften vgl. MUSICA DEVOTA.

117   Wie z.B. das Liederbuch der Anna von Köln.

118   Breslau, UB, I Q 466, vgl. DENECKE (1987), Sp. 1089–1093.

119   Vgl. SAPPLER (1981), Sp. 57–59.

120   Vgl. SAPPLER (1981), Sp. 58.

Richters und Ratsmitgliedes Heinrich Herwat (geb. vermutlich 1520) war. Auch im adligen Umfeld ist die Cantio bezeugt. Hierzu zählen das im 15. Jahrhundert entstandene Orationale Kaiser Friedrichs III.[121] sowie die Überlieferung in zwei Handschriften des 16. Jahrhunderts, die das Repertoire der Stuttgarter Hofkapelle enthalten.[122]

Bereits im 15. Jahrhundert sind volkssprachige Übertragungen bezeugt. Dabei sind grundsätzlich zwei verschiedene Versionen zu unterscheiden: Eine ursprünglich hochdeutsche und eine niederländische bzw. niederdeutsche Übertragung (in der Stuttgarter Handschrift Lied Nr. 4). Der früheste Beleg hochdeutscher Strophen befindet sich in einem Münchner Codex aus dem Jahr 1422.[123] Hier stehen volkssprachige mit lateinischen Strophen im Wechsel. Die Überlieferungsform könnte auf einen Wechselgesang zwischen Schola und Gemeinde hindeuten.[124] Die niederländischen und niederdeutschen Übertragungen sind erst später bezeugt. Während diese in den meisten Fällen unabhängig vom lateinischen Text überliefert sind – eine Ausnahme bilden hier neben der Stuttgarter Sammlung lediglich zwei weitere Handschriften –,[125] bleiben die hochdeutschen Strophen in der Regel eng mit der lateinischen Vorlage verbunden.[126] Diese Überlieferungspraxis hat sich auch im Klugschen Gesangbuch von 1533 niedergeschlagen.

Bemerkenswert ist die gesonderte Überlieferung und Rezeption von Einzelstrophen, was relativ häufig belegt ist. Einzelstrophen sind in zwei Gebetbüchern aus Medingen überliefert, darüber hinaus ist im Rahmen der Kindelwiegenfeier die Verwendung der Strophe *Angelus pastoribus* bezeugt, die neben anderen Cantiones in das *Resonet in laudibus* eingefügt ist.[127] Zudem ist eine Strophe, die von den Weisen aus dem Orient handelt (*Ut stellam conspiciunt*), im Druck von Johann Spangenberg 1544 mit dem Gebrauchshinweis *Hi versus canuntur in festo Epiphaniae* versehen.[128] Schließlich ist die erste Strophe der Cantio im Erfurter Weihnachtsgloria überliefert. Zum einen spricht die Verwendung einzelner Strophen wohl für einen hohen Bekanntheitsgrad der Cantio, zum anderen wird ersichtlich, dass es sich insgesamt um einen sehr offenen und flexiblen Text handelt.

Die Drucküberlieferung ist ebenfalls umfangreich. Im 16. Jahrhundert hat das lateinische Weihnachtslied *Dies est letitie* Eingang in die Gesangbücher beider Kon-

---

121 Wien, ÖNB, Cod. 4494.

122 Stuttgart, WLB, Cod. mus. 2o I 3 und Stuttgart WLB, Cod. mus 2o I 41.

123 Vgl. JANOTA (1968), S. 99.

124 Ebd., S. 99. Dagegen würde jedoch sprechen, dass nicht immer gleich viele lateinische und deutsche Strophen überliefert sind.

125 Das Bündel des Anthonius Ghiselers und Paris, BN, Rés. 1522.

126 Wie z.B. Breslau, Arch. Archidieczjalne, Ms. 58.

127 München, BSB, Cgm 1115, vgl. JANOTA (1968), S. 127. Zum Kindelwiegen vgl. den Kommentar zur Cantio *Magnum nomen domini Emanuel*.

128 WACKERNAGEL I, Nr. 332.

fessionen gefunden und wurde im Gottesdienst verwendet.[129] In der protestantischen Tradition hat sich eine vierstrophige Fassung mit den Strophenanfängen *Dies est leticiæ*, *Orto dei filio*, *Vt uitrum non leditur* (Marienstrophe), *Angelus pastoribus* (Hirtenstrophe) durchgesetzt. Diese Fassung ist erstmals im Jahr 1531 belegt, und zwar im sogenannten ‚Doppelten Gesangbuch' von Joachim Slüter. Das Gesangbuch besteht aus einem von Luther autorisierten Teil, der auf das Klugsche Gesangbuch zurückgeht und von Slüter ins Niederdeutsche übersetzt wurde, und einem von Slüter persönlich zusammengestellten Teil. Da das Luther-Gesangbuch erstmals in der Ausgabe von 1533 erhalten ist, gilt das Gesangbuch von Joachim Slüter als wichtige Quelle.[130] Im Klugschen Gesangbuch von 1533 sowie im Babstschen Gesangbuch von 1545 ist die Cantio unter den so genannten ‚alten Liedern' in derselben Fassung überliefert.[131] Die Cantio ist auch im Zweibrücker Gesangbuch, das im Schulgottesdienst in Gebrauch war, in der Naumburger Kirchenordnung sowie im Druck von Luc. Lossius 1533 oder in der Kirchenordnung von Riga in der Auflage von 1548/49 in dieser vierstrophigen Fassung enthalten.[132]

In der katholischen Tradition wurde die Cantio ebenfalls rezipiert; tendenziell sind hier längere Fassungen aufgenommen. Das Gesangbuch von Johann Leisentrit enthält neun Strophen, ebenso das Tegernseer Gesangbuch aus dem Jahr 1577. Die in der reformierten Tradition verbreitete vierstrophige Fassung fand jedoch auch Eingang in die katholischen Gesangbücher, so ist sie beispielsweise im Speyerer Gesangbuch von 1599 enthalten. Auch im 17. Jahrhundert bricht die Überlieferung in deutschen Gesangbüchern nicht ab. Im niederländischen Sprachraum darf ebenfalls von einer breiten Drucküberlieferung ausgegangen werden.[133]

Zahlreich überliefert ist neben dem lateinischen Text auch eine Vielzahl an volkssprachigen Übertragungen. Neben den bereits erwähnten hoch- und niederdeutschen

---

129   Zum Begriff ‚Gemeindelied' vgl. JANOTA (1968), S. 256–264. Hier wird der Begriff nur im Zusammenhang mit volkssprachigen Liedern gebraucht. Die Cantio gehört jedoch zu den wenigen lateinischen Texten, die aufgrund ihrer langen Tradition von Luther in sein Gesangbuch aufgenommen wurden; sie steht neben einigen volkssprachigen Liedern zum Weihnachtskreis. Daher ist in diesem Fall auch von einer identischen Funktion und Rezeption auszugehen.

130   Vgl. BOSINSKI (1984), S. 24–26.

131   Darunter auch *Der Tag der ist so frewden reich*, *Ein kindelein so lôbelich*, *In dulci iubilo* ‚parvum' und *Christe der du bist tag vnd licht*.

132   Auch im protestantischen Gottesdienst wurden die lateinischen Gesänge beibehalten, und zwar vor allem in Schulgottesdiensten, vgl. Zweibrücker Gesangbuch, hg. v. BÜMLEIN, S. 250.

133   Das REPERTORIUM listet die lateinischen Lieder nicht mit auf, daher ist es schwer, die niederländische Drucküberlieferung systematisch darzustellen. In vielen Auflagen von SuB sowie im Druck DEPB 1539 ist die Cantio enthalten.

bzw. niederländischen Fassungen sind moselfränkische sowie tschechische Strophen belegt; darüber hinaus sind Übertragungen in finnischen und schwedischen Gesang-büchern bezeugt.[134] Bemerkenswert ist auch, dass das lateinische Incipit für mehrere andere Cantiones übernommen wurde.[135] Abschließend sei noch erwähnt, dass sogar eine volkssprachige parodistische Fassung dieser Cantio existiert, die in einem Ein-blattdruck von 1524 und einer weiteren Handschrift überliefert ist.[136] Eine moderne Übertragung von Maria Luise Thurmair aus dem Jahr 1969 wurde unter dem Titel „Tag an Glanz und Freuden groß" im Gotteslob aufgenommen.[137]

<u>Varianten und andere Fassungen</u>
Die Fassung im Klugschen Gesangbuch 1533: An dieser Stelle wird eine vierstro-phige Fassung abgedruckt, die im 16. Jahrhundert weit verbreitet war. Sie prägte die reformierte Überlieferung und ist nach dem Klugschen Gesangbuch von 1533 wieder-gegeben. Die Zusammenstellung der Strophen ist vielleicht bemerkenswert: Dass auf die erste Strophe gleich zwei Marienstrophen folgen, die genau im Zentrum des Lie-des stehen, ist gerade vor dem Hintergrund, dass in anderen Liedern in reformierten Gesangbüchern Marienstrophen programmatisch gestrichen wurden, überraschend.[138] Die vierstrophige Fassung wurde ohne größere Umgestaltung auch in das katholische Speyerische Gesangbuch aufgenommen, das lateinische und deutsche Strophen im Wechsel überliefert; die Varianten dieses Textes sind im zweiten Apparat abgedruckt.

---

134 MÄKINEN (1964), S. 36.
135 Übersicht und Belege bei LIPPHARDT (1980), Sp. 91. Vgl. z.B. *Dies est letitiae in festo regali* oder *Dies est letitiae* ‚parvum' (hier Lied Nr. 7).
136 Vgl. WACKERNAGEL III, Nr. 467.
137 Vgl. HEINZ (1979), S. 306.
138 Vgl. SCHEIDGEN (2008), S. 4. Beispielsweise wurde bei *In dulci iubilo* in einigen Gesang-büchern die Marienstrophe gestrichen.

Kluge 1533, 86r–88v

Nu folgen etliche geistliche lieder / von den Alten gemacht.

Diese alten lieder / die hernach folgen / haben wir auch mit auffgerafft / zum zeugnis etlicher fromen5 Christen / so für vns gewest sind / jnn dem grossen finsternis der falschen lere / auff das man ja sehen müge / wie dennoch allezeit leute gewesen sind / die Christum recht erkand haben / doch gar wunderlich jnn dem selbigen erkentnis / durch Gottes gnade / erhalten.

I   Dies est leticiæ
      in ortu regali,
      nam proceßit hodie
      de uentre uirginali
5   puer admirabilis
      totus delectabilis
      in humanitate,
      qui inæstimabilis
      est et ineffabilis
10   in diuinitate.

II   Orto dei filio
      uirgine de pura
      vt rosa de lilio
      stupescit natura,
5   quem parit iuuencula
      natum ante sæcula
      creatorem rerum,
      quod uber mundiciæ
      dat lac pudicitiæ
10   antiquo dierum.

III   Vt uitrum non leditur
      sole penetrante,
      sic illæsa creditur,

Üs,1 Nu…6 erhalten] Überschrift auf 86r-v, auf 87r folgt eine Krippendarstellung. **3** finsternis] fisternis.

II,9 pudicitiæ] pueritiae.

IV,3] Das im lateinischen Text ungewöhnliche Bild *rosa de lilio* (vgl. Kommentar zu Lied Nr. 3, III,3) wird in dieser Fassung und auch in den meisten anderen nicht übernommen.

IV,4 *verwonderde*] *verwonderen* ‚erstaunen‘.

IV,5 *wan*] Mnl. *winnen*, ‚(durch Mühe und Anstrengung) erreichen, erlangen‘.

IV,6f.] (?)‚Bevor die Welt entstanden war, machte er [es] sich nach seinem Gefallen, dass…‘. Nach LASCH (1974), S. 213 ist die Form *hem* als Reflexivum im Niederdeutschen nicht gebräuchlich, die zu erwartende Form wäre *sik*, mittelhochdeutsch ist jedoch *ime* als Reflexivum gebräuchlich. In den meisten anderen Fassungen kommt an entsprechender Stelle der Gedanke zum Ausdruck, dass Maria bereits in der Vorstellung Gottes existiert hat, bevor die Welt geschaffen wurde.

IV,9 *melck der kyntschelickheyt*] ‚Muttermilch‘.

V,6 *wiems*] Relativpronomen.

V,9 *ionge iaeren*] Starke Adjektivflexion.

VI,1 *ontboot*] Mnl. *ontbieten* ‚ausrichten lassen‘.

VI,5 *die*] Relativpronomen, Akk. Sg. mask.

VI,9] *gedante* bedeutet ‚Gestalt‘ oder ‚äußere Erscheinung‘. Bei dem Wort *schonder* handelt es sich ebenfalls um ein Substantiv, Üs.: ‚er übertraf sie an Gestalt hinsichtlich der Schönheit‘.

VII,3 *dae sy due*] Üs.:‚wo sie dann‘.

VII,5 *dat*] Zu beziehen auf *kyndt* (VII,4).

VII,10 *gueden wille*] Dat. Sg., starke Deklination des Substantivs.

Überlieferung

Handschriften: Amsterdamer Lhs., 18r–19r; Anthonius Ghiselers, 31r–32v; Bernkastel-Kues, Bibl. des St.-Nikolaus Hospitals, Hs 22, 224v; Cambridge Mass, HL, Ms. Dutch 13, 164v–166v; Catherina von Tirs; Den Haag, KB, 133 D 21-II, 4v; Deventer Lhs., p. 189–192; Haager Lhs., 54v–55r; Utrechter Lhs., 74v–75v; Werdener Lhs. Drucke: Costerius OHB 1590, p. 25–27; DEPB 1539, CXXIVv; Hofken 1577, p. 33–35; NiDB 1576, p. 212; Nystadensis 1543, 92v–93v; SuB 1565, A6v–7v; SuB 1572, 6r–v [auf dem äußeren Rand des Blattes ist der gedruckte Text auf beiden Seiten nicht mehr lesbar und ab der Mitte der Seite handschriftlich ergänzt]; SuB 1599, A8v–B2r; SuB 1600a, 6r–v; SuB 1600b, A8v–B1v; SuB 1600c, A6r–v; SuB 1600d, 6r–v; VhSL 1600, p. 12–14.

Editionen

van Duyse III, Nr. 475 C² nach dem Bündel des Anthonius Ghiselers; GGDM, Nr. 669 (=van Duyse III, Nr. 475 D) nach der Utrechter Lhs.; Catherina von Tirs, hg. v. Hölscher, S. 14–16 (=Frauenlieder, hg. v. Classen, S. 164–166); Haager Lhs., hg. v. KOSSMANN, Nr. 94; Heinz (1979), S. 308–311 nach Bernkastel Kues, Bibl. des St.-Nikolaus Hospitals, Hs. 22; Lied van Noord-Nederland, hg. v. BRUNING/VELD-

HUYZEN, Nr. 10 (=GGDM, Nr. 321 =van Duyse III, Nr. 475 C1) nach der Amsterdamer Lhs.; Werdener Lhs., hg. v. JOSTES, Nr. 1.

Costerius OHB 1590 (Online-Publikation DBNL); Devoot ende Profitelijck Boecxken, hg. v. SCHEURLEER, Nr. CCXXXIX; Hofken 1577 (Online-Publikation DBNL); VhSL 1600 (Online-Publikation DBNL); Wackernagel III, Nr. 1072 nach Nystadensis 1543.

Literatur
HEINZ (1979).

Das Weihnachtslied *Hedt is een dach der vroelickheyt* ist eine im niederländischen und niederdeutschen Raum verbreitete Übertragung der Cantio *Dies est letitie in ortu regali*. Der vermutlich älteste Beleg stammt aus der Haager Liederhandschrift. Diese Sammlung ist bereits um 1400 am Niederrhein entstanden und gehörte im 15. Jahrhundert Graf Johann IV. von Nassau und seiner Frau, später ging die Handschrift in den Besitz der Oranier über.[140] Enthalten sind Gedichte in französischer, niederländischer und deutscher Sprache, darunter Minnesangstrophen und Sangspruchdichtung; das Lied ist hier als einziges Weihnachtslied aufgezeichnet. Es ist überschrieben mit den Worten ‚*van der moeder gods*‘ und wurde demnach vermutlich primär als Marienlied verstanden.[141]

Ein weiterer früher Beleg stammt aus der Handschrift Bernkastel-Kues, Hs. 22, die nach einem Schreibervermerk im Jahr 1435 fertiggestellt wurde.[142] Sie war im Besitz eines Priesters namens Gotfridus, der als Vikar an der Pfarrkirche in Bernkastel tätig war, bevor ein Mitbruder die Handschrift erbte. Der Überlieferungskontext des Liedes ist in dieser Quelle rätselhaft. Es steht ohne weitere Erklärung inmitten einer Psalmenerläuterung des 145. Psalms (*Exaltabo te, deus meus rex*) und wurde dort vermutlich von einer späteren Hand eingetragen. Ob für das Lied schon während des Entstehungsprozesses der Handschrift bewusst Platz gelassen wurde oder ob es sich

---

140 Ein nachträglich zugefügter Besitzvermerk befindet sich auf f. 67v: *Dit boech huert zo Joncher Johan, greve zo Nossou zo Vyanden, und Marien von Loen, synre huysvrauwen,* zitiert nach HANDSCHRIFTENCENSUS. Literatur zur Haager Lhs.: GLIER (1981), Sp. 358–360; Haager Lhs., hg. v. KOSSMANN, S. 1–7.

141 Ein späterer Beleg, bei dem sich der Überlieferungskontext ebenfalls aus geistlichen und weltlichen Liedern zusammensetzt, ist die Sammlung des Anthonius Ghiselers. Die zweite Handschrift aus Den Haag (Den Haag, KB, 133D21-II), die das Lied überliefert, besteht aus nur sieben kleinformatigen Pergamentblättern. Diese Quelle ist kaum erforscht. Neben dem Weihnachtslied sind noch ein weiteres Lied und Gedichte enthalten, vgl. REPERTORIUM II, H 118.

142 Ausführliche Beschreibung bei HEINZ (1979), S. 311–313.

um einen willkürlichen Nachtrag handelt, ist unklar.[143] An dieser Stelle sei auch die Überlieferung in einem Gebetbuch aus Utrecht genannt, das im Jahr 1428 entstanden ist.[144] Enthalten sind Gebete und Texte zu den Tagzeiten, das Lied ist hier zusammen mit anderen mittelniederländischen geistlichen Texten ohne Notation vor einer Seelenmesse überliefert. Auffällig ist, dass das Lied gerade in der frühen Überlieferung nicht im Kontext von Weihnachtsliedern tradiert wurde.

Die meisten handschriftlich überlieferten Fassungen weisen einen Bezug zum Devotio-Moderna-Umkreis auf, dabei ist das Lied vor allem in Handschriften aus Frauenklöstern oder aus dem Besitz der Schwestern vom Gemeinsamen Leben überliefert. Das Deventer Liederbuch ist nach Wilbrink im Lamme-van-Diese-Haus in Deventer entstanden und gehörte den dort ansässigen Schwestern vom Gemeinsamen Leben. Die Handschrift hat viele Konkordanzen mit der Werdener Liederhandschrift, die das Lied ebenfalls überliefert. Nach Tervooren ist die Werdener Liederhandschrift im Augustinerchorfrauenstift Marienberg in Helmstedt entstanden, das von Johannes Busch im Geist der Devotio Moderna reformiert wurde.[145] Beide Quellen enthalten, bis auf das in der Deventer Liederhandschrift überlieferte Canticum *Nunc dimittis*, nur volkssprachige Texte.

Hedt is een dach der vroelickheyt ist weiterhin im Liederbuch der Catherina von Tirs bezeugt, das lateinische und niederdeutsche Lieder enthält. Diese Handschrift wurde im Augustinerinnenkloster Niesing in Münster aufgezeichnet, das zwar nicht direkt der Windesheimer Kongregation angehörte, jedoch über die seelsorgerische Betreuung Verbindungen zur Devotio Moderna unterhielt. Die Handschrift stammt aus dem Privatbesitz der Nonne Catherina von Tirs, die vermutlich große Teile selbst niedergeschrieben hat.[146] An dieser Stelle ist auch noch die Überlieferung in der Utrechter Liederhandschrift zu nennen, die den Tertiarissen aus dem St. Agnes Konvent in Utrecht zugeschrieben wird, sowie die Überlieferung in der sogenannten Amsterdamer Liederhandschrift, deren Inhalt ebenfalls klar auf die Devotio Moderna verweist.[147] Die Handschriften aus dem Devotio-Moderna-Umkreis sind teils zum gemeinsamen Singen, teils eher zum privaten Gebrauch angefertigt; denkbar ist daher eine Verwendung des Liedes als Konventikellied oder im Rahmen privater Frömmigkeitspraktiken. In diesen Quellen setzt sich der Überlieferungskontext aus anderen geistlichen Liedern, und nun auch zumeist aus volkssprachigen oder volkssprachigen und lateinischen Weihnachtsliedern zusammen.

---

143 Vgl. HEINZ (1979), S. 313.

144 Cambridge Mass, HL, Ms. Dutch 13, REPERTORIUM II, H 090.

145 TERVOOREN (2006), S. 166f. Zur Werdener Lhs. vgl. auch JANOTA (1999a).

146 Die Quelle ist verschollen; neuere Edition nach Hölscher in: Frauenlieder, hg. v. CLASSEN, S. 155–257. Literatur: KOLDAU (2005), S. 953f.

147 Beschreibung und weiterführende Literatur auf der Seite MUSICA DEVOTA.

Weiterhin ist das Lied im Bündel des Anthonius Ghiselers enthalten, das auf das Jahr 1517 datiert wird. Es besteht aus einen Kalender, einigen persönlichen Anmerkungen, kurzen Gebeten in Prosa sowie teils notierten weltlichen und geistlichen Liedern in Latein und Volkssprache; Ghiselers gilt selbst als Verfasser einiger Lieder.[148] Das Weihnachtslied ist hier nach dem lateinischen Text der Cantio überliefert.

Die Überlieferung des volkssprachigen Liedes erfolgt oftmals unter dem lateinischen Incipit *Dies est letitie* oder mit einem Melodieverweis auf die Cantio.[149] In vielen Fällen schließt sich dem Text auch ein *Amen* an.[150] Im Vergleich zur hochdeutschen Übertragung sind jedoch keine lateinischen und volkssprachigen Strophen im Wechsel überliefert. Außerdem ist es eher die Ausnahme, wenn lateinische und volkssprachige Fassungen direkt hintereinander überliefert sind. In Bezug auf den lateinischen Text bewahren die niederländischen und niederdeutschen Übertragungen eine größere Eigenständigkeit als die hochdeutschen Fassungen.

Die Drucküberlieferung beschränkt sich fast ausschließlich auf den niederländischen Raum. Eine niederdeutsche Fassung mit stark redigiertem Text ist im Gesangbuch des Chr. Adolf Nystadensis belegt. Ein Gebrauchshinweis ist im Druck Hofken 1577 enthalten, wonach das Lied *Op Lichtmisse dach*, also am 2. Februar, gesungen wurde. In die konfessionell gebundenen Gesangbücher hat die niederländische Übertragung im Gegensatz zur stark verbreiteten hochdeutschen Übertragung von *Dies est letitie* keinen Eingang gefunden.[151]

Varianten und andere Fassungen

Übersicht über den Strophenbestand: Stuttgart, WLB, Cod. Don. A III 18 (A); Utrechter Lhs. (B); Cambridge Mass, HL, Ms. Dutch 13 (C); Catherina von Tirs (D); Haager Lhs. (E); Werdener Lhs. (F); Bernkastel-Kues, Bibl. des St.-Nikolaus Hospitals, Hs. 22 (G); Deventer Lhs. (H); Anthonius Ghiselers (I); Den Haag, KB, 133 D 21-II (J); Amsterdamer Lhs. (K). DEPB 1539(L)[152]; SuB 1600a (M) [in SuB 1572 ist das Blatt beschädigt]; Costerius OHB 1590 (N); Hofken 1577 (O); VhSL 1600 (P); Nystadensis 1543 (Q).

148   Vgl. SERRURE (1861), S. 181f., in diesem Beitrag sind auch einige Lieder ediert.
149   Utrechter Lhs.; Bernkastel-Kues, Bibl. des St.-Nikolaus Hospitals, Hs. 22; Melodieverweis: Deventer Lhs.
150   Deventer Lhs.; Bernkastel-Kues, Bibl. des St.-Nikolaus Hospitals, Hs. 22; Amsterdamer Lhs.
151   Die hd. Übertragung mit dem Titel ‚*Der tag der ist so freudenreich*‘ wurde auch ins Niederdeutsche übersetzt und z.B. ins Gesangbuch des Joachim Slüter aufgenommen.
152   Der Druck NiDB 1576 (REPERTORIUM II, D 291) ist ein Nachdruck von DEPB 1539, der in Bezug auf den Liedbestand und Fassungen komplett mit DEPB 1539 übereinstimmt. Die Fassungen von NiDB 1576 werden daher nicht ausgewertet.

Strophen	A	B	C	D	E	F	G	H	I	J	K	L	M	N	O	P	Q
Hedt is een dach der vroelickheyt (*Dies est letitie*)	I	I	I	I	I	I	I	I	I	I	I	I	I	I	I	I	I
Die dochter is moeder wonderlick (*Mater hec est filia*)	II	II	II	II	II	II	III	II	II	II	II	II	II	II	II	II	II
In den donckeren wort geboren (*In obscuro nascitur*)	III	III	III	III	III	IV	IV	VI	VI	V	VI	III	III	III	III	III	III
Doe voort quaem die gaedes soen (*Orto die filio*)	IV	IV	IV	IV	IV	III	II	III	III	III	III	IV					V
Gelick dat niet en quest dat gelaas (*Ut vitrum non laeditur*)	V	V	V	V	V	V	V	V	V	IV	IV	V	IV	IV	IV	IV	IV
Godt den herdekens ontboot (*Angelus pastoribus*)	VI	VI	VI	VI		VI	VI	IV	IV	VI	V	VI	V	V	V	V	VI
Doe men al die werrelt beschrieff (*Orbis dum describitur*)	VII	VII	VII	VII		VII	VII	VI	VI	VII	VII	VII	VI	VI	VI	VI	VII
Christe de vns weldichlick (*Christe, qui nos manibus*)																	VIII

Die Fassungen der Parallelüberlieferung weisen eine Konstanz bezüglich der Strophenanzahl auf. Nahezu alle handschriftlich überlieferten Fassungen bestehen aus
sieben Strophen, die jedoch nicht immer in gleicher Abfolge angeordnet sind. Die
Strophen eins, zwei und sieben sind in fast allen Fassungen konstant in gleicher Reihenfolge überliefert. Die Strophenfolge der Stuttgarter Fassung ist die in den Handschriften am häufigsten belegte Fassung, „vertauscht" sind jedoch oftmals die mittleren Strophen, vor allem die Strophen drei, vier oder sechs. Abgesehen von der Fassung im Gesangbuch des Chr. Adolf Nystadensis (Q), bildet die Strophe sieben in
allen Fassungen die Schlussstrophe. Hervorzuheben ist an dieser Stelle die Fassung E
(Haager Lhs.), die aus nur fünf Strophen besteht. Die Fassung ist unter der Überschrift ‚van der moeder gods' überliefert und gerade in den fünf überlieferten Strophen spielt Maria eine zentrale Rolle. Es ist daher denkbar, dass die Fassung nicht als
Weihnachts- sondern als Marienlied verwendet wurde. Eine Marienstrophe fehlt
dagegen in den Drucken M, N, O und P, die dadurch untereinander eine Ähnlichkeit
aufweisen. Der Text in M, der im Anschluss stellvertretend für die Drucke wiedergegeben wird, weist an einigen Stellen Sonderlesarten auf, die Fassungen in L, N und O
sind untereinander sehr ähnlich.

Die Strophenfolge sagt nichts über die Zusammenhänge zwischen den Fassungen
aus. Obwohl sich Fassungen in der Abfolge ihrer Strophen gleichen, variieren sie im
Wortlaut zum Teil sehr stark. Die Überlieferung legt es daher nahe, die einzelnen
Fassungen in Form von Transkriptionen wiederzugegeben und auf einen Variantenapparat zu verzichten. In den Transkriptionen sind die Strophen der Handschriften in
großem Schriftgrad gezählt, bei Abweichungen in der Strophenfolge ist die Zählung
der Stuttgarter Handschrift in kleinerem Schriftgrad zugefügt.

Da sich das Lied auf einen lateinischen Prätext bezieht, besteht grundsätzlich die
Möglichkeit, dass Fassungen komplett unabhängig voneinander entstanden sein können, da der Text mehrfach aufs Neue in die Volkssprache übertragen worden sein
könnte. Dies ist hier nicht der Fall. Es ist eher davon auszugehen, dass die Fassungen
auf einer Übertragung des Liedes beruhen, was z.B. durch den Liedanfang deutlich
wird. Im lateinischen Text lautet das Incipit *Dies est laetitiae in ortu regali*, in der
Übertragung wird *ortu regali* jedoch mit ‚Königs Hofe' wiedergegeben. Dennoch
weisen die einzelnen Fassungen Varianten auf, die auf eine erneute Auseinandersetzung mit dem lateinischen Prätext hindeuten. Abweichungen unter den volkssprachigen Fassungen gibt es vor allem an schwierigen Stellen, die wohl immer wieder
neu interpretiert und manchmal auch gemessen am lateinischen Wortlaut nicht richtig
verstanden wurden.

Die Wortvarianten sind zahlreich und setzen in einigen Fassungen auch eigene Akzente, vor allem die Fassungen D (Ldb. der Catherina von Tirs) und G (Hs. Bernkastel-Kues) enthalten an vielen Stellen eigene Formulierungen. Die Fassung der Stuttgarter Handschrift weist keine signifikante Ähnlichkeit zu anderen Fassungen auf und
auch zwischen den anderen Fassungen lassen sich über die Varianten keine eindeutigen Beziehungen darstellen.

Häufige Varianten werden im Folgenden überblicksartig dargestellt, Sonderlesarten sind nicht berücksichtigt:

Str.[153]	Lesart	A	B	C	D	E	F	G	H	I	J	K	M
	geboeren	+			+					+			
I,3/4	*ghewonnen*		+	+		+	+	+	+		+		
	ontfangen											+	+
I,4	*vrome*		+	+									
	love	+			+	+	+	+	+		+	+	+
I,8/9	*vmbegripelic*	+			+	+	+	+	+		+	+	
	ondachtelic		+										
	onsprecelic	+		+	+		+	+	+		+		
	ondeynkelijc			+		+					+		
	her	+					+	+	+				
	meer (Subst./Adv.)		+		+						+	+	+
III,5	*dueckeren want*	+		(+)			+	(+)	+				
	windelbant		+									(+)	
	hendeken mit sletten					+							
V,3	*men*	+											
	ic		+									+	+
	wi			+	+	+							
	Imperativ								+		+		
V,4	*nae...voeren*	+	+	+	+	+					+	+	+
	gewonnen						+	+	+	+			
V,8	*hellich*	+	+		+						+	+	+
	salich			+		+	+	+	+				
VII,2	*sware*	+		+		+	+	(+)	+	(+)			
	swanger				+								
	mit kinde		+					+		+	+	+	+

B	C	D
Utrechter Lhs., 74v–75v	*Cambridge Mass, HL,* *Ms. Dutch 13, 164v–166v*	*Ldb. der Catherina von Tirs*

	Dies est leticie	Dies est leticie in ortu regali	Eyn ander leith
I	Tis een dach van vrolicheit	Het is een dach van vrolicheden	Ith is eyn dach der vrolicheit
	in des conincx houe,	in des coninx houen,	al in des konynges hove,
	want dair heeft ghewonnen huden	want daer heeft ghevonnen heden	want huden eyne junckfrouwe in reinicheit
	een maecht tonser vrome	een maghet tot onser vromen	geberet haet myt love
5	een kint, volmaect al wonderlic	een kijnt, volmaect al wonderlijc	Eyn kyndelyn gar wunnentlick,
	ende altemael ghenuechghelic	ende altemal ghenoechelijc	schoen und zaert und suverlick
	nae synre menschelicheden,	na sijnre menschelicheden,	na menscheliker belde,
	die dair is onsprekelic,	dat daer is ondeynkelijc	De dar is unsprecklick
	oic dair toe ondachtelic	ende altemael onsprekelijc	und alto unbegryplick
10	na synre godlicheden.	nae sijnre gotlicheden.	na syner godlicheiden.
II	Die moeder is dochter wonderlic	Die moeder is dochter wonderlijc,	De moder is dochter wunderlick,
	hairs soens ende hi hair vader,	hoers soens ende hi hoer vader,	dat kynd is sone und vader,
	wair hoerde yemant des ghelyc?	waer hoerde yeman des ghelijc?	waer horde jumant des gelîck?
	hi is god ende mensch te gader,	hi is god ende mensch te gader,	he is god und mensche togadder,
5	hi is knecht ende dair toe heer,	hi is knecht ende daer toe heer,	He is knecht und darto her,
	hi is oueral, dat is meer	hi is ouer al ende dats noch meer	he is over al, tys mer
	onbegripelic te vinden,	onbegripelic te vijnden,	unmogelick to vynden,
	teghenwoerdich ende veer,	hi is tgeghenwoerdich ende veer,	Yegenwordich und veer,
	tis groot wonder ende meer,	hi is te wonderen alsoe seer,	dusse wunderlike meer,
10	ten can gheen mensch ghegronden.	ten can gheen mensch versinnen.	en kan gyn man besynnen.
III	Hi was gheboren inder nacht,	In dat dwster wan die maecht;	In den dunckeren wan de maget
	der sonnen verlichter,	der zonnen verlichter,	der sunnen verluchter,
	die price wert inden stal gheleyt,	die prinse wart inden stalle ghelaecht,	de prynce waert in den stal gelecht,
	alder warelt stichter.	alder werelde stichter.	al der werlt eyn stichter.

Üs,1 est] *Abgekürzt als* ē.
I,7 nae] nã.

I,1 *Tis* Proklise (*het + is*). **4** *tonser*
Proklise (*te + onser*). | Assonanz.
8 Das mask. Relativum *die* ist ad
sensum auf *kint* bezogen.
II,6 Rührender Reim. | *meer* ist
Substantiv. | **10** *ghegronden*
‚ergründen'.

II,1 dochter] r *nachträglich über
das Wort eingefügt.*

II,4ff. Anapher. | **8** Die Schreibung
von *tgeghenwoerdich* ist im Anlaut
ungewöhnlich. | **9** *te wonderen* ‚zu
bewundern' oder ‚zu verwundern'.

II,6 *tys* Proklise (*dat/ith + ys*).
9 *wunderlike* ‚wunderbar'.

B	C	D
5 men vanten mitten windebant,	in doeken hem men al daer want,	Se want enne myt eynen wyndelbant,
die sterren maect hi mitter hant,	die sterren maechte mitter hant,	de sternen makede he myt der hant,
doe hi den hemel wrachte,	doe hi den hemel wrachte,	do he de hemele wrachte,
hi weende als een ionc kint mede,	hi weende als een kijndekijn mede	He schreide als eyn kyndelyn mede,
den donder, die hi inden wolken dede,	diet donren inden wolken dede,	de donre in den wolcken deide,
10 doe hi opvoir mit crachte.	doe hi op voer mit crafte.	do he up voir myt crachten.
IV Doe voert quam die gods sone	Doe voert quam die goedes soen	Do de sone geboren was
als vander maghet puere,	vander maghet pure,	van der maget pure,
als een lelye blome schoen,	als bloemen vander lelien doen	gelîck der lilien rosen blat,
wonder der nature,	verwonderde die nature,	verwundert de nature,
5 dat een ionghe maghet wan,	dat een ionghe maghet wan	Dat eyne reine maget gewan,
die was, eer enich dinck began,	een soen, die was eer yet begaen,	de was, er ju dynck began
hi maecte na behagen,	ende maechte tot sinen behaghen,	gemaket al na behagen,
dat die borsten der reynicheden	ende dat die borsten der reynicheit	Dat de brusten der reinicheit
gauen melck der kinslicheden	gauen melc der kijntschelicheyt	geven melck der kyntlicheit
10 den ouden vanden daghe.	den ouden van daghen.	den olden vul van dagen.
V Ghelyc dat niet en quest dat glas,	Ghelijc dat niet een questt dat glas,	Gelîck dat nicht en quesset dat glas,
dair die sonne schynt doere,	daer die sonne schijnt doere,	dar de sunne schynt dore,
gheloef ic, dat si maghet was,	gheloue wi, dat die maghet was,	also gelove wy, dat se was
dair na reyn ende voere.	na reyn ende voere.	reine maget na und vor.
5 die moeder is ghebenedyt,	die moeder is ghebenedijt,	De moder is gebenediet,

---

V,4 dair] *Davor steht der einzelne Buchstabe* r (?).

III,5 *vanten* Kontraktion. | *mitten* Kontraktion (*mit* + *den*), Dat. Sg. Möglicherweise in *windelbant* zu verbessern. | **8** *mede* ‚dabei'. **9f.** Syntax problematisch, Verb im Hauptsatz fehlt. **IV,2** *als* ist möglicherweise zu tilgen. | **3** *blome* ‚Blüte'. | **4** Elliptischer Hauptsatz. Üs.: ‚es ist ein Wunder der Natur / für die Natur...'. | **6** *die was* ‚den, der schon da war'. | **10** *daghe* ist hier ungewöhnlich, eigentl. *daghen*.

IV,3 bloemen] *Das erste* e *ist nachträgl. über die Zeile eingefügt.*

III,6 *die* ist Subjekt, *sterren* ohne Art. Üs.: ‚der Sterne machte'. **9** *diet* setzt sich zusammen aus *die* + *dat*; Üs: ‚der das Donnern'. **V,3** Bei der Verbform *gheloue* ist das *n* der 1. Pers. Pl. vor *wi* ausgefallen.

V,3 *gelove* vgl. Fassung C.

	B	C	D

B

si is besloten lichamelijc,
die gods soen wert mensch
   gheboren,
die borsten, die wel heilich waren,
die god in sinen ionghen iaren
10 te sughen hadde vercoren.

VI God den hardekens ontboet
   des snachts bi horen beesten
   mit den enghelen bliscap groot
   van des conincx feesten,
5 dat ghewonnen had een maecht

   ende inder cribben ghelaecht
   in doelkyns ghewonden,
   hi was alder warelt heer,
   van ghedaente schoenre wel *meer*
10 en was nye mensch ghevonden.

VII Doemen al die warelt bescreef,
   ghinck die maghet mit kinde
   te Bethleem, dair si mede bleef,
   ende voirtbracht dair dat kinde,
5 dat ons moet scriuen inden houe,
   dair men syn gloue sinct mit loue
   van synre wairdicheden,
   god hier bouen van hemelryc
   verleen ons menschen op aertrijc
10 van gueden wille vrede.

C

doer wes besloten lichaemlijc
die gotheyt mensch gheboren,

die borsten oec wel salich waren,
die got in sinen ionghen iaren
te suken hadde vercoren.

God den harderkijns onboet
des nachts bi haren beesten
bi den enghel blijscop groet
van des coninx feesten,
die ghewonnen had ene maecht

ende inder crebben was ghelaecht
in dokelkijns ghewonden,
hi was alder enghelen heer
ende van ghedaente scoenre meer
dan ye mensch was gheuonden.

Doe men al die werelt bescreef,
doe ghinc die maghet zwar
toe Bethleem, sie doe bleef,
ende ghenas des kijnts al daer.
dat ons moet scriuen inden houe,
daer men die glou ontfanet met loue
der nywer werdichede,
god hier bouen in hemelrijc
gheeft allen menschen op aertric
van goden wille vrede.
Amen.

D

in wes beslotten licham licht
de sone godes geboren.

De brusten seer hillich weren,
de god in synen jungen jaren
to sugen hadde verkoren.

God den herdekyns untboet
des nachtes by eren beisten
al myt der engelen blytschop groit
al van den solven feste,
Dat dar hadde gewunnen eyne
   maget

und in eyne crubben gelecht
eyn kyndelyn bewunden.
He is al der werlt eyn her,
van gedaenten schoen und mer
dan jumant was gevunden.

Do men al de werlt beschrêff,
do genck de maget swanger
to Bethleëm, dar se do blêff,
und beidede dar nicht lange.
Dat he uns schryve in synen hove,
dar men ,glorie' synget myt love
van nyer werdicheiden,
God in synen hemelrîcke
verlene uns menschen in ertryke
van guden willen vrede.

VI,9 *wel meer*] welneer.

V,6 *besloten* ,geschlossen',
lichamelijc ,leiblich'; Üs.: ,ihr
Körper ist unberührt'. | **8** Üs.: ,die
Brüste waren sehr heilig, die...'.
VI,5 Parallel zu *bliscap* abhängig
von *ontboet*. | **6** Akk. Objekt zu
ghelaecht fehlt.

VII,3 Sonderbare Wortstellung,
möglicherweise zu verbessern in
doe sie. | **6** Bei *glou* erfolgte eine
Tilgung der Endsilbe aus
metrischen Gründen. | *ontfanen*
,empfangen'.

7 ,die Gottes Sohn geboren hat'.
8 *weren* ist Konj. Prät. Die Form
steht häufig für Indikativ, vgl.
Catherina v. Tirs hg. v. HÖLSCHER,
S. 16. **VI,4** *solven* ,selben'.
VII,4 *beiden*, sw. V. ,warten'.

E	F	G
Haager Lhs., 54v–55r	*Werdener Liederhandschrift*	*Berkastel-Kues, Hs. 22, 224v*
Van der moeder gods	To kerssmisse een suverlicke loysse	Dies est leticie

I
Hets een dach van vrolicheden,	Het is een dach der vroelicheit	Es ist eyn dach der frolicheit
kersdach in des coninx houe,	all yn des connynges have,	jn dez konyncks hoiffe,
want daer heeft ghewonnen heden	dat heeft gewonnen in wonderheit	hude hait gewonnen in wondercheit
ene maget van groten loue	een maeget tot onsen lave.	eyne maget eyn kynt schone mit loiffe.

5
een kint, te mael so wonderlych	dat kindekyn is seer wonderlick,	daz kynt daz ist ser wonderlich,
onde daer toe ghenoechtelych	syn aensicht is genuechgelick	van angesicht gar lustelich
na sire menscelichede,	na syner minschelicheiden,	jn mentschelichem prijsen.
wies wesen is ondenchlic	syn wesen, dat is onbegrypelick	sin wesen ist onbegriffelich
vnde daer toe ombegripelic	ende daer to seer onsprekelick	vnd zmail onussprechelich
10 na sire godlychede.	na synre gotlicheiden.	jn gottelicher wijsen.

II
Die moeder is dochter wonderlych	Die moder is dochter wonderlick	IV Do geboiren waz der goides son
haers soens ende hi haer vader.	oers soens ende hy oer vader.	van der maget pure
hoorde yeman das saghen des gelijc?	waer hoert ymant des gelyc?	alz van der lylien eyme blůme schon,
hi es god ende mensce tegader,	hy is god ende mynsch to gader,	verwondert sich die nature,
5 hi is knecht ende daer toe heer,	hy is cnecht ende daer to heer,	daz eyn magt eyn son gewan
hi es ouer al dats meer	hy is aver alle, dat is meer	der waz e ye dynckt began,
ombegripelyc te winnen,	onbegrypelic to vynden,	sij waz in syme behaigen,
–	teghenwordich ende veer	dat die brust der reynnicheit
–	alsulkes wonder des groten heer,	geuent mylche der kyntlicheit
10 noch kan gheen man besinnen.	ten kan geen man besynnen.	dem alden van dagen.

III
Inden donckeren wan die maghet	IV Doe was gebaren die gades soen	II Die moider ist doichter wonderlich
der sonnen verlichter,	van eenre maeget puren,	irs soens vnd er ir vader,
die prence wert inden stal geleghet,	als van lelyen rosen schoen,	hort yeman sagen dez gelich?
alder werelt stichter.	verwondert der naturen,	he ist mentsche vnd got zu gader,
5 men bant ziin hendeken mit sletten,	dat een maeget een soen gewan,	he ist knecht vnd he ist heir,
die die sterre anesetten,	die was eer ye dynck began,	er ist uber all dat ist meir
doe hi den hemel wrachte.	sy was yn synen behagen,	onbegriffelich zu gewynnen

---

I,8 onbegriffelich] ongegriffelich.

I,8 *wies* ist Relativum, Gen. Sg. m.
10 *sire* Synkope. **III,1** *wan* von
gewinnen. | **5** *slette* ‚abgeriebener
Stofflappen‘.

I,3 *dat* ist kausal; auffällige
Verbstellung im NS.
III,4 *verwonderen* wird hier mit
Dativ konstruiert. | **6** *die* ist auf
maeget oder *soen* beziehbar.

I,2 Zur Aussprache von *oi: hoiffe*
entspricht *hôfe*, Dehnungs-i, vgl.
HEINZ (1979), S. 309, Anm. 13. | 7
prijs hier im Sinn von
‚Herrlichkeit‘.

E	F	G
hi weende oec als een kindekin mede,	dat die borst der reinicheit	chegenwerdich vnd verren
die donren in den wolken dede,	gaven melc der kyntlicheit,	alsulche wonder dez groissen herren
10　doe hi op voer mit crachten.	die seer alt was van dagen.	kan nyeman besynnen.
IV　Dus quam die gods sone goet	III In den donckeren wart hy gebaren,	III In der donckercheit gewan eyn magt
van der maghet pure,	die son, der sonnen verlichter,	eyn son, der sonnen verluchter,
ghelyc der lileyen bloeme soet,	dat kynt wart yn den stal gelecht,	vnd hait in in eyne kripp gelagt
het wonderde der naturen,	all der werlt stichter.	alle der werhelt richter.
5　doet ghewonnen had die maghet	die moder selver yn den doekeren want	die moider in selbst in duchlin want
ende inder crebben was gelaghet	des sternemeckers rechterhant,	dez sternenmechers rechte hant,
mit doekelkine bewonden;	do he den hemel wrachte.	doe er die hiemel machete.
die was alder wereelt heer	hy schreyde als een kyndekyn doet,	he schriet nu alz eyn kyndelin doet,
ende van ghedaente scone vil meer	die wolken dienden om onder synen voet,	die wolken dienen hieme onder syne foese,
10　dan nye creature ghevonden.	doe he opvoer mit crachten.	do er ufffurre mit craifften.
	Ut vitrum non leditur.	
V　Ghelyc dat niet en quets dat glas,	Een glas alheel dat schynt daer doer	Eyn glaß algancz sij schynit dar durch
daer die sonne scinet dore,	ten brict niet van der sonnen,	js enbricht nit van sonnen,
ghelouen wi, dat die maghet was	so heeft een maeget, na ende voer	also hait die maget na vnd vur
na reyn als tevoren.	ioncfrou, een kynt gewonnen.	jonfrauwe eyn kynt gewonnen.
5　die moeder is gebenedyt,	selich is die moder dan,	selich ist die moider dan,
dor wes besloten lichaem lyd	die gades soen ter werlt gewan,	die goides son zu der werhelt gewan,
gods soen, mensce geboren.	god ende mynsch gebaren.	got vnd mentsche geboiren,
die borsten oec wel salich weren,	die borsten oec wael selich waren,	selich auch die bruste wairen,
die god in sinen jongen jaren	die god in synen jongen jaren	die got in synen jongen iairen
10　te sughene had vercoren.	to sugen had verkaren.	zu sugen hait userkoiren.
Ghenade heere god, amen.		

IV,5 ghewonnen] ghewonne.

V,3 na…voer] *Umstellung mit Werdener Lhs., hg. v.* JOSTES, *urspr.* voer ende na.

V,1 glaß] glalß.

IV,5 *doet* Enklise (*doe + het*), neutrum wegen der Assoziation *kint*. **V,1** Die Endung auf -*t* entfällt bei *quets*, da ein weiterer Dental im Anlaut folgt. | **6** *wes* ist Relativum, Gen. Sg. f.

10 *die* ist auf Jesus zu beziehen. **IV,7** Syntaktisch sehr locker, *do* im Sinne von ‚womit'. **V,1** *heel* ‚ganz'. **7** Freie Apposition zu *gades soen*, Üs.: ‚der als Gott und Mensch geboren ist'.

IV,4 *richter* ist eine seltene Variante. **V,1** *Eyn…sij*: konditionaler Nebensinn. ‚Wenn ein Glas, das vollkommen ganz ist, wenn dann (etwas) durchscheint,…'.

	F	G
	Angelus pastoribus	
VI	Den waekenden hierden god ontboed	Den wachenen hirden got entboit
	des nachts by oeren beesten	dez naichtes bij jrren beesten
	myt synen engelen blytschap groot,	mit synen engelen freude groiß
	gebaren een konnynck mit festen,	den konnynck geboiren mit feesten,
5	den gewonnen heeft een maget	den gewonnen hait eyn maget
	ende hebben on yn die kribbe gelacht	vnd hait in in eyne kripp ghelagt
	ende yn den doeken gewonden.	jn die duchelin gewonden.
	dat kynt, dat is der engele heer,	dat kynt, dat ist der engel here,
	van gedaenten schoon voel meer	van gedainheit schone zwair vil meir
10	dan ye kynt wart gevonden.	dan ye kynt wart gefonden.
VII	Doe men alle die werlt beschreef,	Do man alle die werlt beschreiff
	doe gynck die maget sware	eyn maget swair mit kynde waiß.
	to Betlehem, al daer sy bleef,	zu Betlehem si quam vnd beleiff,
	dat kynt wart daer gebaren,	vnd jonfrauwe dair dez kyncz genaiß,
5	dat he ons wil schryven ynden hof,	dat vns mioß beschriffen in den hoff,
	daer die engele syngen lof	da die engel syngent goide loff
	van nyer werdicheiden.	van nuwer wirdicheiden.
	god hyr baven ynden hemelryck,	got hij boiffen in hiemelrich
	die gheve den mynschen op ertryck	moiß geuen dem mentschen uff ertrich
10	van guden willen vrede.	van guden willen friede.
		Amen.

VI,6 *hebben* ist nicht kongruent zu *maget.* **VII,5** *dat* ist final.

VII,2 *waiß* ‚allein‘.

H	**I**
Deventer Lhs., p. 189–192	*Anthonius Ghiselers, 31r–33r*

Dit is die wyse ‚dyes e*st* letycie‘   Deese selue leysene in duytschen

I   Tys een dach der vrolicheit   Het is een dach der vrolijcheit
    al in des conynges haue,   in des conincx houe,
    et hee*ft* gewonnen een maget   h*et* heeft ghebaert een maecht een kint,
    een kynt tot onsen laue,   een kint van groeten loue.
5   een kynt, volmaket wonderlic   een kint, d*az* is zeer wonderlijck
    ende altemael genoechgelic   inde allzoemael ghenuechelijh
    nae synre menschelicheiden,   nae zynder menschelijcheden,
    syn wesen is onbegrypelic   zyn weesen is onbegrijffelijch
    ende altemael onsprekelic   ind alzomael onspreechelijch
10 nae synre godtelicheiden.   nae zynder godlijcheyden.

II Die moeder is dochter wonderlic,   Moeder inde dochter is ouch zy
    die soen, die is oer vader.   iers soens inde hij ir vader,
    hoerden yeman seggen des gelic?   hoerten oeytman dess gelijcks?
    hi is god ende mensche tegader,   hij is god ende mensche te gader,
5   hi is knecht ende daer toe here,   hij is knecht inde daer tzo heere,
    hi is auer alle, dat is meer   hij is ouer al datz meer
    onbegrypelic te vynden,   onbegrijffelych zo vinden
    tegenwoerdich ende veer   vnd tsegenwoerdich inde weere,
    alsulkes wonder des groten heer,   alsullighen wonder des groess heere,
10 ten kan geen man besynnen.   en can gheen man versinnen.

III Doe voert quam die gades soen   Doen god inde mensche geboren waert
IV al vander maget pueren,   al vande*r* maghet puere

Üs,1 est] et. **I,3** heeft] *schlecht lesbar.*
4 een kynt] *in der Hs. 2x hintereinander.*

I,3 het] hz? **5** daz] dz? **III,2** vander]
Unterer Teil des Buchstabens r *nicht lesbar.*

II,6 Übersetzung problematisch, vgl.
Fassung K. ‚er ist über alles, was bekannt ist,
unbegreiflich zu finden‘(?).

II,3 *oeytman* ‚jemand‘.

H

als van der lelyen roesen schoen
verwandellt hoer natuere,
5 mer dat een maget eenen soen gewan,
hi was eer enyges dinges began,
sy was in sinen behagen,
dat die borsten der reynicheit
gauen melc der kynselicheit,
10 dat was seer olt van daegen.

IV Den wakenden hierden god ontboet
VI des nachtes by oren beesten
mit sinen engelen blyscap groet,
een conynck gebaren mit feesten,
5 die gewonnen had een maget
ende hadde hem in die crybbe gelecht
in doekerkyn gewonden.
dat kynt, dat is der enghelen here,
van gedaenten schoen voelemeer,
10 dan ye kynt wart gewonnen.

V Een glas al hoel dat schynt daer doer
ten breket niet vander sonnen,
soe heuet ene maget, voer ende nae
joncfrouwe, een kynt gewonnen.
5 salich is die moeder dan,
die gades soen ter werlt gewan,

I

als vander *lili*en een rosen art
verwondert die natuere,
da*z* die ma*g*het eenen son gew*an,*
dye was eer een*e*ch dinck began,
sij was in zynen behaghen
da*z* die borst der reynicheyt
melch gaff zynder kintlicheyt
deme was zeer alt van daghen.

Der engel dedet den herden cont
des nachtz bij yren beesten
inder middernachten stont
eyn coninck waer geboren met feesten
dem ghewonnen hadt eeyn maecht
vnd hatten in eyn cribbe gelacht
in doechelgheyn ghewonnen
da*z* kint, da*z* is der enghelen *h*eere,
god die doet den menscen meer
dan hy canne verzynnen.

Eyn ghelass heel onghescent
vnd schynt daer duerch die sonne
alzoe heuet die maget, na ind vuere
jonffrouwe, een kint gewonnen.
selich is die moder dan,
dye goeds soen ter werelt gewan

III,3 ff. Der Hauptsatz in III,4, der in anderen Fassungen die syntaktische Struktur der Str. bestimmt, ist hier Nebensatz, dadurch ist das Satzgefüge gestört. *dat* in III,5 und III,8 ohne Bezug, Üs. NS: ,so wie Natur aus einer Lilie schöne Rosen zu Höherem (?) verwandelt' / ,wie die schöne Rose von der Lilie ihre Natur verwandelt' (?). **4** *hoer* ist auf *roesen* zu beziehen. **10** *dat* ist ohne grammatisches Bezugswort. **V,1** Syntax problematisch, Üs.: ,Ein Glas ganz heil und durchsichtig'? **2** *ten* Proklise *het + en / dat + en.* **3** Ursprünglich aus Reimgründen wohl *nae ende voer.*

III,3 vander … een] vander: er *nicht lesbar;* lilien: lili *nur zur Hälfte lesbar.* **5** daz] dz? s.o. | maghet] mag? | gewan] an *nicht lesbar; weiteres Wort im Anschluss, das auf* ie *endet?* **6** eenech] e *(oder* i*?) nicht lesbar.* **IV,8** heere] h *zu großen Teilen nicht (mehr?) lesbar,* jeer.

IV,10 Inhaltlich wäre *wy cannen* zu erwarten. **V,1 f.** Schwierig zu verstehen, die Form *onghescent* leitet sich vermutlich von *schennen* ,schänden' ab; *vnd* ist konditional. Üs.: ,Ein Glas (ist/wird) nicht geschändet (?), wenn die Sonne hindurchscheint'.

H

god ende mensche tegader.
die borsten oec wal salich waren,
die god in sinen jongen jaren
10 te sugen hadde vercaeren.

VI Inden donckere soe wan een maget
III een soen, der sonnen verlichter,
dat kynt waert in den stal gelecht,
alder werlde stichter,
5   die moeder hem seluen in den doekeren want
die sternen makeden hi ter rechterhant,
doe hi den hemel wrachten,
hi screyden als een kyndekyn doet,
die wolken dienden hem onder syne voet,
10 doe hi op voer mit crachten.

VII Doemen alle die werlt bescreef,
doe gync die maget swaere
toe Betlahem, dat si doe bleef,
se genas oers kyndes al daere,
5   alsmen scryuet inden hof,
daer syngen die engelen gades lof
van nyer eerweerdicheiden,
god hier bauen in syn hemelryck,
die geue ons menschen op eertryke
10 enen gueden wille ende vrede.
Amen.
Gracias agymus tyby propter
magnam tuam gloriam!

I

in yren mechdelijcheeden,
dye borsten, die ouch wayl zelich waren,
dye god in zyne ionghen jaren
tzo suyghen hadde vercoren.

Inden donckeren wan eyn maecht
der sonnen verlichere,
daz kint waert inden stal gelacht
allen der werelt stichtere.
dye moeder ym in dye doechelkens want
dye sternen ym stonden zo der rechter hant,
doen hij den hemel wrachte.
hy screiden als een kindeken doet
dye wolcken dronghen hem onder zyn voet,
doen hij op voer mit crachten.

Doemen alle die werelt bescreeff,
die maget swaer met kinde was.
tzoe Bedleem alldaer zij bleeff,
joncfrou aldae yers kints genass
daz ons moet bringhen inden hoff
daer die engelen singhen godes loff
van neuwer werdicheyden.
god hier bouen in hemelrijck
nu geeft den menschen up ertrijck
van goeden wille vreden.
Amen.

VII,12 propter] proppter.   13 magnam]
magnum. | gloriam] glorie.

VI,6 In dieser Str. treten gehäuft
Verbendungen auf -en vor vok. Anlaut zur
Trennung der Hiatstelle auf, z. B. makeden.
VII,3 Üs.: ‚nach B., um dort zu bleiben‘.
5 Hier wäre möglicherweise ons zu
ergänzen.   10 Ungewöhnliche
Formulierung.

VII,4 Vor joncfrou wäre ein best. Artikel zu
erwarten.

J   K
Den Haag, KB, 133 D 21-II, 4v–6r   *Amsterdamer Lhs., 18r–19r*

I Het is een dach van vrolicheden   Het is een dach der vrolicheit
   in des conincs houe,   in des coninx houe,
   want daer heeft gewonnen heden   want daer heeft een maechdelicheit
   een maecht van groten loue   ontfangen van groter loue
5 een kijnt, gemaect al wonderlijc,   een kynt, dat is seer wonderlic
   ende altemael genuechtelijc   end altemael ghenuechelic
   nae zijnre menschelicheden,   nae synre menschelicheden,
   dat dair is ontsprekelijc   dat dair leyt ondachtelic
   ende dair toe onbegripelijc   end daer toe onbegripelic
10 na zijnre godlicheden.   nae synre godlicheden.

   Mater hec est filia
II Die moeder is dochter wonderlijc   Die moeder is dochter wonderlic
   dies zoens, hy is hoor vader,   haers soens, want tis haer vader.
   waer hoord yeman des ghelijcs?   waer hoerde yemant des gheliic?
   hy is god ende mensch to gader,   hi is god ende mensch te gader,
5 hy is knecht ende daer toe heer,   hi is knecht end daer toe heer,
   hy is ouer al dats meer   hi is ouer al dat is meer
   onbegripelic te vijnden,   onbegripelic te vinden,
   hy is tegenwoordich ende veer,   tegenwoerdich ende veer.
   tis groot wonder ende meer,   waer hoerde yemant wonder meer?
10 ten can gheen mensch verzinnen.   ten can gheen man bescriuen.

   Orto dei filio
III Doe voort quam die godes zoen   Doe voert quam Ihesus, soen gods,
IV vander maget pure,   vander maget pure,
    ghelijc der lelyen bloeme schoon   gheliic die lelien bloeyen scoen,
    verwondert der natuere,   wonder naturen,
5   dat die ionghe maghet wan,   dat hi in die ionc maecht quam,
    was eer, dat ye dinc began,   eer hi enich dinck began,
    mensch na zijn behagen,   doen maecte hi hem behagen,

III,6 f. Zu *was eer* fehlt das Subjekt.
Möglicherweise *ionghe maghet*, Üs.: ‚sie
war, bevor überhaupt etwas begann (d. h. vor
der Schöpfung), Mensch nach seinem   _____
Gefallen' (?).   **III,1** Ursprünglich lautete der Reim wohl
                                            gods soen.

J

dat die borsten der reynicheit
gauen melck der kijntscklijcheit
10 den ouden van daghen.

Vt vitrum non leditur
IV Ghelijc dat niet en quetst dat glas,
V   dair die sonne schiint dore,
    ghelouet, dat sy maghet was,
    nader dracht als vore.
5   die moeder is gebenedijt,
    door wies besloten lichaem lijt,
    die godes zone geboren,
    die borsten oec wel heylich waren,
    die god in sine jonghe iaren
10 te zuken hadde vercoren.

In obscuro nascitur
V   Inden duuster nacht wan die maecht
III der zonnen verlichter,
    die prins wert inden stal gelaecht,
    alder werelt stichter.
5   men bant hem mit een wieghe bant,
    die den sterren maecte mitter hant,
    doe hy den hemel wrachte.
    hy weende als een kijndekijn mede,
    die donre inden wolken dede,
10 doe hy op voer mit crachte.

Angelus pastoribus juxta
VI God den harderkijn ontboot
    des nachts al by hooren beesten,
    by den engel blyscap groot
    al van des conincx feesten,
5   dat gewonnen had een maecht.
    in eenre krebbe was hy gelaecht,

K

dat hi die borsten der reynicheit
gauen melc der kinslicheit
den ouden kynt van dagen.

Gheliic dat niet en quetst dat glas,
daer die son schynt dorre,
geloeff ic, dat sie maget was,
nae end oec reyn voire.
die moeder is gebenediit,
in wyens liiff besloten leyt
die goedes soen geboren,
end die borsgis heilich waren,
die god in sinen ionge iaren
te suken had vercoren.

VI Die heer den herdekyn ontboet
    des snachts bi haren beesten,
    mitten engelen bliiscap groet
    van des coninx feesten,
    die gewonnen had die meecht
    end inder cribben wel gelecht,
    in doekelkyn gewonden.
    hi is alder werrelt heer,
    van gedaenten scoenre meer,
    dan yemant was gheuonden.

III In den doncker vander nacht
    so wast daer alsoe lichte,
    die prins wert inden stal gebracht,
    die al die werrelt stichte.
    men vant hem inden wandelbant,
    die sterren maecte mitter hant,

---

9 *kijntscklijcheit* ungewöhnliche Schreibung.
IV,4 *dracht* ‚Schwangerschaft‘.   **VI,5** *dat* ist _____
abhängig von *ontboot* in VI,1.   **III,9** kinslicheit] kuslicheit.

J

K

in doekelkijn gewonden.
hy is alder werelt heer,
van gedaente scoenere meer,
10 dan ye mensche was geuonden.

Orbis dum describitur
VII Doemen al die werelt bescreef,
doe ghinc die maecht mit kijnde,
te Bethleem, dair sy doe bleef,
ende wan dat kijnt dair ynne,
5 die ons moet scriuen in dat hof,
dair die enghelen singhen lof
van zijnre waerdicheden.
heer god van hemelrijc,
gheeft ons allen op aertrijc
10 van goeden willen vrede.
Amen.

doe hi die hemel wrachte.
hi weende als een kynde mede,
die die wolken donre dede
ay, hy voer op mit crachte.

Doe men die werrelt al bescreeff,
doe ginc die maecht mit kynde
te Bethleem, al dair si bleeff,
Herodes en const niet vinden.
men openbaerdet inden houe,
die glorie singen mit groten loue
vander weerdichede
god hiir bouen in hemmelriic
verleen ons menschen op eertriic
van gueden wilenn vrede.
Amen.

VII,10 wilenn] wil en *(n mit Nasalstrich überschrieben).*

VI,9 Üs.: ‚der die Wolken zum Donnern brachte'. **VII,4** Seltene Variante.
5 Offenbar missverstanden, *houe* auf den Hof des Herodes bezogen.

M
SuB 1600a, 6r–v

Een schoon liedeken op de wijse:
‚doe Jesus ghebooren wert'

I   Het is heden den dach van vroolijckheyt
        al in des conincx hove,
        want aldaer ontfanghen heeft
        een maecht van grooter love
5   en kindt, ghebooren wonderlijck
        ende altemael ghenoechlijck
        naer der menschelijckhede,
        boven al seer vriendelijck
        sterf hy voor sonden ootmoedelijck,
10   want hy godt is ende mensche mede.

II   Die moeder is dochter wonderlijck
        haer soons, want hy is haer vader.
        waer hoorde oyt man dies ghelijck?
        hy is godt ende mensche te gader,
5   hy is een knecht ende heer,
        hy is over al dat is meer
        onbegrijpelijck te vinden
        teghenwoordich ende veer
        waer hoorde oyt man dies wonder meer
10   ten can gheen man versinnen.

III   Hy wert ghebooren inder nacht,
        der sonnen verlichtere,
        ende hy wert inde stal gheleyt,
        aller werelt stichtere.
5   men vant hem met den wendel lanck
        in Bethlehem by der engelen sanck,
        hy was ghehoorsaem godt vader ende moeder.
        hy hevet al gheschapen als ons behoeder
        wilt hem loven en dancken in alle stonden,
10   want hy ons vermint uyt t'hertsen gronden.

III,3 Eigentlich *inden*? **9** Imperativ Pl.? Üs.: ‚Ihr sollt ihn loben...' **10** *t'hertsen* lautlich
auffällige Form mit *ts*.

M

IV v Ghelijck het niet en quest het glas
daer die sonne schijnt doore,
gheloove ick, dat Maria was
nae reyne maghet ende vooren.
5 die moeder is ghebenedijt
in wiens lichaem besloten leyt
die godts soon wert mensch gheboren.
weet, dat die borsten heylich waren,
die godt in zijn ionghe jaren
10 te suyghehn hadde vercoren.

V vi God den herderkens ontboot
...
met den enghelen blyschap groot
al van des conincx feesten.
5 die ghewonnen heeft een maecht
ende inder cribbe was ghelaecht
in doeckelkens ghewonden,
hy is aller werelt heer
ende van ghedaenten schoonder meer
10 dan yemant is ghevonden.

VI vii Doe men de werelt al beschreef,
ginck een maghet met kinde
te Bethlehem, daer sy doe bleef,
ende voldroecht kint ten eynde,
5 daermen afschrijft inden hove
ende ‚glorie‘ singt met grooten love
van grooter weerdichede,
godt hier boven van hemelrijck
verleent ons menschen op aertrijck
10 van goeden wille vrede.
Amen.

V,2 fehlt.

3.2.5 *Een kyndekyn soe lauelick*

In der ersten Strophe werden die Geburt Christi und die daraus resultierende Heilsgewissheit verkündet. Die anschließenden beiden Strophen enthalten ebenfalls zentrale reformatorische Ideen: Die zweite Strophe betont, dass Gott für uns Mensch geworden ist und unsere Sünden auf sich nimmt; in der dritten Strophe wird der Glaube als einziger Weg zur Seligkeit genannt. Die vierte Strophe besteht aus einem Dank, der Bitte um Unterstützung für den richtigen Lebensweg und einem Bekenntnis zum dreieinigen Gott.

I,1f.] Erfüllung der Prophetenstelle Is 9,6: *parvulus enim natus est nobis*...Das Incipit wird in Predigten Luthers häufig zitiert, z.B. WA 9, S. 518 oder WA 34 II, S. 496.

I,3 *suiverlick*] 'fein, zart'.

I,4 *tot troosten*] Entweder kann man die Stelle als schwachflektierendes Substantiv auffassen ‚zum Trost' (diese Lesart bestätigen die meisten anderen Quellen, *tot troosте*) oder als Verb ‚um zu trösten'.

I,4 *armer*] Es scheint zunächst naheliegend, den Text mit SuB 1572 und JS 1531 zu *arme* zu verbessern; die Lesart der Stuttgarter Handschrift teilt jedoch auch der Druck Haecht. Es handelt sich dabei um die niederländische starke Flexion bei Dat. Pl.

I,7 *dat heyl is vnser alle*] Die Lesart *vnse* der Handschrift ist vermutlich nicht richtig. Zu erwarten wäre entweder *vns allen* (Dativ Plural) oder *vnser aller* (Genitiv Plural).

I,8 *suete Jesu Chryst*] Zum Attribut „süß" in Bezug auf Gott vgl. z.B. Ps 34,9 oder 1. Petr 2,3. Das semantische Spektrum des Adjektivs wurde im Verlauf der Sprachgeschichte reduziert.

I,9] Denkbar wäre hier vor *mynsche* ein *als* zu ergänzen, vgl. WACKERNAGEL III, Nr. 573. Die Lesart wird jedoch durch die Parallelüberlieferung bestätigt, so dass ein Eingriff an dieser Stelle nicht angebracht ist, vgl. das Lied *Gelobet seist du Jesu Christ, dass du Mensch geboren bist*. Die Konjunktion *dat* ist hier kausal aufzufassen.

II,5–7] Phil 2,7f.: *sed semet ipsum exinanivit formam servi accipiens in similitudinem hominum factus et habitu inventus ut homo humiliavit semet ipsum factus oboediens usque ad mortem mortem autem crucis.*

II,9] 2 Cor 8,9: *scitis enim gratiam Domini nostri Iesu Christi quoniam propter vos egenus factus est, cum esset dives, ut illius inopia vos divites essetis.*

II,10] In Luthers Theologie ist der Gedanke zentral, dass allein Jesus Christus den glaubenden Menschen von Sünden befreien kann. Vgl. z.B. WA, 7, S. 26: *So ists nit muglich, das die sund sie* [die Seele, Anm. d. Verf.] *vordampne, denn sie ligen nu auff Christo, und sein ynn yhm vorschlunden, so hat sie* [die Seele, Anm. d. Verf.] *ßo ein reyche gerechtickeyt ynn yhrem breutegam, das sie abermals wider alle sund bestahn mag, ob sie schon auff yhr legen.*

III,1–3] Vgl. Rm 10,10: *corde enim creditur ad iustitiam*... Das Erlangen der Seligkeit gründet nach Luther allein im Glauben („*sola fide*-Prinzip"). Vgl z.B. WA 7, S. 25: *Das ist die Christlich freiheit, der eynige glaub, der do macht, nit das wir*

mueßsig gahn oder uebell thun mugen, sondern das wir keynis wercks bedurffen zur
frumkeyt und seligkeyt zu erlangen.

III,2 *herten vertrouwen*] Zum Herz als „Sitz" des Glaubens, vgl. Luther: *Das* [d.h.
das erste Gebot erfüllen und Gott ehren, Anm. d. Verf.] *thun aber keyn gutte werck,*
sondern allein der glaube des hertzen. Das Herz wird schließlich zu einem wichtigen
Symbol der Lutheraner, abgebildet z.B. in der Lutherrose.

III,3] Die in der Handschrift überlieferte Form *die* ist grammatisch nicht möglich.
Wenn man die Form beibehält, wäre *die* (,der') Subjekt, dann würde aber der Artikel
von *salicheit* nicht mehr stimmen und man müsste verbessern: *die wort der salicheit*
gewijs. Dativ Singular (*dien*) ist an der Stelle auch in anderen Fassungen überliefert,
z.B in SuB 1575 (*dien wort*) und im Slüter Gesangbuch (*dem wert*).

III,7 *waeder*] ungewöhnliche Schreibung, vgl. van LOEY (1974), Bd. 2, S. 100.

IV,1 *dancken*] Das *n* könnte entweder zur Trennung der Hiatstelle eingefügt sein
(vgl. den Kommentar zu Lied 3, II,9), oder es könnte sich um einen Jussiv analog zu
bidde in IV,3 handeln. Denkbar wäre auch eine Pluralform in Bezug auf das Subjekt
christenheit als constructio ad sensum.

IV,1 *alle christenheit*] Die singende Gemeinde beansprucht hier zugleich die „gesamte" Christenheit zu repräsentieren.

IV,2 *groete gnede*] Ebenfalls zentraler Begriff in Luthers Theologie („*sola gratia*").

IV,4] Vgl. z.B. Ps 91,11 oder Ps 121.

IV,5 *valsche leer*] Vermutlich zu beziehen auf die aus der Sicht der Lutheraner re-
formbedürftige Vermittlung der römisch-katholischen Lehre. Auffällige Flexion,
eigentlich im Dativ *valscher leer* und *boesen/boesem waendel.*

IV,5 *wandel*] Dass hier gegen den Reim *waen* durch *wandel* ersetzt wird, könnte ein
Indiz sein, dass das lutherische Anliegen, nach dem eigentlich der Glaube (*waen*) die
Priorität haben müsste, hier nicht so ganz nahelag.

Überlieferung

Handschriften: Das vierstrophige Lied ist in der handschriftlichen Überlieferung sonst
nicht belegt. Einige zum größten Teil vorreformatorische Handschriften aus dem
hochdeutschen Raum überliefern jedoch eine bzw. zwei Strophen des Liedes, zudem
ist die erste Strophe auch als lateinisch-deutsches Mischgedicht bezeugt:[154] Berlin,
SBB-PK, Ms.germ.qu. 1008, 16r; Breslau, UB, I Q 419, 38v [erste Strophe]; Erfurt,
Domarchiv, Bibl., Hs. Lit. 6 [erste Strophe]; Hohenfurt, Zisterzienserstift, Bibl.,
Hs. 28, 179v [lat.-dt. Mischgedicht]; München, BSB, Clm 2992, 239v [lat.-dt. Misch-
gedicht]; Nürnberg, Germ. Nat. Mus., Hs. 7060 L II 64, 26v; Schmidl'sche Hs., 213r
[zwei Strophen, zweite Strophe unikal überliefert]. Eine fünfstrophige Fassung, die

---

154 Diese Handschriften sind zusammengestellt bei JANOTA (1968), S. 96–98.

mit der Stuttgarter Fassung ebenfalls nur die erste Strophe teilt, ist im Liederbuch der Anna von Köln, 21r–22r, überliefert.

Die Ausgestaltung zum vierstrophigen Lied erfolgte später und ist nur in der Druck-überlieferung belegt. Drucke (vorwiegend aus dem niederdeutschen und niederlän-dischen Raum): AlPs 1567, 26r; Bonner Gb 1550 und ff. Auflagen [wichtige Quelle für den Transfer in die Niederlande]; GehSout 1567, 217r; Haecht Ps 1579, Teil II, p. 68f.; Haecht Ps 1582, Teil II, p. 69; Haecht Ps 1583, Teil II, p. 69; Hamburger Ench 1558 [und ff. Aufl.], p. 98; Hamburger Ench 1565; Hantboecxken 1565-II, 26r; Lübecker Ench 1545, 115v; Magdeburger Ench 1536, 14r–v; Rigaer Kirchenord-nung 1530 [und ff. Aufl.], 64r–v; Slüter 1531, O8v–P1r; SuB 1572, 46r; SuB 1600a, 46r; SuB 1600c, 48v; SuB 1600d, 46r; Wesel Gb 1554; Zweibrücker Gb 1557, 48v–49r; Zwickauer Ench 1528,36 [hochdeutsch, älteste erhaltene Fassung]. Es ist mit vielen weiteren Drucken zu rechnen.

Editionen

Anna von Köln, hg. v. SALMEN/KOEPP, S. 14; Cantiones Germanicae, hg. v. GAMBER, S. 71f. nach Erfurt, Domarchiv, Bibl., Hs. Lit. 6; Hamburgische Gesangbücher, hg. v. GEFFCKEN, Nr. 93 nach dem Hamburger Enchiridion 1558; HRUSCHKA (1878), S. 81f. nach der Schmidl'schen Handschrift; JANOTA (1968), S. 97 nach München, BSB, Clm 2992; KLAPPER (1908), S. 201 nach Breslau, UB, I Q 419.

Haecht 1583 (Online-Publikation DBNL); Magdeburger Enchiridion, hg. v. CRIST, S. 78f.; Rigaer Kirchenordnung, hg. v. GEFFCKEN nach der Aufl. von 1530, S. 117f. (=WACKERNAGEL III, Nr. 573); Slüter Gesangbuch, hg. v. WIECHMANN-KADOW, O8v–P1r; WACKERNAGEL III, Nr. 573 nach der Rigaer Kirchenordnung 1530 und dem Zwickauer Enchiridion von 1528 (parallel abgedruckt); Zweibrücker Gesang-buch, hg. v. BÜMLEIN, S. 110f.

Literatur

JANOTA (1968), S. 96–98; RÖSSLER (1981), S. 50–52.

Das Lied *Een kyndekyn soe lauelick* hat seinen Ursprung in der Übertragung der Cantio *Dies est letitie in ortu regali*, deren Ton es übernommen hat. Von einer hoch-deutschen Übertragung mit dem Incipit *Der tag der ist so freudenreich / aller creatu-ren* wurde bereits vor der Reformation die zweite Strophe (*Ein kindelein so lobelich*) ausgegliedert und als Einzelstrophe gesungen, aus dieser Strophe ist dann später das vierstrophige Lied *Een kyndekyn soe lauelick* entstanden.[155] Überliefert ist die Einzel-

---

155 Vgl. LIPPHARDT (1980), Sp. 92. Dass diese zweite Strophe (*Ein kindelein so lobelich*) eine exakte Übertragung der lateinischen Strophe *Orto dei filio* ist, ist jedoch nicht er-sichtlich. Die hochdeutsche Übertragung ist stellenweise eher eine freie Bearbeitung.

strophe beispielsweise am Schluss einer Predigt in einer Handschrift aus der Bibliothek der Augustinerchorherren zu Sagan, im Egerer Fronleichnamsspiel, innerhalb des
Hessischen und des Sterzinger Weihnachtsspiels (Incipit) oder im Rahmen des Erfurter Weihnachtsgloria.[156] Die Überlieferung konzentriert sich also zunächst auf den
hochdeutschen Raum. Während der Reformation kam dieser Strophe dann große
Bedeutung zu, Berühmtheit erlangte der Text wohl hauptsächlich dadurch, dass er in
den Predigten Luthers der angeblich am häufigsten zitierte Liedtext ist.[157] Noch Jahrhunderte später wird die bekannte Einzelstrophe in Annette von Droste Hülshoffs
Novelle ‚Die Judenbuche' komplett zitiert.

Die Erweiterung zum vierstrophigen Lied, das die Stuttgarter Sammlung überliefert, erfolgte vermutlich im niederdeutschen Raum, da der Text einige Reime enthält,
die im Hochdeutschen unrein sind, z.B. in II,2 *namen / gekamen* oder in III,7 *vader /
hader*.[158] Verbreitet wurde das vierstrophige Lied vor allem durch die Drucküberlieferung, niederdeutsche oder niederländische Handschriften sind nicht bekannt und auch
auf Handschriften aus dem hochdeutschen Raum gibt es keine Hinweise.[159]

Zunächst beschränkt sich die Verbreitung des vierstrophigen Liedes schwerpunktmäßig auf den niederdeutschen Raum, so ist es beispielsweise im Magdeburger und
Lübecker Enchiridion sowie im sogenannten Doppelten Gesangbuch von Joachim
Slüter enthalten, das eine große Wirkung hatte.[160] Der früheste Beleg stammt jedoch
aus dem Zwickauer Enchiridion von 1528 und ist bemerkenswerterweise in hochdeutscher Sprache abgefasst. Obwohl das Lied ausschließlich in lutherisch-reformierten Drucken enthalten ist, fehlt es in den frühen Auflagen der Gesangbücher von
Kluge und Babst. Da die Überlieferung ausschließlich in konfessionell gebundenen
Gesangbüchern erfolgte, kann man das vierstrophige Lied mit JANOTA (1968), S. 269,
wohl als (nachreformatorisches) Gemeindelied bezeichnen.

Vom niederdeutschen Raum verbreitete sich der Text durch die Drucküberlieferung auch in den Niederlanden, da die deutschen Gesangbücher von den dort ansässigen lutherischen Gemeinden rezipiert wurden. Eine wichtige Rolle bei diesem Transfer spielte das Bonner Gesangbuch, das gleich mehrfach ins Niederländische übertra-

---

156 Vgl. KLAPPER (1908), S. 201 und JANOTA (1968), S. 97; zum Erfurter Weihnachtsgloria
vgl. Cantiones Germanicae, hg. v. GAMBER, S. 70–75. Darunter auch *Der tag der ist so
freudenreich*, *Omnis mundus jucundetur*, *Puer natus in Bethlehem*, und *In dulci jubilo*
(parvum), vgl. auch HARZER (2006) S. 180.

157 Vgl. RÖSSLER (1981), S. 212.

158 Vgl. WACKERNAGEL III, Nr. 573.

159 Zu erwähnen ist an dieser Stelle eine fünfstrophige handschriftlich überlieferte Fassung
aus dem Liederbuch der Anna von Köln. Sie teilt mit der Stuttgarter Fassung jedoch nur
die erste Strophe, die übrigen Strophen sind bislang in keiner anderen Quelle bezeugt.

160 Zum Slüter Gesangbuch vgl. BOSINSKI (1984), S. 8–11.

gen und gedruckt wurde.[161] Die Drucke wurden teilweise im Rheinland für die luthe-
risch reformierten Gemeinden in den Niederlanden hergestellt. Für die Verbreitung
der reformatorischen Gesangbücher und Schriften war nachweislich die Stadt Wesel
von großer Bedeutung, in der zahlreiche Drucke für die Lutheraner in den Niederlanden oder für niederländische Flüchtlingsgemeinden hergestellt wurden.

Die vier niederländischen Drucke (Hantboecxken 1565, AlPs 1567, GheSout
1567, Haecht Ps 1579 und ff. Auflagen), die das Lied *Een kyndekyn soe lauelick* im
Rahmen der Übertragung des Bonner Gesangbuchs überliefern und die für die lutherischen Gemeinden in Antwerpen und Brüssel hergestellt wurden, sind genau wie ihre
Vorlage zweiteilig aufgebaut: Der erste Teil besteht aus einem Psalter, im zweiten
Teil folgt eine Sammlung geistlicher Lieder, die zuweilen nach dem Jahreskreis gegliedert ist.[162] Im Titel dieser Drucke wird darauf hingewiesen, dass sie der *Confes-
sion van Ausborch togedaen* (Haecht) sind, dem Bekenntnis, das Karl dem V. im Jahr
1530 von den lutherischen Reichsständen in Augsburg überbracht wurde.[163] Abschließend ist noch der Druck SuB1572 und die nachfolgenden Auflagen zu nennen, die das
Lied ebenfalls überliefern. Diese Drucke sind weniger eindeutig als die oben genannten einer bestimmten konfessionellen Richtung zuzuordnen und überliefern schwerpunktmäßig Weihnachtslieder. Da sich darunter vereinzelt von Luther verfasste Liedtexte befinden, ist auch bei diesen Quellen ein Bezug zur Reformation vorhanden.
Gesungen wurde das Lied als Weihnachtslied, worauf die Überschriften in den Drucken eindeutig verweisen.[164]

Varianten und andere Fassungen
Die Fassung der Stuttgarter Handschrift überliefern sowohl der Druck SuB 1572ff. als
auch die Gesangbücher, die in der lutherisch-reformierten Tradition stehen. Die Varianten des Drucks SuB 1572 und des Gesangbuchs von Joachim Slüter aus dem Jahr
1531 (JS1531) sind oben im Apparat mitgeteilt. Das Gesangbuch von Joachim Slüter
wurde repräsentativ für die Gesangbücher aus der lutherischen Tradition ausgewählt,
da es sich bei diesem Gesangbuch um eines der wirkungsmächtigsten Zeugnisse aus

---

161 Hantboecxken 1565, AlPs 1567, GheSout 1567 sowie Haecht Ps 1579 und ff. Auflagen.
      Vgl. dazu HOLLWEG (1971), S. 30–39.

162 Der Druck AlPs 1567 ist umgekehrt aufgebaut, vgl. HOLLWEG (1971), S. 313f. Bei der
      musikalischen Gestaltung des Gottesdienstes spielten auch bei den Lutheranern die Psal-
      mengesänge eine große Rolle, ab der zweiten Hälfte des 16. Jahrhunderts sind sie dann
      auch bei den Calvinisten von zentraler Bedeutung. Zur Diskussion der Reformatoren über
      den Stellenwert des Psalters vgl. HOLLWEG (1971), S. 6–10.

163 Grundlegend zur Confessio Augustana, vgl. LEIF (2006).

164 Wie z.B. *Item eenen lofsanck vande gheboorte Iesu Christi* (Haecht 1579) oder *Eyn
      Gesang van der Gebort Christi / den me vp Wihnachten synget / vormeret* (Magdeburger
      Enchiridion 1536).

dem niederdeutschen Raum handelt.[165] Aus dem Variantenapparat wird jedoch ersichtlich, dass der Stuttgarter Text größere Übereinstimmungen mit SuB 1572 hat.

Die Texte der niederländischen Drucke Hantboexcken 1565, AlPs 1567 und GheSout 1567 sowie der Text in Haecht 1579ff. sind allesamt Übertragungen der im Bonner Gesangbuch enthaltenen Fassung, die ebenfalls der im niederdeutschen Raum entstandenen vierstrophigen Fassung entspricht. Die drei erstgenannten niederländischen Drucke sind sprachlich von minderwertiger Qualität, ein Mix aus holländisch und deutsch, so dass wohl mit der Zeit eine grundsätzliche Neubearbeitung notwendig war.[166] Willem van Haecht fertigte diese neue Übertragung des Bonner Gesangbuchs an. Sein Gesangbuch setzte sich bei den Lutheranern in den Niederlanden durch und wurde rund eineinhalb Jahrhunderte lang neu aufgelegt.[167] Seine Fassung des Liedes *Een kyndekyn soe lauelick* setzt zwar inhaltlich keine neuen Akzente, enthält aber einige alternative Formulierungen sowie Umstellungen der Reime.

Bei der Fassung aus dem Liederbuch der Anna von Köln handelt es sich dagegen nicht nur um eine andere Fassung, sondern um ein komplett eigenständiges Lied. Da das Liederbuch der Anna von Köln erst um 1550 abgefasst wurde, könnte das dort überlieferte Lied vielleicht sogar als Reaktion auf das um diese Zeit längst verbreitete reformatorische Weihnachtslied entstanden sein. Im Gegensatz zum reformatorischen Lied wird Maria im Liederbuch der Anna von Köln neben Jesus zur zentralen Figur (vgl. II,10; IV,3 und V,6). Während die erste Strophe noch nahezu identisch mit dem reformatorischen Lied ist, wird in der zweiten und dritten Strophe die Geschichte von den Heiligen Drei Königen und die Flucht nach Ägypten erzählt.

---

165 Vgl. BOSINSKI (1984), S. 24f.
166 Vgl. HOLLWEG (1971), S. 36.
167 Vgl. HOLLWEG (1971), S. 39.

Haecht Ps 1579, Teil II, p. 68f.

Item eenen lofsanck vande gheboorte Iesu Chrisi.
op de voorgaende melodie

I   Een kindeken soo louelijck
      is ons gheboren heden
      van eender maget suyuerlijck
      tot troost ons armer leden.
5   waer ons dit kint gheboren niet,
      soo waeren wy verloren siet.
      t'is ons aller heyl goedich.
      o ghy seer soete Jesu Christ,
      dat ghy mensche gheworden bist,
10   hoedt ons voor de hell' gloedich.

II   De tijt, die is nu vreuchdenrijck,
      om godts naeme te louen,
      dat Christus op der aerden wijck
      is comen van daer bouen.
5   het is voorwaer een groot ootmoet,
      die godt vanden hemel ons doet,
      hy werdt een knecht volcomen,
      sonder alle sond' ons ghelijck,
      daer door wy worden eewick rijck,
10   heeft ons sond' wech ghenomen.

III   Wel dien, die van dit gheloof' is,
      end' can heel vast betrouwen,
      die crijcht de salicheyt ghewis.
      wel hun, die daer op bouwen,
5   dat Christus heeft ghenoech ghedaen,
      daerom soo is hy wt ghegaen
      van godt, vader almachtich,
      o wonder bouen wonderdaet,
      Christus draecht onse misdaet quaet,
10   end' stilt onsen twist crachtich.

I,9 *ghy* ist nicht kongruent zu *bist*, stilistische Eigenart.   **10** *gloedich* ‚glühend‘.   **II,3** Zur Form *wijck* vgl. mhd. *wîch* ‚Wohnsitz, Stadt‘.   **III,1** *dien* ist Dat. Sg.; *die* ist mask. Relativpronomen; Sg. bis einschl. III,4.   **3** *crijgen* ‚bekommen‘.   **4** *hun* ist Dat. Pl.   **9** *quaet* ‚böse, schlecht‘.   **10** *crachtich* ‚kräftig‘, im Sinne von gewaltig.

IV   Het danck hem alle christenheyt
voor sulcken grooten goeden,
end' bidde sijn bermherticheyt,
dat hy ons will' behoeden
5   voor valsche leer' end' boosen waen,
daer in wy hebben langh' ghestaen,
hy will' ons dat vergheuen.
godt vader, soon, heylighe geest,
wy bidden van v aldermeest,
10   laet ons in vrede leuen.

Ldb. der Anna von Köln, 21r–22r

Sub nota Dies est leticie

I   Eyn kyndelyn so louelich
is ons geboeren hude
van eynre jonffrouwe suuerlich,
troist sy allen luden.
5   weir ons dat kyndelyn neit geboeren,
so weren wir alzo mail verloeren,
dat heil is onser alre.
eya, suesse Ihesus Christe,
wanttu mynsch geboeren bis,
10   behuede ons *vor* der hellen.

Anna v. Köln, Üs.,1 est] *abgekürzt als* ē. | leticie] liticie. **I,2** geboeren hude] hude geboeren *mit Korrektur:* hude *ist mit einem kleinen* b *und* geboeren *mit einem kleinen* a *überschrieben.* **10** vor] v + er -*Abkürzung?*

IV,1 Bei *danck* fehlt das Apostroph (bzw. die Verbendung).
Anna v. Köln, **I,3** *jonffrouwe* Assimilation. **4** *sy* Optativ. **9** *bis* Variante zu *bist*, vgl. VAN LOEY (1974), S. 92.

II   Dry edel konynck hoge geboren
          bekanten yn by den sternen,
          wie ons eyn kyndelyn weir geboren,
          sy wŏlden yn schauwen gerne.
5   sy namen myt sich richen zoult,
          myrre, wyroch inde goult,
          sy tzogen yrre straissen.
          sy vielen neder vp yr knee,
          dat kynt ontfynck den offer syn
10   inde ouch die moder schone.

III   Do der offer was gescheit
          van den konyncken allen,
          sy namen oirloff weder van dan,
          sy tzogen heyn zo landen.
5   der engel voirt sy sulcher sycht,
          dat sy zo Heroden en quemen nicht.
          he begont seer zo vragen
          in dem lande al ouer al,
          om des konyncks louesam,
10   sy hadden yn bedroegen.

IV   Jhoseph nam deit kyndelyn
          leifflich in syn armen,
          ,Maria, lieue moder myn,
          nu trecken wir yn den landen
5   in trecken in Egypten lant,
          da wirt ons vroud ind wune bekannt,
          wir in dorren neit langer blyuen.'
          eya, wilche valsche lijst
          lechten sy an den werden Crist.
10   sy liessen de kyndergen doeden.

II,10 ouch] *Zweimal hintereinander, einmal durchgestrichen.* **IV,6** wune] *SALMEN/KOEPP lesen* vune *und verbessern zu* wonne.

III,1 Mnl. *gescien/gescieden,* Partizip *gescied* ,geschehen'. **4** Mnl. *hene/heine* ,von hinnen'. **9 f.** Üs.: ,um des ehrwürdigen Königs willen betrogen sie ihn (=Herodes)'. **IV,3** Übergang zur direkten Rede Josephs ohne einleitendes Verbum dicendi. **4** *trecken* ,ziehen'. **5** in[1] ,und'. **7** *dorren* ,wagen'. **9** Eigentlich wäre statt *sy*, 3. Pers. Sg., in Bezug auf Herodes zu erwarten.

V   Weir got mynsche neit geboren,
     als ons de propheten songen,
     so weren wir alzo mail verloren.
     nu is ons heil erlongen.
5   Ev*a* gaff ons den duren doit,
     Maria brecht ons dat leuendige broit,
     des sollen wir louen alle
     ynd soellen wesen allewege vro
     ynd syngen myt den engeln hoge
10   ,gloria in excelsis deo'.

3.2.6 *Drie kooninghen vtuercoeren*

Das neunstrophige Refrainlied folgt linear dem Text des Matthäusevangeliums (Mt 2,1–12), wobei teilweise eigene Akzente gesetzt werden. Nach der Eröffnungsstrophe liegt der Schwerpunkt zunächst auf dem Versuch des Herodes, die Könige zu überlisten (Strophe zwei bis fünf): Strophe zwei ist komplett aus der Perspektive des Herodes geschildert und stellt seine Mordabsichten anders als im Bibeltext bereits von Anfang an deutlich heraus. Die wörtliche Rede des Matthäusevangeliums ist in den Strophen vier und fünf erweitert und emotional ausgestaltet. Die anschließenden drei Strophen erzählen von der Suche der Drei Heiligen Könige, der Darbringung ihrer Gaben und der göttlichen Warnung, nicht nach Jerusalem zurückzukehren. Der Kindermord des Herodes und die dadurch motivierte Flucht nach Ägypten bleiben im Lied unerwähnt. Die Schlussstrophe, in der die erzählende Haltung durchbrochen wird, enthält eine Bitte an Jesus um Erlösung.

V,5 Eva] evnd. | ons] *Es folgt ein durchgestrichenes Wort, vielleicht* dar.

V,6 Leib Christi.

Üs. *In festo trium regum*] Die liturgische Bezeichnung ist Epiphanias, gefeiert am 6. Januar.

I,1 *Drie kooninghen*] Entgegen dem im Matthäusevangelium überlieferten Text werden die Sternkundigen als Könige bezeichnet. Die Umdeutung auf Könige erfolgte aufgrund der Stellen Is 60,3.6 sowie Ps 72,10.15 bereits sehr früh, z.B. bei Tertullian, vgl. RÖSSLER (1981), S. 22. Die Könige, die aus dem Orient kommen (I,5), sind Repräsentanten der Heidenwelt; ihnen gelingt es dennoch mit Hilfe des Sterns und des Hinweises der Schriftgelehrten, den Messias zu finden, vgl. SAND u.a. (1999), Sp. 1384–1389.

I,1–8] Vgl. Mt. 2,16f.

I,2 *in*] Mnl. ‚nach'.

I,5 *sagen*] Prät. zu *sehen* mit grammatischem Wechsel.

I,6 *die sterne*] Akkusativ Sg. Der Stern als Zeichen für einen Herrscherwechsel geht zurück auf Num 24,17.

Ref.] Der Affekt ‚Zorn', mit dem Herodes stets in Verbindung gebracht wird, ist bereits im Matthäusevangelium als Reaktion auf die List der Magier erwähnt: *tunc Herodes videns quoniam inlusus esset a magis i r a t u s est...*(Mt 2,16). Unmittelbar darauf folgt der Kindermord.

Ref. *schynt*] Die Präsensform müsste *schînt*, die Form im Präteritum *schên* heißen, vgl. LASCH (1974), S. 230. In der Handschrift steht *schyn*. Die Endung verweist auf das Präteritum, der Wurzelvokal aber auf das Präsens, vgl. LASCH (1974), S. 85. Denkbar wären hier die Formen *scheyn* als Präteritum zu rekonstruieren, oder aber *schynt* als Präsens, was in Bezug auf die Form *hefft* wahrscheinlicher ist.

II,1–3] Mt 2,3: *audiens autem Herodes rex turbatus est et omnis Hierosolyma cum illo.* Das Motiv des Erschreckens von ganz Israel ist im Lied ausgespart.

II,4 *vntsaech*] Präteritum zu *hem ontsien* ‚sich fürchten'.

II,5f.] ‚sein Reich, das groß war', verkürzter Relativsatz, Objekt zu *verliesen solde*.

II,7 *hoe*] Mnl. ‚wie'.

III,1–8] Mt 2,4f.

IV,1] Mnl. eigentlich *spreken to iemand*. Die Lesart ist aber auch in SuB 1508 und 1572 belegt.

IV,1–3] Mt 2,8: *[Herodes] dixit: ite et interrogate diligenter de puero...*

IV,3 *hoden*] Hier ‚Behutsamkeit'.

IV,4–6] Im Matthäusevangelium ist die Aussage ein Zitat der Gelehrten, das auf die Schrift zurückgeht.

V,1–6] Mt 2,8.

V,6–8] Herodes täuscht falsche Emotionen vor, um die Könige zu überlisten; in der Bibel nicht Teil der Rede des Herodes.

VI,1 *Mar*] hier im Sinne von ‚allerdings' (im Mnl. oftmals als Füllwort gebraucht).

VI,1–8] Mt 2,10f.: *videntes autem stellam gavisi sunt gaudio magno valde et intrantes domum invenerunt puerum cum Maria matre eius...* Die Freude ist das verbindende Element zur Hirtengeschichte im Lukasevangelium. Im biblischen Diskurs (v.a.

auch bei Paulus) ist sie von Fröhlichkeit als subjektivem Gefühl zu unterscheiden, Freude kommt von außen und ist rational begründbar, vgl. SCHREINER (1994), S. 81.

VII,1–4] Mt 2,11: *...et procidentes adoraverunt eum et apertis thesauris suis obtulerunt ei munera aurum tus et murram.*

VII,4] Die Gaben werden oft symbolisch ausgedeutet, in der Regel steht Gold für den König, Weihrauch für den Gott und Myrrhe für den Menschen, vgl. RÖSSLER (1981), S. 22.

VII,6f.] Im Lied werden die Gaben der Könige durch die Armut (*noet*) begründet, entgegen dem Bibeltext wird Mitleid als Motiv angeführt. *van hauen bloet* wörtlich: ‚von Habe bloß‘.

VIII,1–8] Mt 2,12. Der Engel ist im Bibeltext nicht erwähnt, er ist vor allem auf bildlichen Darstellungen ein beliebtes Motiv.

VIII,2 *hem*] Mnl. Variante zu *hen* im Dat. Pl.

IX,1–4] Typische Schlussstrophe. Der narrative Stil wird aufgegeben und stattdessen tritt das „wir" der singenden Gemeinde in Erscheinung, die nun um Erlösung bittet.

Überlieferung

Handschriften: Amsterdamer Lhs., 21v–23r; Deventer Lhs., p. 265–270; Paris, BN, Néerl. 106, 20v; Utrecht, GA, XIII G 43, 202v; Utrechter Lhs., 9v; Werdener Lhs.

Drucke: Costerius OHB 1590, p. 1–3; DEPB 1539, CXXIv; Hofken 1577, p. 3–5; NiDB 1567, p. 207; SuB 1508, p. 5–9; SuB 1540, A2r–3v; SuB 1565, A5v–6v; SuB 1572, [5r] Blattverlust, das Ende des Liedes ist auf 6r überliefert; SuB 1599, A7v–8v; SuB 1600a, 5r–6r; SuB 1600b, A7v–8v; SuB 1600c, A6r–7r; SuB 1600d, 5r–6r; VhSL 1600, p. 10–12; [außerhalb der Niederlande: Paderborner Gesangbuch 1609, p. 35f. einzige hochdeutsche Quelle].

Editionen

VAN DUYSE III, Nr. 525 C nach Paris, BN, Néerl. 106; Lied van Noord-Nederland, hg. v. BRUNING/VELDHUYZEN, Nr. 13 (=VAN DUYSE III, Nr. 525 B) nach der Amsterdamer Lhs. und Nr. 48 (=VAN DUYSE III, Nr. 525 A) nach der Utrechter Lhs.; Werdener Lhs. hg. v. JOSTES, Nr. 4.

Costerius OHB 1590 (Online-Publikation DBNL); Devoot ende Profitelijck Boecxken, hg. v. SCHEURLEER, Nr. CCXXXV; Hofken 1577 (Online-Publikation DBNL); Suverlijc Boecxken 1508, hg. v. MAK, S. 5–9 (=VAN DUYSE III, Nr. 525 D); VhSL 1600 (Online-Publikation DBNL); [WACKERNAGEL V, Nr. 1476 nach dem Paderborner Gesangbuch].

In dem Weihnachtslied *Drie kooninghen vtuercoeren quamen in Jerusalem* wird die Geschichte von Herodes und den Heiligen Drei Königen erzählt, weshalb die Bezeichnung ‚Dreikönigslied‘ an dieser Stelle wohl präziser wäre. Zu den genauen Umständen der Entstehung ist nichts Näheres bekannt, erstmals fassbar wird das Lied gegen Ende des 15. Jahrhunderts, nahezu alle Handschriften weisen Bezüge zur Devotio Moderna auf.[168] Zusätzlich zum Liedtext ist in einigen Handschriften auch ein zweistimmiger Satz mit überliefert.[169]

Neben den Handschriften aus dem Devotio-Moderna-Umkreis gibt es einen relativ frühen Beleg in einer Pariser Handschrift, die 1493/94 in West-Flandern entstanden ist.[170] Sie enthält eine mittelniederländische Übertragung der Disticha Catonis sowie eine Chronik von Flandern. Das Dreikönigslied ist auf Blatt 20v als einziges Lied aufgezeichnet.[171] Abgesehen von dieser Handschrift setzt sich der Überlieferungskontext in allen Quellen ausschließlich aus Weihnachtsliedern zusammen. Eine Verbindung zum Liedgut der Devotio Moderna weist auch das gedruckte Utrechter Cantuale auf, in dem das Lied zusammen mit anderen mittelniederländischen und lateinischen Weihnachtsliedern mit Noten handschriftlich nachgetragen ist.[172]

Der Überlieferungsschwerpunkt liegt im 16. Jahrhundert, da sich neben der Überlieferung in handschriftlichen Quellen die Drucküberlieferung als besonders konstant erweist. Das Lied ist in allen Auflagen des Druckes *Suverlijc Boecxken* (SuB) enthalten, in denen schwerpunktmäßig Weihnachtslieder überliefert sind. Auch in der Sammlung *Devoot ende Profitelijck Boecxken* (DEPB 1539), die geistliche Lieder aus der Tradition der Devotio Moderna tradiert, ist das Lied im hinteren Teil unter lateinischen und volkssprachigen Weihnachtsliedern überliefert.[173] Dazu kommt die Überlieferung in den Drucken Hofken 1577 und Costerius OHB 1590, die ebenfalls mittelniederländische und lateinische Weihnachtslieder enthalten.

Die breite Drucküberlieferung deutet auf einen relativ hohen Bekanntheitsgrad sowie auf eine Rezeption auch außerhalb der Klöster und Häuser der Devotio Moderna hin. Während sich die Überlieferung zunächst ausschließlich auf den niederländischen Sprachraum zu konzentrieren scheint, ist aus dem frühen 17. Jahrhundert auch eine hochdeutsche Fassung in einem Paderborner Gesangbuch überliefert.

Gesungen wurde das Lied wohl am Dreikönigstag, worauf nicht nur der Inhalt, sondern auch die Überschriften in einigen Quellen hindeuten.[174] Eine lateinische Vorlage ist nicht bekannt. Eine Verbindung zur Liturgie gibt es nicht; vermutlich wurde das Lied in den Häusern der Devotio Moderna beim gemeinsamen Musizieren als Konventikellied gesungen. Denkbar wäre auch die Rezeption des Textes im stillen

---

168 Vgl. zu den von der Devotio Moderna beeinflussten Handschriften Kap. 5.1 (Deventer Lhs., Utrechter Lhs., Amsterdamer Lhs. und Werdener Lhs.).

169 Mit Notation ist das Lied in der Utrechter- und Amsterdamer Lhs. überliefert.

170 Paris, BN, Néerl. 106; REPERTORIUM II, H 214.

171 Vgl. Cato, hg. v. VAN BUUREN (1998), S. 163.

172 Utrecht, GA, XIII G 43, Literatur: VALKESTIJN (1968).

173 Zum Aufbau des Drucks vgl. VELLEKOOP (1997). Bei dem Druck NiDB 1576 handelt es sich um einen Nachdruck von DEPB 1539, vgl. REPERTORIUM II, D 291.

174 *In festo trium regum* (Stuttgart, Württembergische Landesbibliothek, Cod. Don. A III 18) oder *Vanden hiligen drie conyngen* (Deventer Lhs.).

Gebet zur Verinnerlichung des Matthäusevangeliums. Letzteres würde beispielsweise zur Werdener Liederhandschrift passen, von der aufgrund ihrer schlichten Aufmachung vermutet wird, dass sie aus dem Privatbesitz einer Nonne stammen könnte. Erst die Überlieferung im Paderborner Gesangbuch aus dem frühen 17. Jahrhundert deutet schließlich auf eine Verwendung im katholischen Gottesdienst hin.

<u>Varianten und andere Fassungen</u>
Übersicht über den Strophenbestand: Stuttgart, WLB, Cod. Don. A III 18 (A); Utrechter Lhs. (B); Deventer Lhs. (C); Werdener Lhs. (D); Amsterdamer Lhs. (E); Paris, BN, Néerl. 106 (F); Utrecht, GA, XIII G 43 (G); SuB 1508 (H); SuB 1600 (I); Costerius OHB 1590 (J); Hofken 1577 (K); VhSL (L); DEPB 1539 (M).

Strophen	A	B	C	D	E	F	G	H, I, J, K, L	M
De hiderkens sayent licht							I		
Drie kooninghen vtuercoeren	I	I	I	I	I	II	(II)	I	III
Doe Herodes dat vernam	II	II	II	II	III	I	(III)	II	I
Hy vraechde myt hasticheyde	III	(III)		V	II			III	II
Herodes sprach den vreemden	IV	IV	III	III	IV	III		IV	IV
Als gi dat kyndeken hebt gevonden	V	V	IV	IV		IV		V	V
Mar als die koeningen quaemen	VI	VI	V	VI	V	V		VI	VI
Die drie koeningen aenbaden	VII	VII	VI	VII	VI	VI		VII	VII
Des snachs als sy slopen wolden	VIII.	VIII	VII	VIII	VII	VII		VIII	VIII
Nue bydden wij dise kynde	IX	IX	VIII	IX	VIII	VIII	IV	IX	IX

Bei der handschriftlichen Überlieferung handelt es sich jeweils um eigenständige Fassungen, die im Wortlaut zum Teil stark voneinander abweichen. Denselben Strophenbestand wie die Stuttgarter Fassung weist die Utrechter Liederhandschrift (B) auf, es bestehen allerdings große Unterschiede in Bezug auf einzelne Formulierungen, die in der dritten und neunten Strophe am deutlichsten hervortreten. In dieser Fassung wurden zudem zwei Strophen, die zweite und die neunte Strophe, nachträglich (?) auf den oberen und unteren Rand der Seite eingetragen, so dass der endgültige Strophenbestand erst schrittweise, die Reihenfolge der Strophen möglicherweise sogar zufällig aus Platzgründen entstanden sein könnte. Der Nachtrag einzelner Strophen begegnet

gelegentlich auch bei anderen Liedern in anderen Quellen und verdeutlicht, dass es
sich um einen Text handelt, der an sich sehr variabel und offen für Erweiterungen ist.

Die in der Deventer Liederhandschrift (C) überlieferte Fassung besteht aus acht
Strophen, die Strophenfolge entspricht dabei ebenfalls der Stuttgarter Fassung, wobei
die dritte Strophe fehlt. Bei dieser Strophe handelt es sich um die inhaltlich wichtige
Passage, in der die Schriftgelehrten den Ort verkünden, an dem der Messias geboren
ist. Ansonsten fällt auf, dass sich in dieser Fassung die Tendenz zur Wiederholung
einzelner Formulierungen abzeichnet: z.B. *Als* am Strophenanfang oder *so is hi fyn*
II,6 und *hy is soe fyn* IV,6, was die Nähe des Textes zur Mündlichkeit verdeutlicht.

Bei den Fassungen D, E und F verläuft die Reihenfolge der Strophen anders als in
der Stuttgarter Fassung, dabei betreffen die Abweichungen vor allem die erste Lied-
hälfte, während die letzten vier Strophen dann wieder konstant überliefert sind. Die
Fassung aus der Werdener Liederhandschrift (D) enthält alle neun Strophen der Stuttgarter Fassung. Die Strophe drei der Stuttgarter Fassung, in der Herodes die Schriftgelehrten nach dem Geburtsort des Kindes befragt, steht in D an fünfter Stelle, d. h.
erst hinter den beiden Strophen, in denen Herodes den Königen den Auftrag gibt, das
Kind zu suchen und zu ihm zurückzukehren. Dies widerspricht der Chronologie im
Matthäusevangelium, wo die Befragung früher geschieht. Auffällig ist auch der Wortlaut dieser Strophe: Nicht die Geburt des Erlösers wird prophezeit, sondern die Geburt
dessen, der das Reich des Herodes besitzen soll (Wdh.).

Die Fassung in der Amsterdamer Liederhandschrift (E) besteht aus acht Strophen,
wobei Strophe fünf (Herodes heuchelt den Königen vor, sie sollen ihm den Aufent-
haltsort des Kindes mitteilen, damit er es anbeten könne) der Stuttgarter Fassung
fehlt. Zudem verläuft die Strophenabfolge hier anders: die Strophen zwei und drei
sind im Vergleich zur Stuttgarter Fassung vertauscht. Die Stuttgarter Fassung bietet
an dieser Stelle den linear-kohärenteren Text in Bezug auf das Matthäusevangelium,
denn hier beruht Strophe zwei auf Mt 2,3 (Herodes erfährt von der Geburt des Kindes); Strophe drei geht auf Mt 2,4 (Herodes befragt die Schriftgelehrten nach dem
Kind) zurück. Diese Linearität ist in Fassung E durchbrochen.

Die Handschrift Paris, BN, Néerl 106 (F) überliefert ebenfalls eine Fassung, die
aus acht Strophen besteht. Es fehlt – wie in der Deventer Liederhandschrift (C) – die
dritte Strophe, in der Herodes die Schriftgelehrten nach dem Kind befragt. Weiterhin
sind die Strophen eins und zwei in dieser Fassung vertauscht, was vom logischen
Verständnis her leichte Probleme bereitet, da Herodes nach dem Bibeltext erst durch
die Ankunft der Könige von der Geburt des Kindes erfährt. Dem plötzlichen Zorn des
Herodes zu Beginn der Fassung fehlt daher die Motivation.

Die Fassung, die als handschriftlicher Nachtrag im Utrechter Cantuale (G) überlie-
fert ist, ist mit nur vier Strophen (Hirten, Ankunft der Könige, Zorn des Herodes,
Schlussstrophe) deutlich kürzer als die anderen. Die erste Strophe ist singulär überlie-
fert und handelt von der Hirtenszene aus dem Lukasevangelium, die in keiner anderen
Fassung des Dreikönigsliedes vorkommt. Auch die zweite und dritte Strophe dieser
Fassung weichen deutlich von den anderen Fassungen ab: Strophe zwei (Ankunft der

Könige) ist aus zwei verschiedenen Strophen zusammengesetzt, Strophe drei (Herodes Zorn und seine Mordpläne) weist ebenfalls einen eigenständigen Text auf. Die Schlussstrophe stimmt wiederum mit den anderen Fassungen überein. In der Utrechter Fassung sind die zentralen Strophen, in denen das Kind aufgefunden und beschenkt wird, nicht enthalten; sie hat daher eher fragmentarischen Charakter.

Im Anschluss werden die Fassungen B und C (gleiche Strophenabfolge wie A) sowie die Fassungen D, E und F (im Vergleich zu A sind Strophen vertauscht) im Paralleldruck zusammen abgedruckt, obwohl kein näherer Zusammenhang zwischen den Fassungen besteht. Die Fassung G (kurze Fassung mit unikaler Anfangsstrophe) folgt abschließend.

In der Drucküberlieferung tritt konstant eine neunstrophige Fassung auf (H–L), die auch in der Stuttgarter Handschrift sowie in der Utrechter Liederhandschrift enthalten ist. Während es sich bei der Utrechter Liederhandschrift (B) um eine eigenständige Fassung handelt, die an vielen Stellen von der Stuttgarter Fassung deutlich abweicht, so ist in den verschiedenen Auflagen des Druckes SuB und in den Drucken Costerius OHB 1590, Hofken 1577 und VhSl 1600 dieselbe Fassung wie in der Stuttgarter Handschrift überliefert. Dass die Stuttgarter Fassung von den gedruckten Quellen beeinflusst ist, kann anhand einiger Stellen eindeutig belegt werden: Mit den Drucken teilt die Stuttgarter Fassung die Lesart in I,1 (*vtuercoeren*), während die handschriftlichen Fassungen an dieser Stelle *ut Orienten* oder *ut oesten lande* haben. In III,1 haben die Druckfassungen und die Stuttgarter Fassung die Lesart *Hy vraechde myt hasticheyde*, die anderen Fassungen haben mit kleinen Abweichungen *Herodes vraechde den vroede syn* (E) bzw. *Herodes vraechde die conincghen* (B). Die Formulierung in III,3 *in die steede / inder stede* ist ebenfalls nur in den Drucken und der Stuttgarter Fassung überliefert. In IV, 1 haben alle handschriftlichen Fassungen *Herodes sprac tot die conincghen* (B), während die Stuttgarter Fassung und die Drucke an dieser Stelle die Lesart *Herodes sprach (tot) den vreemden* überliefern. In V,4 steht in der Stuttgarter Handschrift sowie in SuB und VhSL 1600 *en segt my, war dattet sij*, die anderen Fassungen haben *mach weten, wair dattet sij* (B).

Da der Druck SuB 1572 an der Stelle einen Blattverlust aufweist und nur das Ende des Liedes überliefert ist, ist im Apparat der Text aus SuB 1508 wiedergegeben. Die Varianten der Drucke Costerius OHB 1590, Hofken 1577 und VhSL 1600 sind ebenfalls im Apparat mitgeteilt. Costerius OHB 1590 weicht am stärksten durch eigene Formulierungen ab, die teilweise auch in VhSL 1600 aufgenommen sind (vgl. z.B. Strophe VIII und IX).

B
Utrechter Lhs., 9v–10v

C
Deventer Lhs., p. 265–270

Vanden hiligen drie conyngen

R   Een kindekijn is ons gheboren
in Bethleem,
dat heeft Herodes toren,
dat scheen an hem.

R   Een kyndekyn is ons gebaren
in Betlahem,
des hadde Herodes toerne,
dat scheen aen hem.

I   Die conincghen wt orienten
quamen te Iherusalem.
si vraechden: ‚wair is gheboren
die coninc der Ioden?
5   wij saghen in orienten
een sterre schijn,
wij comen om te aenbeden
dat suete kindekijn.‘

I   Drie conyngen wt orienten,
die quamen tot Jherusalem.
sy vraegden: ‚waer is hier gebaeren
die conynck der Joden?‘
5   sy sagen in orienten
die steerne syn.
‚wy comen om aen te beden
dat kyndekyn.‘

R   Een kyndekyn

II   Doe Herodes dat vernam,
datt kint gheboren was,
hi wert toernich ende gram
ende hi ontsach hem das,
5   dat hi also verliesen soude
syn ryke groot,
hi peynsde, hoe hi brenghen soude
dat kindekyn ter doot.

II   Als Herodes dat vernam,
dattet kyndekyn gebaren was,
hy wart toernich ende gram
ende hi ontsach hem des,
5   dat hi verliesen solde
syn ryke was groet.
hi pensden, hoe hi mochte brengen
dat kyndekyn ter doet.

R   Een kyndekyn

III   Herodes vraechde die conincghen,
wairt kint gheboren was.
si seiden, te Bethleem binnen,

II,1 *Str. ist nachträglich am oberen
Rand eingefügt, andere Schrift?*
vernam] vna.

I,6 *schijn* ist Substantiv. **II,2** *datt*
Kontraktion *dat + het/dat*. **III,1** Anders
als im Matthäusevangelium, wo Herodes
die Schriftgelehrten fragt, konsultiert H.
hier die Könige.

I,5 Plötzliche Unterbrechung der
direkten Rede und Wiederaufnahme in
I,7. **II,2** *dattet* Kontraktion aus *dat* und
het.

B

als ons die propheet las,
5 dat dair soude comen,
een heer was also groot,
die al die werelt verlossen soude
mit sinen doot.

IV   Herodes sprac tot die conincghen:
,reyst wt ende soect dat kint
mit also groter waerdicheit.
men seit, hi is coninc,
5 coninc bouen alle conincghen,
soe wil hi sijn,
men seit, hi sel besitten
dat rike mijn.

V   Als ghi dat kint gheuonden hebt,
so coemt weder tot my,
dat ic in corten daghen
mach weten, wair dattet sij.
5 so mach ic mede aenbeden
dat suete kijndekijn,
theeft so seer doersneden
dat harte mijn.'

VI   Doe die conincghen quamen
recht buten Iherulalem,
mit vruechden dat sij saghen
een sterre, die scheen voir hen.
5 die sterre diese leyde
al bi dat kindekijn
in doelkijns ghewonden
al bi die moeder sijn.

C

III   Herodes sprack den conyngen toe:
,gaet hen ende sueket dat kynt
mit alsoe groter waerdicheit.
men secht, hi is conynck,
5 ende bauen alle conyngen,
soe is hi fyn,
my doncket, hi sal besytten
dat ryke myn.
R   Een kyndekyn is ons

IV   Als gi dat kynt hebt vonden,
keert weder ende segt my,
dat ic in corten stonden
mach weten, waer dat sy.
5 ic solden alsoe geerne aenbeden,
hy is soe fyn,
hi heeft soe seer doersneden
dat herte myn.'
R   Een kyndekyn is ons

III,5 ff. Abhängig vom Verbum dicendi *seiden* (III,3). **6 f.** Verkürzter Relativsatz, anschließend Konsekutivsatz, Üs.: ,Ein Herr, der so groß war, dass...'. **V,7** *theeft* proklitisches *het*.

IV,1 Wiederholung am Strophenbeginn, vgl. V,1; VI,1; VII,1; ebenso II,1. **2** Akk. Objekt zu *segt* fehlt.

B

VII   Doe si dat kindekijn vonden,
      doe wast dertien dach out,
      sij offerden hem mit wairdicheit
      myrre, wyroec ende gout.
5   so deden sij dair alle
      dat was dair also noot,
      si vonden dair den ouersten
      coninc van hauen also bloot.

VIII Snachts, dair die conincghen sliepen,
      die enghel quam tot hen,
      dat si niet en souden keren
      weder tot Iherusalem.
5   op enen anderen weghe
      so sijn si dan ghekeert
      al in hairs vaders rike,
      alsmen ons heeft gheleert.

IX   Nv bidden wi den kinde,
      dat Ihesus is ghenaemt,
      dattet ons allen wil brenghen
      hier bouen int suete lant,
5   daer die enghelen singhen
      tot alir tijt
      dat moet ons allen gonnen
      dat kint ghebenedijt.

C

V   Als die conyngen quamen
      buten Jherusalem
      mit vrouden dat sy vernamen,
      die steerne staen voer hen.
5   ter tyt, toe dat sy vonden
      dat kyndekyn
      in doekerkyn gewonden
      byder lieuer moeder syn.
R   Een kyndekyn is ons

VI   Als dat kynt was cleyne
      van dertien dagen olt,
      men offerden hem daer ter steden
      merre, wieroec ende golt
5   mit alsoe groter weerden,
      het was daer noet,
      sy vonden daer den conynck
      ryck, van hauen bloet.
R   Een kyndekyn is ons

VII   Als die conyngen sliepen,
      doe quam die engel tot hem,
      dat sy niet weder en keerden
      al tot Jherusalem.
5   in enen anderen wegen
      syn sy ghekeert
      tot horen conynckryken,
      alsmen ons leert.
R   Een kyndekyn is ons gebaren
      in Betlahem

IX,1 *Str. am unteren Rand eingefügt,*
andere Schrift?

VII,5 *alle* ist auf die Könige zu
beziehen.   **IX,3** *allen* Akkusativ.

V,3 vrouden] vröden.

VII,2 *hem* ist Pl.

C

VIII Nv bidde wy den kynde,
　　　dat Jhesus is genoemt,
　　　dat hi ons wil brengen
　　　mit hem int suete lant,
5　　daer hem die engelen lauen
　　　tot alre tyt,
　　　des gonne ons die hemelsche
　　　vader gebenedyt.

R   Een kyndekyn is ons gebaren
　　　in Betlahem,
　　　des had Herodes toerne,
　　　dat scheen aen hem.
　　　Amen.

VIII,4 *int* Kontraktion aus *in* und *dat*.

D	E	F
Werdener Lhs.	*Amsterdamer Lhs., 21v–23r*	*Paris, BN, Néerl. 106, 20v*
		[wiedergeg. nach der Ed. von VAN DUYSE, Nachdr. in DBNL]

D

Dertijndach een ander loysse

I
Drij konnyngen uut Orienten
quamen toe Jherusalem.
sy vraechden, ,waer is hy gebaren,
die connynck der Joeden?'
5   sy saghen in Orienten
een sterne fijn,
sy quamen om aen to beden
dat kijndekijn.

R
Een kijndekijn is ons gebaren
in Bethleem,
des had Herodes toorne,
dat scheen aen em.

II
Als Herodes dat vernam,
dat een konnynck gebaren was,
so was hy toornich ende gram
ende hy vergan on des,
5   dat hy verliesen solde
sijn rijc seer groot.
hy dacht, woe hy mocht brengen
dat kijndekijn ter doot.
R   Een kijndekijn
is ons gebaren etc.

III
Herodes sprack den konnyngen toe,
,gaet hyn ende sueckt dat kijnt
mit also groter werdicheit,

E

R
Een kyndekyn is ons geboren
in Bethleem,
des had Herodes toerne,
dat scheen aen hem.

I
Drie coningen wt oesten lande
quamen te Iherusalem.
sie vraechden, waer geboren was
die coninc der Ioden.
,wy sagen in oesten landen
die sterre syn,
wy comen om te aenbeden
den here fyn.
Een kyn.

II
Herodes vraechde den vroede syn,
waert kynt geboren was.
si seiden: ,in Bethleem,
als die prophete las,
in Bethleem sal comen
een here groet,
hi sal syn volc verlossen
vt alre noet.'

III
Mer als Herodes dat vernam,

dat kynt geboren was,
soe wert hi toernich ende gram

F

R
Een kindeken es ons geboren
in Bethleem,
dies hadde Herodes toeren,
dat scheen aen hem.

I
Als Herodes dat vernam,
dat dat kindeken geboren was,
dies was hi tornich ende gram,
want hi ontsach hem das,
dat hi verliesen soude
sijn rike was groot.
hi peinsde, hoe hi mocht bringen
dat cleyne kint ter doot.

II
Drie coningen uut orienten
quamen te Jherusalem.
si vraechden, war hi was geboren,
die coninc der Joden.
si sagen in orienten
die sterre fijn,
si wilden hem aanbeden,
hi es soe fijn.
Een kindeken enz.

III
Herodes sprac den coningen toe:

,nu gaet ende soeket tkint;
mit alsoe grooter weerdicheit,

II,2 *waert* Enklise.   **III,2** *dat* ist Konjunktion, Artikel fehlt. Möglicherweise steht *dat* hier für *dat + dat*.

	D	E	F
	ende, so men van on seget, hij is konnynck	end vermac hem des,	men seit, hi es coninc,
5	baven allen konnyngen,	dat hi verliesen soude	coninc boven alle coningen,
	hy is so fijn,	syn riicke groet.	so es hi fijn.
	men seget, hij sal besitten	hi dochte, hoe hi mocht brengen	men seit, hi sal besitten
	dat rijcke mijn.	dat kynt ter doet.	dat rike mijn.
R	Een kijndekijn		Een kindeken enz.
	is ons gebaren etc.		

	D	E	F
IV	Als gy dat kyndekijn hebt gevonden,	Herodes sprac den coningen toe:	Als ghi dat kint hebt vonden,
	so komt weder om tot my,	,vaert wech end soect dat kynt	keert weder tote my,
	dat ick in korten stonden	ende al mit groter weerdicheit.	dat ic in corten stonden
	mach weten, waer et sy,	men seyt, hi is coninc	mach weten, waer het si,
5	dat ick oeck aen mach beden	bouen allen coningen,	dat ic mach aenbeden
	dat kijndekijn,	soe is dat kyndekyn,	dat suete kindekijn,
	dat heft so seer doersneden	men seit, hi sal regieren	het heeft soo seer doorsneden
	dat herte mijn.'	dat rike myn.'	dat herte mijn.'
R	Een kijndekijn		Een kindeken enz.
	is ons gebaren etc.		

	D	E	F
V	Herodes vraechden de vroden,	Mer als die coningen quamen	Alse die coningen quamen
	waer dat kijndekijn gebaren was.	buten Iherusalem	buten Jherusalem
	sy seyden: ,heer, in Bethlehem,	mit vroechden dat si sagen	met vrouden dat si sagen
	als die propheet ons las,	die sterre gaen voer hem.	die sterre gaen vor hem
5	dat daeruut solde komen	*tk*ent, dat si daer vonden,	toter tijt, dat si vonden
	een here fijn,	een kyndekyn	dat suete kindekijn
	die noch besitten solde	in doekelkyn gewonden	in doekelkine gewonden
	dat rijcke dijn.'	mitter moeder syn.	al bider moeder sijn.
R	Een kijndekijn		Een kindeken enz
	is ons gebaren etc.		

	D	E	F
VI	Als die drije konnyngen quamen	Si vonden daer een kyndekyn,	Die coningen aenbeden
	buten Jherusalem,	dat was dertien dach out.	tkint van xiij dagen out,
	mit vrouden sy vernamen	si brochten hem in offerhanden	si offerden hem met onsten
	die sterne staen voer om.	mirre, vieroec ende gout	mirre, wieroec ende gout,

---

V,5 tkent] thent (?).

V,5 *tkent* zu rekonstruieren ist problematisch, da die Form sonst immer mit *y* geschrieben wird. Auch inhaltlich nicht glatt.

VI,3 Mnl. *onst* ,Gunst'.

D	E	F

5   ter steden dat sy vonden
      dat kijndekijn,
      yn duekeren gewonden
      by der moder syn.
R   Een kijndekijn
      is ons gebaren etc.
	mit groter weerdicheden,
	den here groet
	si vondent daer te male
	van hauen bloet.
		ende al met grooter vrouden,
		het scheen wel sijn noet,
		si vondent daer ter stede
		van haven bloet.
		Een kindeken enz

VII Die konyngen aenbeden
      dat kijndekijn
      van dertien daegen alt.
      sy offerden on ter stonden
      wijrroick, mijrre ende golt
5   mit groter werdicheiden,
      des was wal noot,
      sy vonden on ter steden
      van haeven bloot.
R   Een kijndekijn
      is ons geboren etc.
	Des snachts, als die coningen
	      sliepen,
	soe sprac die engel tot hem,
	dat si niet keren en souden
	doer Iherusalem,
	doer een ander wege
	syn si gekeert
	in haer conincs riike,
	alsmen ons leert.
		Tsnachts, al si slapen souden,
		quam dingel tote hem,
		dat si niet keeren en wouden
		al dore Jherusalem.
		by eenen anderen wege
		soe sijn si gekeert
		al in haer coninckrike,
		soe men ons leert.
		Een kindeken enz

VIII Als die konnyngen slapen
      wolden,
      sprac die engel tot om,
      dat sy niet (weder) kijren en
      solden
      al to Jherusalem.
5   to een anderen paeden
      sijn sy gekijrt,
      al na des engels rade,
      als men ons leert.
	Nv laet ons allen louen
	
	dit suete kyndekyn,
	dat hi ons moet brengen
	
	in dat riike syn.
	daer hem die enghelen louen
	in alre tiit,
	des moet ons gonnen die vader,
	ewelic ghebenediit.
	Amen.
		Nu bidden wi den kinde,
		
		dat Jhesus is genamt,
		dat hi ons wille bringen
		
		al in dat soete lant,
		daer die ingelen loven
		gode in alder tijt,
		des onne ons die vader, die sone,
		die heilege geest gebenedijt.

R Een kijndekijn is ons gebaren etc.		Een kindeken es ons geboren in Bethleem, dies heeft Herodes toren, dat scheen aen hem.

---

7 Objekt zu *vondent* fehlt.
VII,2 *dingel* proklitisches *dat* kann ebenfalls mit *d* vorkommen, vgl. VAN LOEY (1974), Bd. I, S. 43. *ingel* Hebung?   **VIII,7** Mnl. *onnen*, Variante (und ältere Form) von *gunnen*.

D

IX   Nu laet ons laven dat kijndekijn,
     dat Jhesus is genant,
     dat hij ons wil bekijren
     al in dat suete land,
5   daer die engelen god laven
     tot alre tijt,
     dat gun ons god hijr baven
     van hemelrijck.
R   Een kijndekijn
     is ons gebaren etc.

G
Utrecht, GA, XIII G 43, 202v–204r

R   Een kindeken ys ons geboren
in Bethleem,
dat he*f*t Herodes toerne,
dat schie*n*t an hem.

I   De hi*r*dekens sagent licht,
als Christus geboren was
ende se worden daer gestich
mit vrouden al op dat was,
5 gots engelen reyn van weerden
songen daer en nij proces,
vrede si nu opter eerden,
want god geboren ys.

II   Dre coningen vt oreenten
de quamen to Jerusalem.
ze vraechden, ,woer ys geboren
de here van Jerusalem?'
5 ze vraechden, ,woer ys geboren
de here groet,
de ons sal comen verlossen
van den ewigen doet?'

III   Doe Herodes dat vernam,
dat het kindeken geboren was,
to Bethleem al inde kribbe,
als de prophete las,
5 doede hi al omsenden
om meysters groet,

Ref.,3 heft] hef. **4** schient] schiet. **I,1** hirdekens] hiderkens.

I,3 *worden...gestich* (?) ,geistig werden' vielleicht im Sinne von ,erfahren'. **III,6** Gemeint sind hier wohl mit *meysters* die Schriftgelehrten mit Verwechslung oder Vermengung zweier Situationen. Sinngemäß wäre an dieser Stelle ,Reich' zu erwarten.

G

hi vraechde, ho hi mochte brengen
dat kindeken ter doet.

IV   Nu bidde wij desen kijnde,
dat Jesus ys genampt,
dat hij ons wilde brengen
daer bouen ins vaders lant,
5 al daer de engelen singen
in alder tyt,
dat gon ons godde
here gebenedyt.

3.2.7 *Dies est letitiæ nam processit hodie*

In der Cantio geht es um das Wunder der jungfräulichen Geburt Christi, dabei werden zunächst Weihnachts- und Marienmotive zu gleichen Teilen akzentuiert. Die dritte Strophe hebt sich von den vorhergehenden ab, da sie sich direkt an Maria richtet. Im Refrain sind ausdrucksstarke biblische Motive aufgegriffen: Einerseits das Bild der Wurzel Jesse (R_1), andererseits Gideons Vlies als göttliches Zeichen (R_2).

I,1] Vgl. den Kommentar zu Lied Nr. 3; I,1.
I, 3 *Christus rex*] Der Titel ‚*rex*' in Bezug auf Christus ist im biblischen Diskurs hoch brisant und schließlich die Begründung für die Kreuzigung, vgl. Mc 15,26.
R_1,2 *virgula de flore*] Zunächst könnte man vermuten, dass die grammatisch unzulässige Lesart der Handschrift *floro* zur Erhaltung des Reims verwendet wurde, im Refrain in Strophe drei steht jedoch die grammatisch korrekte Form (auch im Reim auf *rore*). Die Stelle hat einen Bezug zu Is 11,1: *et egredietur virga de radice Iesse et flos de radice eius ascendet.* Die Prophezeiung vom aufgehenden Reis wird in der Geburt Christi erfüllt, der schließlich die Blüte verkörpert. Das Bild – das Reis entspringt der Wurzel und dem Reis die Blüte – ist in der Cantio jedoch verkehrt aufgenommen. *flos* ist hier auf Maria zu beziehen, aus der Jesus als *virgula* hervorgeht. Die Vorstellung, dass das Reis einer Blume oder Blüte entspringt, macht in botanischem Sinn wohl gewisse Schwierigkeiten.

II,3 *verbum*] Vgl. Io 1,1.

R₂,2 *vellus in rore*] Ri 6,37–40. Als Zeichen, dass Gideon Israel erretten wird, erhält er von Gott eine in Tau getränkte Wolle, obwohl der Boden ringsum trocken ist. Dieses Wunder ist beziehbar auf die jungfräuliche Geburt, vgl. SALZER (1893), S. 40–42.

III,1] Die Lilie ist eines der häufigsten Marienattribute, vgl. SALZER (1893), S. 68.

III,2] Die Strophe richtet sich direkt an Maria (*peperisti*). Diese Sprechhaltung ist üblich in der marianischen Gaude-Literatur, vgl. z.B. die Cantio *Gaude, virgo, mater Christi*, dort auch das formelhafte *Gaude, quia...peperisti*.

III,3] Vgl. den Kommentar zu I,3. An dieser Stelle wird der Hoheitstitel in gesteigerter Form – Christus ist nicht mehr *rex,* sondern *dominus regum* – parallel zu I,3 verwendet.

Überlieferung

Handschriften: Amsterdam, UB, I B 50, 12v; Anna von Köln, 13r–14r; Basel, UB, A XI 96, 106r; Brüssel, KB, Ms. II 270-B, 137v; Brüssel, KB, Ms. II 2631-B, 76r; Leiden, GA, 65052/7; Nimwegen, UB, Hs 475, 74r–v; Paris, BN, Rés. 1522, 7r; Tongerer Ldb., 128r; Trier, StB, Hs. 516/1595 8°, 136r–v; Utrecht, Mus. Cath., BMh 27, 43v; Utrecht, UB, 16 H 34, 71r; Utrechter Lhs., 5r–v; Vilnius, Lietuvos Mok. Ak. Bibl., F 22-95, 107v.

Drucke: Costerius OHB 1590, p. 80; DEPB 1539, CXXVr; Hofken 1577, p. 83; Nystadensis 1543, 93v; SuB 1565, A2v; SuB 1572, 2r; SuB 1599, A3r; SuB 1600a, 2r; SuB 1600b, A3r; SuB 1600c, A3r; SuB 1600d, 2r; Utrechter Cantuale 1541, 180v.

Edition

Anna von Köln, hg. v. SALMEN/KOEPP, S. 10f.; BÄUMKER I, S. 294 nach einer Trierer Hs. [?]; Brüssel, KB, II 270-B, hg. v. BOUCKAERT/SCHREURS, Nr. 19; HASCHER-BURGER (2000), Nr. 84 nach Utrecht, UB, 16 H 34; Vilnius, F 22-95, hg. v. DE LOOS/GONCHAROVA, 108v.

Costerius OHB 1590 (Online-Publikation DBNL); Devoot ende Profitelijck Boecxken, hg. v. SCHEURLEER, Nr. CCXL; Hofken 1577 (Online-Publikation DBNL); WACKERNAGEL I, Nr. 340 nach Nystadensis 1543.

Literatur

BRAUNSCHWEIG-PAULI (1991), S. 57.

Die Cantio *Dies est letitiæ nam processit hodie* ist in Handschriften des 15. und 16. Jahrhunderts überliefert, die nahezu ausschließlich dem Devotio-Moderna-Umkreis zuzurechnen sind. Zur Entstehung ist nichts Näheres bekannt. BÄUMKER weist erstmals – trotz inhaltlicher und formaler Unterschiede – auf die Verbindung mit der Cantio *Dies est letite in ortu regali* hin, aus der die hier vorliegende Cantio wohl hervorgegangen ist.[175] Die Überlieferung bestätigt die enge Verbindung zwischen den beiden Cantiones, so ist die Cantio *Dies est letitiæ nam processit hodie* immerhin in einigen Quellen unmittelbar vor der Cantio *Dies est letitie in ortu regali* überliefert.[176]

Die handschriftliche Überlieferung hat einen Schwerpunkt in den Niederlanden. In den meisten Fällen handelt es sich um lateinisch-volkssprachig gemischte, außerliturgische Handschriften.[177] Der Überlieferungskontext setzt sich in allen Quellen aus Weihnachtsliedern zusammen. Eine Nähe zur Liturgie weist nur die Handschrift Vilnius, Lietuvos Mok. Ak. Bibl., F 22-95 auf, in der die Cantio zusammen mit anderen Weihnachtsliedern überliefert ist. Es handelt sich um eine liturgische Sammelhandschrift, die Mitte des 16. Jahrhunderts im Augustinerinnenkloster Marienpoel bei Leiden entstanden ist.[178] LIPPHARDT (1980), Sp. 91, ist der Ansicht, dass die Cantio durch eine auf *benedicat domino* endende Strophe, die in einigen Fassungen an letzter Stelle steht, als Benedicamus-Tropus ausgewiesen ist und somit ursprünglich eine Verbindung zur Liturgie hatte.[179] Abgesehen von dieser Formulierung gibt es dafür jedoch keinen Beleg durch die Überlieferung. Eine volkssprachige Übertragung ist in der handschriftlichen Überlieferung bislang nicht nachgewiesen, ein einziges Mal ist die Entlehnung der Melodie für ein volkssprachiges Lied ohne Refrain bezeugt.[180]

Die Drucküberlieferung konzentriert sich im 16. Jahrhundert ebenfalls schwerpunktmäßig auf die Niederlande, und auch in Drucken des 17. Jahrhunderts ist die Cantio noch häufig vertreten.[181] Auch im Druck Costerius OHB 1590 ist eine volkssprachige Übertragung nachgewiesen, die parallel zu den lateinischen Strophen überliefert ist. In konfessionell gebundenen Gesangbüchern des 16. Jahrhunderts ist der Text nicht belegt. Eine überregionale Verbreitung scheint erst im frühen 17. Jahrhundert stattgefunden zu haben, ab diesem Zeitpunkt ist die Cantio in katholischen Gesangbüchern des deutschsprachigen Raums reichlich bezeugt.[182] In diesen Quellen finden sich dann auch einige volkssprachige Übertragungen.

---

175 Vgl. LIPPHARDT (1980), Sp. 91.

176 Wie z.B. Basel, UB, A XI 96 oder Utrechter Lhs.

177 Nur lateinische Lieder überliefert Basel, UB, A XI 96, vgl. MUSICA DEVOTA.

178 Beschreibung und Inhaltsübersicht auf MUSICA DEVOTA, weiterführende Literatur: Hs. Vilnius, hg. v. DE LOOS/GONCHAROVA.

179 Auch diese Cantio weist sowohl Varianten im Strophenbestand und in der Strophenanordnung als auch im Refrain auf. Die Strophe, die ein *benedicat domino* enthält, ist z.B. im Gesangbuch des Chr. Adolf Nystadensis enthalten, vgl. WACKERNAGEL I, Nr. 340.

180 Ldb. der Anna von Köln, hg. v. SALMEN/KOEPP, S. 16.

181 Vgl. dazu DUTCH SONG DATABASE.

182 Belege bei BÄUMKER, I, S. 294 und 414.

3.2.8 *Totus mundus iocundetur*

In der Cantio kommt die Freude zum Ausdruck, dass die von Gabriel verkündete Geburt Christi durch die Jungfrau Maria erfolgt ist, adhortative und jussive Aufrufe zur Freude durchziehen den Text; das letzte Drittel steht im Zeichen des Jubilus.

1 *Totus*] Ungewöhnliche Variante, die anderen Fassungen haben am Liedanfang *Omnis*. Zum Incipit der Stuttgarter Fassung vgl. das Incipit der Cantio *Totus mundus sit iocundus* (WACKERNAGEL I, Nr. 360), die jedoch bis auf den Liedanfang nichts mit der hier vorliegenden Cantio gemeinsam hat.

1 *iocundetur*] Mlat. *iocundari* ‚sich freuen, sich vergnügen'.

2] Der Titel ‚*salvator*' hat eine lange biblische Tradition. Im Alten Testament wird er oftmals auf Mose, im Neuen Testament auf Jesus bezogen. Die Bezeichnung ‚*salvator mundi*' geht auf Io 4,42 zurück.

3f.] Vgl. Lc 1,31–33.

5f.] Parallelismus, Kontrast (*mens – vox*).

7] Hendiadyoin, jedoch verschiedene Konnotation: *exultare* (stärker) ‚aufspringen, jubeln', *laetari* ‚sich freuen'.

8] Wiederholung, parallel zu I,10 und I,14.

11] Die Wiederholung einzelner Silben (die an sich ein neues Wort ergeben) ist parallel zu Vers 15. Die Verse 11 und 15 sind nicht in allen Fassungen bezeugt (z.B. fehlen sie in Joh. Spangenberg 1544). Derselbe Text wie in der Stuttgarter Fassung ist z.B im Liederbuch der Anna von Köln oder im Gesangbuch des Chr. Adolf Nystadensis überliefert.

12] Vgl. das Incipit der Cantio *Gaudete, Gaudete, Gaudete* in SuB 1572, 4r. Bekannt ist dieser Imperativ – hier allerdings im Sg.– durch die marianischen Antiphonen, vgl. MEERSSEMAN (1960), S. 34.

13] Hendiadyoin, jedoch auch hier leicht verschiedene Konnotation: *gaudere* ‚sich (innerlich) freuen, froh sein'.

Überlieferung

Handschriften: Anna von Köln, 15r–16r; Anthonius Ghiselers, 35v–36r; Basel, UB, AN II 46; Breslau, UB, Hs. 1, 8, 113; Catherina von Tirs; Chrudim, Městské Muzeum, Ms. 12580, 317v–318r; Erfurt, Domarchiv, Bibl., Ms. Lit. 6; Hohenfurt, Zisterzienserstift, Stiftsbibl., Cod. 28; Klatovy, Okresní Muzeum, Ms. C 3/403, 452v–453r; Klosterneuburg, Augustiner-Chorherrenstift, Bibl., CCl. 1228; Königgrätz, Státní okresní archiv, Cod. II A 6, 323v–324r; München, BSB, Clm 2992, 240v; Prag, Knih. nár. muzea, XIII A 2, 362v–363r; Prag, Nár. archiv v Praze, Ms. KVš 376, 77r–v; Prag, Nar. knih. České Rep., Cod. Vissegradensis, 77r; Prag, Nár. knih. České Rep., VI B 24, 154v–155r; Prag, Nár. knih. České Republisky, VI C 20a, 11v–112r; Vilnius, Lietuvos Mok. Ak. Bibl., F. 22-95, 116v; Völs, Erzpfarre, o. Sign. [Papierumschlag eines handschriftlichen Calendariums]; Wienhäuser Ldb., auf der Rückseite eines zwischen Blatt 27 und 28 eingehefteten Zettels.

Drucke: Nystadensis 1543, 105; Piae Cantiones 1582, p. 35f.; Rigaer Kirchenordnung 1567, 114v; Spangenberg 1544, 8v; Speyerer Gb 42r–v.

Editionen

Anna von Köln, hg. v. SALMEN/KOEPP, S. 11; Cantiones Germanicae, hg. v. GAMBER, S. 72 nach Erfurt, Domarchiv, Bibl., Ms. Lit. 6; JANOTA (1968), S. 133 nach Erzpfarre Völs; MÄKINEN (1964), S. 69 nach Prag, Knih. nár. České Rep., Cod. Vissegradensis [mit Varianten von Piae Cantiones 1582, Prag, Nar. knih. České Rep., VI B 24 und München, BSB, Clm 2992]; Vilnius, F 22-95, hg. v. DE LOOS/GONCHAROVA, 116v; Wienhäuser Ldb., hg. v. KAUFHOLD, S. 178.

Piae Cantiones, hg. v. MARVIA, S. 35f.; Rigaer Kirchenordnung, hg. v. GEFFCKEN nach der Aufl. von 1567, S. 280; Speyerer Gesangbuch, hg. v. POHL, 42r–v; WACKERNAGEL I, Nr. 358 nach Spangenberg 1544.

Literatur

MÄKINEN (1964), S. 68–79 [v. a. musikwissenschaftliche Aspekte].

Entstehung und Verwendung der Cantio sind nicht erforscht, schwerpunktmäßig ist sie in Handschriften überliefert, die zumeist aus klösterlichem Umfeld stammen. Eine Nähe zur Liturgie hat die Überlieferung in einem Antiphonar bzw. Prozessionale aus dem Franziskanerkloster Amberg, in dem die Cantio mit anderen Weihnachtsliedern zusammensteht.[183] Diese Handschrift, die aus dem Jahr 1479 stammt, zählt zusammen mit der Breslauer Handschrift, die ebenfalls in die zweite Hälfte des 15. Jahrhunderts datiert wird, zu den ältesten Belegen.[184] Eine enge Beziehung besteht zu einer weiteren Cantio mit dem Titel *Omnis nunc microcosmus in gaudio iocundetur*. In einigen Quellen aus dem 16. Jahrhundert sind die Texte von *Omnis nunc microcosmus* und *Omnis mundus iocundetur* zusammen mit einem zweistimmigen Satz überliefert und wurden gleichzeitig gesungen.[185] Diese polyphone Überlieferung begegnet in liturgischen Handschriften aus dem tschechischen Raum, vor allem in Cantionalen, die im Rahmen von Gradualien überliefert sind.[186] Dazu kommt die Überlieferung in außerli-

---

183 Vgl. JANOTA (1968), S. 138f.

184 Vgl. MÄKINEN (1964), S. 69.

185 Vgl. das Repertorium HANDSCHRIFTEN MEHRSTIMMIGER MUSIK, S. 137, 153, 182, 226, 237, 244 und 253.

186 Wie z.B. Chrudim, Městské Muzeum, Ms. 12580, Klatovy, Okresní Muzeum, Ms. C 3/403 oder Königgrätz, Státní okresní archiv, Cod. II A 6.

turgischen Handschriften.[187] Die Verwendung der Cantio im evangelischen Gottesdienst bezeugt die Überlieferung im Rahmen des Erfurter Weihnachtsgloria.[188] Nach MÄKINEN (1964) wurde die Cantio zur Begleitung von Weihnachtsspielen verwendet, was vermutlich an der Verwandtschaft mit dem *Resonet in laudibus* liegt.[189] Die Melodie der Cantio weist einen Zusammenhang mit dem *Resonet* auf, unter dessen Einfluss der Text, der ursprünglich kürzer gewesen ist, erweitert wurde.[190] Zusammen mit dem *Resonet in laudibus* ist die Cantio beispielsweise auf dem handschriftlich beschriebenen Umschlag aus der Erzpfarre Völs überliefert.[191] Vereinzelt sind volkssprachige Übertragungen nachgewiesen, so überliefert die Handschrift Prag, Knih. nár. České Rep., VI B 24, 162v–154r, eine tschechische Fassung, weiterhin gibt es eine deutsche Übertragung der Cantio mit dem Titel *Seydt frölich vnnd jubilieret*, die mehrfach in katholischen Gesangbüchern aus dem 17. Jahrhundert bezeugt ist.[192] Aus dieser Zeit stammt auch eine bearbeitete Version von Michael Praetorius mit dem Titel *Alle Welt springe und (lob)singe*.

3.2.9 *Magnum nomen domini Emanuel*

Die Cantio handelt vom In-Erfüllung-Gehen der Geburt Christi, die mehrfach angekündigt wurde: Bei Jesaja wird prophezeit, dass eine Jungfrau ein Kind namens Emanuel gebären wird, was typologisch auf Jesus zu beziehen ist. Eine erneute Ankündigung der Geburt Christi erfolgt im Neuen Testament durch Gabriel vor der Jungfrau Maria. Nach dem Ruf ,*eya, eya*' wird die Geburt als Ausdruck göttlichen Willens besungen. Am Ende steht ein Aufruf zur Freude, wobei das Adverb ,*hodie*' den Bezug zum gegenwärtigen Festtag herstellt.

1f.] Erfüllung der in Is 7,14 erfolgten und in Mt 1,23 erneuten Prophezeiung: *ecce virgo in utero habebit et pariet filium et vocabunt nomen eius Emmanuhel, quod est interpretatum Nobiscum Deus*. Zum Namen ,Emanuel' vgl. Is 8,8.
1–4] Die Verse enden alle auf das gewichtige Wort *El* (*Emanuel – Gabriel – Israel – Gabriel*).
2f.] Ankündigung der Geburt durch Gabriel in Lc 1,31: *ecce concipies in utero et paries filium et vocabis nomen eius Iesum*.

---

187   Wie z.B. das Cantional aus der Kartause Basel (Basel, UB, AN, II 46) oder die Sammelhandschrift Klosterneuburg, Augustiner-Chorherrenstift, Bibl., CCl 1228, die vermutlich für den Konvent der Augustinerinnen aus Klosterneuburg hergestellt wurde.
188   Erfurt, Domarchiv, Bibl., Ms. Lit. 6.
189   Vgl. MÄKINEN (1964), S. 71. Quellenbelege sind jedoch nicht genannt.
190   Vgl. MÄKINEN (1964), S. 69 und 71.
191   Vgl. JANOTA (1968), S. 133.
192   Edition: BÄUMKER I, Nr. 49.

4 *completa*] Seltene Variante zu *impleta*.

6] Der Ruf *eya, eya* verweist aufs Kindelwiegen, nach LIPPHARDT (1972b), S. 203, liegt die Aufnahme des Rufs in die Cantio jedoch durch Einflüsse aus der Vagantenlyrik und nicht im Kindelwiegen begründet.

10–12] Dieser Teil ist nicht in allen Fassungen belegt. Er fehlt z.B. in der Utrechter Liederhandschrift oder in DEBP 1539. Enthalten sind die Verse dagegen im Liederbuch der Anna von Köln oder im Speyerischen Gesangbuch 1599.

Überlieferung

Die Cantio *Magnum nomen domini Emanuel* ist häufig zusammen mit dem lateinischen *Resonet in laudibus* überliefert. Dabei sind die beiden Cantiones zum Teil durch Liedgrenzen getrennt wie z.B. in der Handschrift Leipzig, UB, Ms. 1305, 113r[193], zum Teil sind sie aber auch mehr oder weniger „verschmolzen", wie z.B. im Moosburger Graduale.[194] In welchen Fällen man beim *Magnum nomen domini Emanuel* noch von einer eigenständigen Cantio sprechen kann, ist schwer zu entscheiden. Da die Quellen, in denen die beiden Cantiones zusammen überliefert sind, in den Beiträgen von AMELN (1970) und LIPPHARDT (1972b) zusammengestellt sind, werden in der Rubrik ‚Überlieferung' hauptsächlich Quellen genannt, in denen die Cantio *Magnum nomen domini Emanuel* ohne das *Resonet in laudibus* überliefert ist.

Handschriften: Amsterdam, UB, I B 50, 8r; Amsterdamer Lhs., 24v; Anna von Köln, 18r–v; Anthonius Ghiselers, 35r–v; Brüssel, KB, Ms. II 270-B, 138v–139r; Köln, UB/Stb., 5 P 114, 58v; Olmütz, Státní vědecká knihova, M I 406 (?); Paris, BN, Rés. 1522, 7v; Tongerer Ldb., 136r; Utrecht, UB, 16 H 34, 71v und 74v [nur Incipit]; Utrecht, Mus. Cath., BMH h 27, 45v; Utrechter Lhs., 31r–32r; Ms. Valkestijn, 460; Vilnius, Lietuvos Mok. Ak. Bibl., F. 22-95, 107v.
Drucke: Costerius OHB 1590, p. 96; DEPB 1539, CXXVIr; Hofken 1577, p. 82; Leisentrit 1567, 47; Piae Cantiones, p. 34; Spangenberg 1544, 7v; Speyerer Gb 1599, 41v–42r; SuB 1565, A3r–v; SuB 1572, 2v; SuB 1599, A3v–4v und 5v; SuB 1600a, 2v; SuB 1600b, A3v–4v und 5v; SuB 1600c, A2v–3r; SuB 1600d, 2v; Utrechter Cantuale 1541, 183r–184r.

Editionen

Zahlreiche Fassungen, v. a. zusammen mit dem *Resonet in laudibus*, sind in den Beiträgen von AMELN (1970) und LIPPHARDT (1972b) abgedruckt.

---

193 Edition: WACKERNAGEL II, Nr. 605.
194 Edition: AMELN (1970), S. 56f.

Anna von Köln, hg. v. SALMEN/KOEPP, S. 13; Brüssel, KB, II 270-B, hg. v. BOU-
CKAERT/SCHREURS, Nr. 21; LIPPHARDT (1972b), S. 200 nach der Utrechter Lhs.;
Vilnius, F. 22-95, hg. v. DE LOOS/GONCHAROVA, 107v.
Costerius OHB 1590 (Online-Publikation DBNL); Devoot ende Profitelijck Boecxken,
hg. v. SCHEURLEER, Nr. CCXLIII; Hofken 1577 (Online-Publikation DBNL); Leisentrit 1567, hg. v. LIPPHARDT, 47rv [mehrstrophige Fassung] (=WACKERNAGEL I,
Nr. 348-II); Piae Cantiones, hg. v. MARVIA, p. 34; Speyerer Gesangbuch, hg. v. POHL,
41v–42v (=WACKERNAGEL I, Nr. 348-III); WACKERNAGEL I, Nr. 348-I nach Spangenberg 1544.

Literatur
AMELN (1970) [hier im Rahmen der Cantio *Resonet in laudibus*]; BERTHOLD (1932)
[zu den Kindelwiegenspielen]; JANOTA (1968), S. 125–133 [zum Kindelwiegen];
LIPPHARDT (1972b).

Der Ursprung der Cantio *Magnum nomen domini Emanuel* liegt bei einer Reim-Anti-
phon, die im 9. Jahrhundert erstmals belegt ist und an der Vesper oder Laudes an
Weihnachten gebraucht wurde.[195] Der in den frühen Quellen am häufigsten überlieferte Text lautet nach LIPPHARDT (1972b), S. 194:

Ecce nomen Domini	*Emmanuel,*
quod annuntiatum est	*per Gabriel.*
hodie apparuit	*in Israel*
per Maria virginem	*est natus rex.*

Im 14. Jahrhundert wurde das *Magnum nomem* mit der Cantio *Resonet in laudibus*
verbunden. Nach LIPPHARDT (1972b), S. 196, hatte das *Resonet* zunächst einmal
unabhängig von der Antiphon als Benedicamus-Tropus Bestand. In dieser Funktion
ist das *Resonet* in mehreren Handschriften für die Vesper an Weihnachten belegt.[196]
Die Verbindung von Antiphon und Cantio erfolgte wohl über das Canticum *Nunc
dimittis*: Im Cantional von Seckau sind für die Weihnachtskomplet acht Strophen des
Resonet als Interpolation zwischen den Versen des Canticums eingefügt, das *Magnum*

---

195 Als Antiphon zum Canticum Simeonis, vgl. LIPPHARDT (1972b), S. 194. Die Antiphon
     überliefert z.B. der Tonar von Metz sowie das Antiphonar von Compiègne aus dem 9. Jh.
     Bei LIPPHARDT (1972b), S. 195f., sind vier Melodien abgedruckt.
196 Zur Überlieferung mit dem *Resonet in laudibus* vgl. die Übersicht bei AMELN (1970),
     S. 98–101.

nomen dient hier als Antiphon zum Canticum Simeonis und wird darüber hinaus nach jedem Vers vor den *Resonet*-Strophen wiederholt.[197]

Die Umgestaltung der Antiphon (*sunt completa...*) und die Erweiterung durch den Ruf *Eia, Eia, virgo deum genuit, sicut divina voluit clementia* wurde vermutlich durchgeführt, um mit dem *Resonet* eine Einheit bilden zu können.[198] Das *Magnum nomen* steht in einigen Fassungen auch weiterhin vor dem *Resonet*, verschmilzt in anderen Fassungen aber mit dieser Cantio oder rückt zuweilen an die zweite Stelle hinter die Strophe *Resonet in laudibus*, die nun den Beginn der Cantio bildet.[199] Überliefert ist die Cantio *Magnum nomen domini Emanuel* sowohl in Kombination mit lateinischen als auch mit volkssprachigen Fassungen des *Resonet in laudibus*; darüber hinaus wurde sie auch mit anderen volkssprachigen Liedern verbunden, wie beispielsweise mit dem Lied *Da Gabriel der engel clar*.[200]

Zusammen mit dem *Resonet in laudibus* ist die Cantio *Magnum nomen domini Emanuel* im Zuge der Kindelwiegenfeier belegt.[201] In diesem Zusammenhang wird nun auch eine deutsche Übertragung des *Resonet in laudibus* mit dem Titel *Joseph lieber neve myn* mit dem lateinischen *Magnum nomen* kombiniert. Außerdem ist die Cantio im Erlauer- und im Hessischen Weihnachtsspiel im Rahmen der Kindelwiegenszene belegt; im Sterzinger Spiel sind die lateinischen Einschübe des *Magnum nomen* nicht aufgezeichnet.[202]

In späteren Quellen – wie beispielsweise in der Stuttgarter Handschrift – ist die Cantio *Magnum nomen domini Emanuel* dann ohne das *Resonet in laudibus* überlie-

---

197 Edition: AMELN (1970), S. 54f. Zu weiteren Belegen für die Verbindung von *Resonet in laudibus* und *Magnum nomen* mit dem Canticum Simeonis vgl. LIPPHARDT (1972b), S. 199.

198 So AMELN (1970). LIPPHARDT (1972b), S. 201 und 203, gibt zu bedenken, dass der Ruf auch in der Vagantenlyrik als Freuderuf der Tanzenden belegt ist. Er bestreitet die These, dass die Erweiterung der Antiphon, wie sie erstmals in der Seckauer Fassung belegt ist, mit der Verwendung beim Kindelwiegen zusammenhängt.

199 In der Handschrift Leipzig, UB, Ms. 1305 ist das *Magnum nomen* z.B. vor dem *Resonet in laudibus* überliefert; an zweiter Stelle steht das *Magnum nomen* z.B. im Moosburger Graduale.

200 Vgl. LIPPHARDT (1972b), S. 204. Diese Möglichkeit zur freien Kombination spricht nach JANOTA (1968), S. 128, dafür, dass man die Cantio als eigenständig betrachten muss.

201 Ein wichtiger Beleg für den Gebrauch bei der Kindelwiegenfeier ist die Handschrift Leipzig, UB, Ms. 1305, Edition: AMELN, (1970), S. 59f. (*Resonet* lat.) und S. 68f. (*Resonet* dt.) Vgl. dazu auch JANOTA (1968), S. 126–128 und 135–137. Zur Kindelwiegenfeier vgl. AMELN (1970), S. 67–73.

202 Zu den Kindelwiegenspielen als Spielgattung vgl. BERTHOLD (1932); zum musikalischen Aspekt der Spiele vgl. AMELN (1970), S. 73–78. Editionen: Hessisches Weihnachtsspiel, hg. v. FRONING, S. 902–939; Sterzinger Weihnachtsspiel, hg. v. JORDAN; Erlauer Weihnachtsspiel, hg. v. SUPPAN, S. 17–23.

fert. Auffällig ist hier die Häufung der Handschriften im Devotio-Moderna-Umkreis, in denen das *Resonet in laudibus* gar nicht enthalten ist. Überliefert ist die Cantio in Liedersammlungen wie der Utrechter- und der Amsterdamer Liederhandschrift oder im Liederbuch der Anna von Köln.

In den Niederlanden ist das *Magnum nomen domini Emanuel* auch in der Druck-überlieferung belegt, wobei der Text hier teilweise erweitert wurde, so ist z.B im Druck SuB 1572 eine dreistrophige Fassung bezeugt. In den konfessionellen Gesang-büchern ist die Cantio im 16. Jahrhundert abgesehen vom Gesangbuch des Joh. Lei-sentrit aus dem Jahr 1567 kaum überliefert. Im 17. Jahrhundert finden sich dann aber zahlreiche Belege in katholischen Gesangbüchern. Außerdem entstehen nun auch volkssprachige Übertragungen wie z.B. *Groß vnd herrlich ist Gottes nahm Ema-nuel*.[203]

3.2.10 *In dulci iubilo*

Das Lied besteht aus vier Strophen. Die erste Strophe ist ein Aufruf zum Jubel und zum Mitsingen, zentral ist das Bild des Krippenkindes. Die zweite Strophe ist ein Gebet, in dem eine Sehnsucht nach Jesus Christus zum Ausdruck kommt. In der drit-ten Strophe wird das Thema ‚Gesang‘ aus der ersten Strophe wieder aufgenommen, der Bezugsrahmen ist nun aber das Himmelreich. Die vierte Strophe besteht aus ei-nem Gebet an Maria. Diese Strophe kontrastiert mit der vorhergehenden, da die Sehn-suchtshaltung der Singenden aufgegeben wird, die sich nun ihres irdischen Daseins und ihrer Sünden bewusst sind.

I,1f.] Aufruf zum Jubel, vgl. Ps 32,3.
I,4] Lc 2,7.
I,5f.] Vgl. z.B. Mt 17,2, dort wird Jesu Angesicht mit der leuchtenden Sonne vergli-chen.
II,1–10] Die Strophe hat Bezüge zu Is 9,6f.: *parvulus enim natus est nobis filius datus est nobis et factus est principatus super umerum eius et vocabitur nomen eius admirabilis consiliarius deus fortis pater futuri saeculi princeps pacis multiplicabitur eius imperium et...* Hier erscheinen alle Anreden, die in der zweiten Strophe genannt werden (*Jesu parvule*, II,1; *puer*, II,4; *princeps*, II,6; *vader*, II,9). In der Strophe ändert sich die Sprechhaltung im Vergleich zu den anderen: Das *vns* wechselt zur ersten Person Singular *me*, wodurch die persönliche Bindung zu Jesus Christus in den Vordergrund gerückt wird.

---

203 BÄUMKER I, Nr. 47.

II,3 *troestet*] Imperativ Plural. Die Form ist in mittelniederländischen Liedern nicht ungewöhnlich, auch wenn Gott mit „du" in der 2. Pers. Sg. angeredet wird, vgl. z.B. Lied Nr. 13.

II, 5] Inhaltlich ist der Vers eine Explikation von II,3, in der Üs. ist sinngemäß noch ein Verb zu ergänzen, etwa ‚und *tu* das [d.h. tröste, Anm. d. Verf.] durch deine Gnade'. Das *e* in *dyne* könnte aus metrischen Gründen getilgt worden sein.

II,6f.] Zitat aus Ct 1,3, mystischer Anklang.

III,4 *de noua cantica*] Fasst man *de* als lateinische Präposition auf, stimmt der nachfolgende Kasus nicht. Man könnte *de* aber auch als volkssprachigen Artikel auffassen, dann wäre die Phrase *de noua cantica* als Akkusativ zu verstehen (Sprachmischung innerhalb einer Zeile liegt auch in I,4; I,10; IV, 4 oder IV,6 vor).

IV,1 *Maria nostra spes*] Zu Maria als Hoffnung vgl. SALZER (1893), S. 574–577.

IV,10] Deutlicher Kontrast zum Incipit.

Überlieferung

Grundsätzlich werden zwei Versionen unterschieden: das *In dulci iubilo* ‚magnum', das aus 10 Zeilen besteht und auch in der Stuttgarter Sammlung vorliegt, sowie das aus sieben bzw. acht Zeilen bestehende *In dulci iubilo* ‚parvum'.

Handschriften: Alle handschriftlich überlieferten Fassungen des *In dulci iubilo* ‚magnum' und alle vorreformatorischen Handschriften, die das *In dulci iubilo* ‚parvum' überliefern, sind bei HARZER (2006), S. 45 und S. 85f. zusammengestellt.

Drucke: Aus dem niederdeutschen und niederländischen Sprachraum ist das *In dulci iubilo* ‚magnum' überliefert in Nystadensis 1543, 94r–v; SuB 1572, 48r; SuB 1600a, 48r; SuB 1600c, 50r; SuB 1600d, 48r.

Editionen

Abgesehen von Stuttgart, Württembergische Landesbibliothek, Cod. Don. A III 18 sind alle handschriftlichen Fassungen bei HARZER (2006), S. 46–59 (*In dulci iubilo* ‚magnum') und S. 86–100 (*In dulci iubilo* ‚parvum', vorreformatorische Fassungen) ediert.

Literatur (Auswahl)

AMELN (1985); GOTTWALD (1964); HARZER (2006) [mit ausführlicher Bibliographie]; KORNRUMPF (2000); WACHINGER (1983).

Entstehungszeit und ursprünglicher Gebrauch des lateinisch-deutschen Mischliedes waren in der Forschung lange Zeit umstritten.[204] Der früheste Textzeuge stammt aus

---

204 SPITTA (1909), S. 18, vertritt die Ansicht, dass das *In dulci iubilo* ursprünglich ein Sterbe- und Begräbnislied war. GOTTWALD (1964), S. 135, vermutet eine ursprüngliche Verwen-

dem Mainzer Raum und wird auf das Ende des 14. Jahrhunderts datiert. Erstmals
erwähnt ist das Incipit des Liedes aber bereits in der ‚Vita‘ des Mystikers Heinrich
Seuse.[205] Sicher ist, dass es im 15. Jahrhundert als Weihnachtslied gesungen wurde,
was die häufige Überlieferung mit anderen Liedern aus dem Weihnachtskreis bezeugt.
Zudem ist das Lied *In dulci iubilo* auch bei Weihnachtsspielen mit dem Brauch des
Kindelwiegens belegt. Im Hessischen Weihnachtsspiel ist das Incipit dreimal im
Zusammenhang mit der Kindelwiegenszene genannt, im Sterzinger Weihnachtsspiel
sind drei Strophen als Gesang der Engel vor der eigentlichen Kindelwiegenszene
überliefert.[206] Zuletzt herrschte auch in der Forschung die Meinung vor, dass es sich
ursprünglich um ein Weihnachtslied handelt, indem vor allem auf die Parallelen der
zweiten Strophe zu der in der Weihnachtsliturgie bedeutsamen Stelle Is 9,6f. verwiesen wurde.[207] Den ursprünglichen Kern des Liedes bildeten vermutlich die ersten drei
Strophen, die Marienstrophe dürfte später dazugekommen sein, was sich an den ab-
weichenden Reimen festmachen lässt.[208]

Die Quellen wurden von HARZER (2006) bereits ausführlich ausgewertet, so dass
an dieser Stelle die Ergebnisse kurz referiert werden können: Die ‚magnum‘-Fassun-
gen sind in 14 Handschriften überliefert und vor allem im niederländischen und niederdeutschen Raum verbreitet, während das *In dulci iubilo* ‚parvum‘ häufiger im
hochdeutschen Raum überliefert ist. Das Lied ist in Handschriften aus klösterlichem
und monastischem Kontext überliefert, wobei eine Verwendung im Gottesdienst als
Predigtlied, nicht aber in der Liturgie im engeren Sinne (Begriff nach Janota) belegt
werden kann.[209] Weiterhin ist das Lied in Handschriften aus dem Privatbesitz einzelner Nonnen enthalten.[210] Ein Teil der Handschriften stammt aus dem Devotio-Moderna-Umkreis. Dazu kommen Handschriften, bei denen ein Zusammenhang zum
Schulgebrauch besteht,[211] sowie eine Handschrift aus adligem Besitz.[212]

In der Drucküberlieferung dominiert klar das *In dulci iubilo* ‚parvum‘, das im
16. Jahrhundert sowohl in die evangelischen, als auch in die katholischen Gesangbü-

---

dung als Tanzlied. AMELN (1985), S. 39, geht davon aus, dass die Verwendung als Weihnachtslied sekundär ist, ursprünglich hätte das Lied die Funktion, im klösterlichen Umfeld den Lateinunkundigen die Sprache der Liturgie näher zu bringen.

205 Vgl. Lyrik des späten Mittelalters, hg. v. WACHINGER, S. 482f. und S. 946f.
206 Vgl. HARZER (2006), S. 154f.
207 Vgl. HARZER (2006), S. 43 und Lyrik des späten Mittelalters, hg. v. WACHINGER, S. 947f.
208 Vgl. WACHINGER (1983), Sp. 369.
209 Vgl. HARZER (2006), S. 148f. Beschreibung der Handschriften auf S. 24–33. Monastisch
z.B. Mainz, Stadtbibliothek, Hs I 164; Devotio-Moderna-Umkreis z.B. Tongerer Ldb.,
vgl. auch JANOTA (1968), S. 269.
210 Ldb. der Anna von Köln oder Ldb. der Catherina von Tirs.
211 Wie z.B. Utrecht, GA, XIII G 43.
212 Wien, ÖNB, Cod. 4494.

cher aufgenommen wurde.[213] Auf katholischer Seite wären die am Ende des 16. Jahrhunderts herausgegebenen Diözesangesangbücher sowie die Gesangbücher von Vehe und Leisentrit zu nennen.[214] Das *In dulci iubilo* ‚magnum' ist dagegen kaum in der Drucküberlieferung tradiert worden. Eine Fassung ist im niederdeutschen Raum im Gesangbuch des Chr. Adolf Nystadensis überliefert, außerdem ist in den niederländischen Drucken SuB 1572ff. eine Fassung des *In dulci iubilo* ‚magnum' enthalten.[215]

Varianten und andere Fassungen

HARZER (2006) kommt in ihrer Monographie zum Ergebnis, dass es bei einer Edition dem Lied am ehesten entspricht, wenn alle Fassungen gleichberechtigt als Zeilensynopse wiedergegeben werden, da man keine Verbindungen zwischen den einzelnen Fassungen herstellen kann.[216] Dieser Befund ändert sich, wenn man die Fassung der Stuttgarter Handschrift mit einbezieht, da sie einen deutlichen Zusammenhang mit dem in der Handschrift Utrecht, GA, XIII 43 G überlieferten Text aufweist. Die Texte haben folgende Lesarten gemeinsam, die in keiner anderen Handschrift vorkommen: In II,5 steht in beiden Handschriften ‚Gnade', während alle anderen Handschriften ‚Güte' überliefern. II,10 lautet in der Stuttgarter und der Utrechter Handschrift *tu puer inclite*, die anderen Handschriften haben *princeps glorie* an der entsprechenden Stelle. Darüber hinaus weichen der Stuttgarter und der Utrechter Text auch an den Stellen III,9 und IV,9 übereinstimmend von allen anderen Fassungen ab. Eine noch stärkere Ähnlichkeit hat die Stuttgarter Fassung mit dem Druck SuB 1572ff., der bis auf minimale Abweichungen exakt denselben Text überliefert. Die Varianten von Utrecht, GA, XIII G 43 und SuB 1572 werden im Variantenapparat zum Stuttgarter Text mitgeteilt.

Bei dem Text aus dem Gesangbuch des Chr. Adolf Nystadensis handelt es sich um eine eigenständige Fassung. Sie hat als markantes Merkmal einen angedeuteten Refrain am Ende jeder Strophe, in dem wohl die letzten beiden Verse wiederholt werden

---

213 Niederdeutsche Fassungen des *In dulci iubilo* ‚parvum' finden sich zum Beispiel im Magdeburger Gesangbuch von 1531 oder im Doppelten Gesangbuch von Joachim Slüter, diese Fassungen sind wiederum von der Version im Klugschen Gesangbuch beeinflusst.

214 Vgl. HARZER (2006), Kap. 5.

215 In der Monographie von HARZER (2006) wird auf die niederländische und niederdeutsche Drucküberlieferung der ‚magnum'-Version verwiesen, diese Texte und Quellen sind aber nicht Gegenstand der Analyse.

216 Vgl. HARZER (2006), S. 11f. Im Gegensatz zu den meisten anderen Liedern, die in der Stuttgarter Sammlung überliefert sind, weist das Lied *In dulci iubilo* keine Varianten in Bezug auf den Strophenbestand und die Strophenabfolge auf. Die Varianten beziehen sich hier lediglich auf einzelne Formulierungen. Dennoch scheint es aufgrund der Vielzahl an Varianten angebracht, hier grundsätzlich von verschiedenen Fassungen auszugehen.

sollen. Eine theologisch gewichtige Variante steht in IV,1f., wo das sonst übliche Wort ‚Maria‘ durch ‚Jesus‘ ersetzt ist. Da die Fassung aus dem Gesangbuch von Chr. Adolf Nystadensis neben der Fassung in SuB 1572ff. der einzige Beleg des *In dulci iubilo* ‚magnum‘ in der niederdeutschen Drucküberlieferung darstellt und in der Monographie von HARZER nicht ediert ist, wird diese im Anschluss wiedergegeben.

Nystadensis 1543, 94r–v

In dulci iubilo, magnum

I	In dulci iubilo
	singet vnde weset fro.
	all vnses herten wunne
	licht yn presepio,
5	idt lůchtet als de sunne
	matris in gremio.
	ergo merito,
	ergo merito,
	des schǒllen alle herten
10	wesen in gaudio.
R	de schǒllen etc.
II	O Iesu paruule,
	na dy ys my so wee.
	nu trǒst all myn gemǒde,
	tu puer optime,
5	ydt tempt wol dyner gůde
	tu puer inclite.
	trahe me post te,
	trahe me post te,
	jn dynes vaders rike
10	tu princeps gloriæ.
R	yn dynes vaders etc.
III	Vbi sunt gaudia?
	nergent anders denn dar,
	all dar de engeln singen

III,1 gaudia] gadia.   **2** anders] aders.

II,5 *temen* ‚geziemen‘.

de noua cantica,
5   vnde dar de schellen klingen
in regis curia.
eia qualia,
eia qualia,
de vns dar schal bewysen
10   Christi presentia.
R   de vns dar.

IV   O Iesu nostra spes,
help vns armen des,
dat wy salich werden
als dyn progenies,
5   vorgiff vns vnse sunde
veel mer denn septies.
vitam nobis des,
vitam nobis des,
dat vns tho dele werde
10   æterna requies.
R   dat vns tho de. etc.

3.2.11 *Puer natus in Bethleem*

Es handelt sich um ein Refrainlied mit neun Strophen. In knapper Form werden rund um die Geburt Jesu Christi verschiedene Szenarien und Bilder entfaltet, wobei das Präsens das im Lied dominierende Tempus ist: Freude über die Geburt Christi (I), Inkarnation (II), Gabriels Verkündigung (III), Vergleich der Geburt Christi mit einem aus dem Schlafgemach kommenden Bräutigam (IV), Krippe (V), Erkennen des Kindes durch die Tiere (VI), Heilige Drei Könige (VII), Prozession ? (VIII), Schlussstrophe (IX). Im Refrain ist die Liebe (*amor*) der zentrale Begriff.

I,1] Incipit in Anlehnung an Is 9,6: *parvulus enim natus est nobis*…
I,2] Die Vorstellung vom himmlischen Jerusalem (Apc 21) löst nach der Geburt Christi das alttestamentarische (irdische) Jerusalem, das „Heiliges Land", ab, vgl. AUFFAHRT (1993).
II,1f.] Vgl. Io 1,14: *et verbum caro factum est*.
III,1f.] Lc 1,31f. (vgl. Kommentar zu Lied Nr. 9, I,3f.). Die Empfängnis durch den Heiligen Geist (*Spiritus Sanctus superveniet in te*, Lc 1,35) wird nach der kirchlichen Lehre bereits im Moment der Verkündigung vollzogen. Daher trägt auch das Fest, das

am 25. März gefeiert wird, die Namen ‚*Annuntiatio Domini*' bzw. ‚*In Annuntiatione Beatae Mariae Virginis*' oder ‚*Conceptio Christi*'.

IV,1] Ps 19,6: *tamquam sponsus procedens de thalamo…* Hier bezieht sich der Vergleich auf die Sonne.

V,1f.] Das Krippenkind (Lc 2,7) wird kontrastiert mit der Vorstellung vom Herrscher ohne Grenzen, vgl. z.B. Ps 102,19: *Dominus in caelo paravit sedem suam et regnum ipsius omnibus dominabitur.*

VI,1f.] Is 1,3 (vgl. Kommentar zu Lied 1, II,3).

VII,1f.] Mt 2,11 (vgl. Kommentar zu Lied 6, VII,1–4). Gold und Weihrauch aus Saba als Geschenke für Gott sind auch in Is 60,6 erwähnt: *omnes de Saba venient aurum et tus deferentes et laudem Domino adnuntiantes.* Daher werden in der typologischen Deutung die Weisen aus dem Morgenland mit den Schenkenden aus Saba in Verbindung gebracht.

VIII,1f.] Denkt man sich die Cantio wie RÖSSLER (1981), S. 76, in den Kontext eines Spiels integriert – dazu würde auch das Präsens als dominierendes Tempus passen –, so ist die Strophe als Begleitstrophe bei einer Prozession denkbar, etwa wenn eine Gruppe die Kirche betritt.

IX,1f.] Vgl. die Schlussstrophe der Cantio *Puer nobis nascitur* nach der Fassung SuB 1572.

IX,2] Die Sprechhaltung ändert sich (*dicamus*), Aufruf zum Lobgesang und typisches Ende für einen Benedicamus-Tropus.

<u>Überlieferung</u>

Handschriften: Anna von Köln, 10v–11v; Anthonius Ghiselers, 36r–v; Augsburg, UB, Cod. III.1.8° 57, 104v–106v; Basel, UB, AN II 46, 24v–25r; Berlichingen, Schlossarchiv, o. Sign. 13v und 15v; Antiph. Ms. Bobbiense saec. 13 Cod. Taurinen F I 4; Brüssel, KB, Ms. II 270-B, 135r; Catherina von Tirs; Erfurt, Domarchiv, Bibl., Hs. Lit. 6; Hohenfurter Lhs., 182r–183; Königgrätz, Státní okresní archiv, Cod. II A 6, p. 67–68; London, Brit. Libr., Add. Ms. 5666, 8v; Michaelbeuern, Benediktinerabtei, Bibl., Man. cart. 1, 85r; Moosburger Graduale, 247v–248r; München, BSB, Clm 2992, 241v–242r; München, BSB, Clm 5023, 18r; München, BSB, Clm 27406, 24r; Nimwegen, UB, Hs 475; Prag, Knih. nár. muzea, II C 7; Prag, Knih. nár. muzea, XII F 14; Prag, Knih. nár. muzea, XVI A 18; Prag, Národní archiv v Praze, Cod. KVš 376; Prag, Nár. knih. České Rep., Cod. Vissegradensis, 59v; Prag, Nár. knih. České Republisky, VI G 5; Prag, Nár. knih. České Rep., VI G 10b, 167v–169r; Prag, Nár. knih. České Rep., VII G 16; Prag, Nár. knih. České Rep., XII E 15; Prag, Nár. knih. České Rep., XIII H 3c, 257r–258v; St. Gallen, Benediktinerabtei, Bibl., Cod. 692, p. 334; Tongerer Ldb., 126v; Trier, Bistumsarchiv, Ms. 529, 44r; Utrecht, Mus. Cath., BMH h 27, 47v; Utrecht, UB, 16 H 34, 56v und 57r; Utrechter Lhs., 5v und 25v; Ms. Valkestijn, 464; Vilnius, Lietuvos Mok. Ak. Bibl., F. 22-95, 107v und 109v; Weimar, HAAB, Q 59 b, 97v; Wien, ÖNB, Cod. 4494; 65v; Wienhäuser Ldb., 4r–5r.

Drucke: Babst 1545, Nr. 57; Bonner Gb 1550 [vermutlich auch in den niederlän-
dischen Übertragungen des Gesangbuchs: Hantboexcken 1565, AllPs 1567 und
GheSout 1567, nicht in den Übertragungen von Haecht 1579ff.]; Costerius
OHB 1590, p. 80; Dillingen Gb 1576; Hofken 1577, p. 81; Leisentrit 1567, 44v;
Lossius 1533, 28; Magdeburg Gb 1543; Münchner Gb 1586; Nystadensis 1543, 102r;
Piae Cantiones, p. 79–80.; Regensburger Obsequiale 1570, P3r–v; Spangenberg 1544;
Speyerer Gb 1599, 34v und 37r; SuB 1508, 27f.; SuB 1540, B7v–8r; SuB 1565,
A2r–v; SuB 1572, 1v; SuB 1599, A2v; SuB 1600a, 1v; SuB 1600b, A2v; SuB 1600c,
A1v–2r; SuB 1600d, 1v; Tergernsee Gb 1577; Utrechter Cantuale 1541, 182r und
183r; Zweibrücker Gb 1557, 50r–51r.

Editionen

Analecta hymnica, Bd. 1, S. 163f. nach Handschriften aus dem 14. Jh.; Analecta
hymnica, Bd. 20, S. 99 nach Antiph. Ms. Bobbiense saec. 13 cod. Taurinen F I 4;
Anna von Köln, hg. v. SALMEN/KOEPP, S. 9; Brüssel, KB, II 270-B, hg. v. BOU-
CKAERT/SCHREURS, Nr. 14; Cantiones Germanicae, hg. v. GAMBER, S. 72f. nach
Erfurt, Domarchiv, Bibl., Hs. Lit. 6; HASCHER-BURGER (2002), Nr. 70f. nach Ut-
recht, UB, 16 H 34; Moosburger Graduale (Digitalisat der UB München); Tropen und
Cantiones, hg. v. ROTHE, Nr. 170A nach Prag, Nár. knih. České Rep., G 10b und
Nr. 170B nach Königgrätz, Státní okresní archiv, Cod. II A 6; Vilnius, F. 22-95, hg. v.
DE LOOS/GONCHAROVA, 107v und 109v; WACKERNAGEL I, Nr. 309 nach München,
BSB, Clm 2992; Wienhäuser Ldb., hg. v. KAUFHOLD, S. 38f.
Babstsches Gesangbuch, hg. v. AMELN, Nr. 57 (=WACKERNAGEL I, Nr. 310), Can-
tiones Germanicae, hg. v. GAMBER, P3r–v nach dem Regensburger Obsequiale; Cos-
terius OHB (Online-Publikation DBNL); Hofken 1577 (Online-Publikation DBNL);
Leisentrit, hg. v. LIPPHARDT, 44v; Piae Cantiones, hg. v. MARVIA, S. 79; Speyerer
Gesangbuch, hg. v. POHL, 34v (=WACKERNAGEL I, Nr. 312) und 37v; Suverlijc
Boecxken 1508, hg. v. MAK, S. 27f.; WACKERNAGEL I, Nr. 313 nach Nystadensis 1543; WACKERNAGEL I, Nr. 314 nach Magdeburg Gb 1543, eine spätere Auflage des Doppelten Gb von Slüter?; WACKERNAGEL I, Nr. 315 nach Spangenberg 1544; Zweibrücker Gesangbuch, hg. v. BÜMLEIN, S. 113–115.

Literatur

JANOTA (1968), S. 102–104; JANOTA (1989), Sp. 903f.; KOHLE (2004), S. 207–227
[Edition und Kommentierung der Puer-natus-Gesänge aus dem Paderborner Gesangbuch von 1609]; MÄKINEN (1964), S. 93–101; MAURICE (1957b).

In jedem Forschungsbeitrag, in dem die Cantio *Puer natus in Bethleem* erwähnt wird, wird ihr außerordentlicher Variantenreichtum betont.[217] So ist es in diesem Fall sogar fraglich, ob man aufgrund der Vielzahl an verschiedenen Fassungen, die zum Teil auch eine unterschiedliche Form aufweisen, überhaupt noch von „einer" Cantio sprechen kann.[218] In der Überlieferungsgeschichte tritt häufig das Phänomen auf, dass in einer Quelle gleich mehrere Fassungen enthalten sind, was man in einigen Fällen so auslegen könnte, dass diese verschiedenen Fassungen auch tatsächlich als verschiedene Lieder wahrgenommen wurden.[219] Überliefert sind nicht nur verschiedene Textfassungen, die in der Regel zwischen fünf und zehn Strophen variieren, sondern auch unterschiedliche Sätze, Strophenformen und Refrains. So sind Fassungen ohne Refrain (z.B. Moosburger Graduale), mit einen vierzeiligen oder einem zweizeiligen Refrain belegt; in einigen Fassungen beginnt der Text im Refrain mit *Halleluia...* (z.B. im Babstschen Gesangbuch), in anderen Fassungen, wie auch in der Stuttgarter Handschrift, mit *amor...*(z.B. im Speyerer Gesangbuch oder Nystadensis 1543). Die Strophen variieren ebenfalls zwischen zwei, vier oder sogar sechs Zeilen.

Die Puer-natus-Gesänge waren in den unterschiedlichsten Regionen verbreitet, beispielsweise sind Handschriften aus den Niederlanden, aus Deutschland, Slowenien, Finnland oder Böhmen erhalten. Die lateinischen Fassungen wurden bereits sehr früh in die Volkssprache übertragen.[220] Übertragungen sind ebenso wie die Cantio reichlich bezeugt und entsprechend den lateinischen Fassungen sind auch diese Texte äußerst variantenreich.[221] Neben deutschen und niederländischen Fassungen ist beispielsweise auch eine französische Übertragung mit dem Titel *L`enfant est né à Bethléem* überliefert.[222] Aufgrund der weiten Verbreitung bezeichnet BÄUMKER das Lied auch als „geistliches Volkslied".[223]

---

217 Eine monographische Untersuchung fehlt bislang. Einen kurzen Forschungsabriss zur Cantio bietet KOHLE (2004), S. 207f. Hier auch eine ausführliche Untersuchung der im Paderborner Gesangbuch enthaltenen Fassungen, vgl. S. 208–228.

218 KOHLE (2004) bezeichnet die verschiedenen Fassungen im Paderborner Gesangbuch als Puer-natus-Gesänge, hält jedoch am Begriff ‚Cantio' fest.

219 Häufungen treten z.B. auf in den Handschriften Berlichingen, Schlossarchiv, o. Sign; Utrechter Lhs.; Utrecht, UB, 16 H 34; Vilnius, Lietuvos Mok. Ak. Bibl., F. 22-95; Utrechter Cantuale 1541. Ein extremes Beispiel ist die Überlieferung von 9 Fassungen (lat. bzw. lat. und/oder volkssprachige Fassungen) im Paderborner Gesangbuch von 1609.

220 Nach MÄKINEN (1964), S. 94, der jedoch keinen konkreten Beleg nennt, bereits im 14. Jahrhundert. JANOTA (1989), Sp. 903, nennt als ersten, sicher datierbaren Beleg die Übertragung Heinrichs von Laufenberg aus dem Jahr 1439 (WACKERNAGEL II, Nr. 759).

221 Volkssprachige Fassungen sind ediert bei WACKERNAGEL II, Nr. 904–909.

222 MÄKINEN (1964), S. 94.

223 Vgl. BÄUMKER I, S. 312–327.

Die Überlieferung und Verwendungsweise des Liedes war vielfältig und wurde in der Forschung bereits teilweise aufgearbeitet.[224] Die gemeinsame Überlieferung von lateinischen und volkssprachigen Strophen deutet auf einen Wechselgesang zwischen Schola Cantorum und Gemeinde ähnlich wie bei der Cantio *Dies est letitie in ortu regali* hin.[225] Diese Überlieferungsform ist nicht nur in Handschriften zahlreich belegt, sondern auch in gedruckten Gesangbüchern.[226] Die frühe Überlieferung stammt aus Klöstern, wobei die Cantio oftmals in der Nähe von liturgischen Texten überliefert ist. Die älteste lateinische Fassung ist in einem Antiphonale aus Bobbio enthalten, das gegen Ende des 13. Jahrhunderts entstanden ist.[227] Überliefert ist die Cantio auch in einem Prozessionale aus dem frühen 14. Jahrhundert, das aus dem Besitz der Benediktinerinnen des Georgklosters auf dem Prager Hradschin stammt, vermutlich gehörte die Handschrift zur Bibliothek der Äbtissin Kunigunde, einer Tochter Ottokars.[228] Ein weiterer früher Beleg ist die Überlieferung im Moosburger Graduale aus dem 14. Jahrhundert; dort sind neun Strophen der Cantio überliefert.[229] Zu den liturgischen Handschriften des 16. Jahrhunderts gehört schließlich eine Sammelhandschrift aus dem Augustinerinnenkloster in Leiden.[230] Die Schlussstrophe auf *deo dicamus gratias*, die auch in der Stuttgarter Fassung überliefert ist, weist die Cantio als Benedicamus-Tropus aus, eine alternative Schlussstrophe endet auf *benedicamus domino*.

In einigen Medinger Handschriften ist die erste Strophe mit einem Gebrauchshinweis versehen. Laut zwei Quellen wurde sie am ersten Weihnachtstag im Rahmen der *missa summa* gesungen, eine weitere Handschrift verweist auf eine Verwendung am Tag der unschuldigen Kinder.[231] Belegt ist auch der Gebrauch an Epiphanias durch eine Handschrift aus Königgrätz, in der das Lied die Überschrift *In Epiphania domini* trägt; dieselbe Angabe enthält das Moosburger Graduale sowie eine weitere gedruckte Quelle aus dem frühen 17. Jahrhundert.[232] Neben der Tradierung in liturgischen Handschriften und in den Medinger Handschriften ist wie im Fall der Cantiones *Puer nobis nascitur* und *Dies est letitie in ortu regali* die Überlieferung in Cantionalen aus

---

224 Vgl. KOHLE (2005), S. 207f.
225 Vgl. JANOTA (1989), Sp. 904. Beispielsweise München, BSB, Clm 5023, weitere Belege für lat. und dt. Wechselgesang bei JANOTA (1968), S. 102f.
226 Wie z.B. Babst 1545; Leisentrit 1576.
227 Analecta hymnica, Bd. 20, S. 22, Edition auf S. 99.
228 Prag, Nár. knih. České Rep., XIII H 3c; Beschreibung: Analecta hymnica, Bd. 1, S. 23f.
229 Vgl. JANOTA (1989), Sp. 903; STEIN (1956).
230 Vilnius, Lietuvos Mok. Ak. Bibl., F. 22-95.
231 Vgl. LIPPHARDT (1972a), S. 166.
232 Vgl. MÄKINEN (1964), S. 93; vgl. Tropen und Cantiones, hg. v. ROTHE, Nr. 170B.

klösterlichem Umfeld sehr häufig.[233] Der Überlieferungskontext besteht dabei aus lateinischen oder lateinischen und volkssprachigen Weihnachtsliedern.

Unter den Quellen, die die Cantio überliefern, befinden sich einige Handschriften, für die ein Gebrauch im Schulkontext in Erwägung gezogen wird, wie z.B. das Moosburger Graduale. Selten, aber zumindest einmal belegt, ist die Überlieferung in adligen Kreisen im Orationale Kaiser Friedrichs III. Weiterhin ist die Cantio in Liedersammlungen aus dem Devotio-Moderna-Umkreis bezeugt,[234] darunter befinden sich auch Zeugnisse privater Frömmigkeit wie z.B. das Liederbuch der Anna von Köln.

KOLDAU nimmt an, dass die Cantio aufgrund ihres Taktes gut zum Kindelwiegen geeignet ist.[235] Tatsächlich gibt es jedoch keine Belege im Rahmen der Kindelwiegenfeier. Lediglich im Sterzinger Weihnachtsspiel wird die Cantio als Gesang der Engel alternativ zu *Puer nobis nascitur* in der Regieanweisung genannt.[236]

In gedruckten Quellen sind der lateinische Text, lateinisch-deutsche Mischfassungen sowie rein volkssprachige Fassungen ebenfalls zahlreich bezeugt. Lateinische Fassungen wurden im 16. Jahrhundert in katholische und reformierte Gesangbücher aufgenommen. In der reformierten Tradition stehen beispielsweise die Drucke von Spangenberg oder Lossius. Weiterhin ist die Cantio im Babstschen Gesangbuch von 1545 vertreten, im Klugschen Gesangbuch von 1533 ist sie jedoch nicht enthalten. Auf katholischer Seite ist stellvertretend das Gesangbuch von Joh. Leisentrit 1567 hervorzuheben.[237] In niederländischen geistlichen Liedersammlungen und in der finnischen Sammlung Piae Cantiones ist die Cantio *Puer natus in Bethleem* ebenfalls enthalten. Auch im 17. Jahrhundert bricht die Überlieferung nicht ab.

3.2.12 *Mit disen nijen iaere*

Die Fassung besteht aus neun Strophen mit Refrain. Inhaltlich geht es um die Geburt Jesu Christi und die unmittelbar darauf folgenden Ereignisse. In den ersten drei Strophen und im Refrain stehen Maria und das Kind im Vordergrund: Die erste Strophe ist ein Ausdruck allgemeiner Freude, die zweite Strophe beschreibt die Überwältigung

---

233 Wie z.B. Augsburg, UB, Cod. III.1.8o 57 (Kirchheimer Cantional) oder Basel, UB, AN II 46 (Cantional aus der Kartause Basel).

234 Wie z.B. Utrechter Lhs.

235 Vgl. KOLDAU (2005), S. 958.

236 *,puer nobis mascitur [!] rector angelorum, in hoc mundo pastitur [!] dominus dominorum'* vel cantunt *,Puer natus in Wetlaem'*, Sterzinger Weihnachtsspiel, hg. v. JORDAN, S. 19. KOHLE (2005), S. 207f., nennt noch die Verwendung im Rahmen eines Dreikönigspiels, führt jedoch keinen Beleg an.

237 Bei BÄUMKER I, Nr. 51–66 sind verschiedene lateinische und deutsche Fassungen des 17. Jahrhunderts ediert.

Marias beim Anblick des Kindes, die dritte Strophe erzählt von der schmerzfreien Jungfrauengeburt und dem Zorn der Juden. Die Strophen vier bis neun beziehen sich auf Ereignisse aus der biblischen Überlieferung und sind in chronologischer Reihenfolge angeordnet: Gesang der himmlischen Heerscharen, Beschneidung Jesu Christi, die Heiligen Drei Könige, das Auffinden des Kindes am Dreikönigstag. Die achte und neunte Strophe haben den Tempelgang Marias zum Thema, die letzte Strophe stellt noch einmal die Vorbildhaftigkeit Marias heraus. Ein Kornreim verknüpft alle Strophen.

Maria kommt in diesem Lied eine wichtige Rolle zu. Die Marienstrophen, in denen das Geschehen zum Teil aus ihrer Perspektive geschildert wird, fungieren in ihrer Anordnung in dieser Fassung als Rahmen (drei zum Beginn des Liedes und zwei am Ende). Parallel dazu dienen die kirchlichen Festtage als Gliederungsprinzip. Auffällig ist die Häufung von Terminen und Zeitangaben am Strophenbeginn, was zum Teil recht sperrige metrische Unregelmäßigkeiten zur Folge hat: Neujahr (I), *Als achdagen waeren geleden* (V), *Des derthien dages* (VII), *Als die weken omme quamen* (VIII). Denkbar wäre vielleicht, dass mit der terminlichen Aufzählung wichtiger Feste im Weihnachtskreis – Neujahr/Beschneidung, Dreikönigstag, *Purificatio Mariae*/Darstellung Jesu im Tempel – auch eine didaktische Intention verbunden war.

Überschrift] In der katholischen Kirche fiel das Fest der Beschneidung Christi zusammen mit dem Neujahrstag auf den 1. Januar. In der lutherisch-reformierten Kirche wurde der Neujahrstag auf den 25. Dezember verlegt, der erste Januar war damit ausschließlich dem Fest der Beschneidung vorbehalten. Wenn das Lied in anderen Quellen eine Überschrift trägt, die ihm einen Ort im Weihnachtskreis zuweist, dann wird der Neujahrstag genannt, nur die Stuttgarter Fassung nennt in der Überschrift das Fest der Beschneidung (*De circumcisione Christi ymnus*). Dies könnte – neben Lied Nr. 5 und der in der reformierten Tradition gebräuchlichen Fassung von Nr. 13 – ein weiterer kleiner Hinweis darauf sein, dass die Handschrift aus reformierten Kreisen stammt. Die mittelalterliche Bezeichnung *ymnus* entspricht nicht der heutigen Gattungsbezeichnung, vgl. WACHINGER (2003), S. 94.

I,3 *maget vruchtbare*] Häufiges Attribut Marias, davon abgeleitet entwickelte sich die Bezeichnung Marias als Acker (*terra*) oder die Darstellung Marias im Ährenkleid, vgl. Schreiner (1994), S. 72.

I,4 *verbliet*] *verblijden* ‚erfreuen‘.

Refrain] Die Verwendung von Diminutivformen kommt im Niederländischen häufig vor, vgl. GOEDBLOED (1989), S. 48f.

II,1] Die Freude Marias über die Geburt und das Interesse an ihren Emotionen fand im Hoch- und Spätmittelalter Eingang in die Literatur. Bekannt waren vor allem die „sieben Freuden Marias“, zu denen auch die Geburt Christi gehörte, vgl. Schreiner (1994), S. 81.

II,3 *hoede*] Als Übersetzung ist sowohl ‚Hut‘ als auch ‚Hüter‘ möglich.

III,1 *barden hem*] Das *n* ist zur Trennung der Hiatstelle eingefügt.

III,1] Die Vorstellung von einer schmerzfreien Geburt existierte bereits bei früh-christlichen Autoren. Schmerzen bei der Geburt waren den gewöhnlichen Frauen vorbehalten, die Evas Erblast mitzutragen hatten, Maria war davon nicht betroffen, vgl. SCHREINER (1994), S. 64 und 73.

III,3] Die Medizin ist beziehbar auf die ganze Strophe, d.h. auf das Faktum der Geburt oder nur auf Maria. Zu Maria als Arznei, vgl. SALZER (1893), S. 513–515.

III,4] Im Mittelalter zweifelten jüdische Gelehrte die Jungfrauengeburt an und emp-fanden die Vorstellung, dass sich Gott neun Monate lang in einem ihrer Meinung nach unreinen Frauenkörper aufgehalten hatte, als blasphemisch. Die Bedeutung Marias war oftmals der Auslöser für Auseinandersetzungen zwischen Juden und Christen, vgl. SCHREINER, (1994), S. 74. Die Stelle kontrastiert mit I,4, da die Geburt verschiedene Affekte weckt: einmal Freude, einmal Zorn (*spijt*) – folglich sind die Juden auch nicht Teil der *werelt* von Strophe eins und nicht in das *ons* mit einge-schlossen.

IV,1–4] Der Gesang der Engel geht zurück auf Lc 2,13f. (vgl. den Kommentar zu Lied Nr. 3, VII,6–10).

V,1–4] Die Beschneidung Jesu erfolgte nach Lc 2,21 am achten Tag nach seiner Geburt. Das Fest fiel im kirchlichen Kalender der katholischen Kirche mit dem Neu-jahrsfest zusammen.

V,4 *twelck*] Kontraktion von *het* und *welck*.

VI, 3] Vgl. Kommentar zu Lied 6, I,1 und VII,6f.

VII,1 *derthien dages*] Vgl. Mt 2,1. Der Dreikönigstag, der am 6. Januar gefeiert wird, ist der dreizehnte Tag nach Christi Geburt.

VII,1 *sijt vroeder*] *vroede* Grundbedeutung: ‚klug‘; Üs.: ‚seid klüger‘, vielleicht als Einschub im Sinne von ‚wisst es besser‘.

VII,1–3] Vgl. Mt 2,11.

VII,4] *schrifftuer* mnl. ‚Schrift‘; *belijden* ‚bekennen‘.

VIII,2 *nae betaemen*] Üs.:‚nach Bethanien‘. Biblischer Ort, der in den Evangelien nicht im Zusammenhang mit der Weihnachtsgeschichte genannt wird.

IX,1] Vgl. Lc 2,22: *et postquam impleti sunt dies purgationis eius secundum legem Mosi, tulerunt illum in Hierusalem, ut sisterent eum Domino.* Zum Tempelgang vgl. die Gesetze Mose in Ex 13,2.15 und Lv 12,1–4. Die Darstellung Jesu im Tempel, bzw. das Fest *Purificatio Mariae* wurde am 2. Februar, 40 Tage nach der Geburt, gefeiert. Die Darstellung im Tempel gehört ebenfalls zu den Freuden Marias, vgl. SCHREINER (1994), S. 81.

IX,4 *vermijet*] *vermijden* ‚vermeiden‘, Üs. im Sinne von ‚dies zu tun [d.h. ihr Kind selbst zum Tempel zu tragen, Anm. d. Verf.] unterließ sie nicht‘.

Überlieferung

Handschriften: Amsterdamer Lhs., 76v–77r; Brüssel, KB, Ms. II 270-B, 122v–123r; Brüssel, KB, Ms. II 2631-B, 89r; Catherina von Tirs; Deventer Lhs., p. 279–282;

Katharina von Hatzfeld, 4v; Trier, StB, Hs. 516/1595 8°, 143v–144v; Utrecht, GA, XIII G 43, 206r; Utrecht, UB, 16 H 34, 64v; Utrechter Lhs., 11v–12r; Werdener Lhs. Drucke: Costerius OHB 1590, p. 13–14.; DEPB 1539, CXVr; Hofken 1577, p. 20–21; NiDB 1576, p. 199; Nystadensis 1543, 106v–107r; SuB 1508, p. 4f.; SuB 1540, A1v–2r; SuB 1565, A5r–v; SuB 1572, 4v–5r; SuB 1599, C3v–4r; SuB 1600a, 4v–5r; SuB 1600b, C2r–v; SuB 1600c, A5v–6r [nach REPERTORIUM: 9r]; SuB 1600d, 4v–5r; VhSL 1600, p. 9–10.

Editionen
Brüssel, KB, Ms. II 270, hg. v. BOUCKAERT/SCHREURS, Nr. 3; Brüssel, KB, Ms. II 2631, hg. v. JOLDERSMA (=VAN DUYSE III, Nr. 518 D); Catherina von Tirs, hg. v. HÖLSCHER, S. 27–29 (=Frauenlieder, hg. v. CLASSEN, S. 173–175 =VAN DUYSE III Nr. 518 F); VAN DUYSE III, Nr. 518 B nach der Deventer Lhs.; GGDM Nr. 523 A nach Trier, StB, Hs. 516/1595 8°; HASCHER-BURGER (2002), Nr. 80 nach Utrecht, UB, 16 H 34; Lied van Noord-Nederland, hg. v. BRUNING/VELDHUYZEN, S. 151f. (=GGDM 523 C) nach der Amsterdamer Lhs. und S. 158–160 nach der Utrechter Lhs.; Werdener Lhs., hg. v. JOSTES, Nr. 3.
Costerius OHB 1590 (Online-Publikation DBNL); Devoot ende Profitelijck Boecxken, hg. v. SCHEURLEER, Nr. CCXXV (=VAN DUYSE III, Nr. 518 E); Hofken 1577 (Online-Publikation DBNL); Suverlijc Boecxken 1508, hg. v. MAK, S. 4f. (=VAN DUYSE III, Nr. 518 C); VhSL 1600 (Online-Publikation DBNL); WACKERNAGEL III, Nr. 1090 nach Nystadensis 1543.

Literatur
BRAUNSCHWEIG-PAULI (1991), S. 67f.; WILBRINK (1930), S. 96f.; KNUTTEL (1906).

Die frühesten Belege des Liedes stammen aus dem 15. Jahrhundert, wobei sich die handschriftliche Überlieferung auf geistliche, nicht-liturgische Liedersammlungen konzentriert, die mit der Devotio Moderna in Verbindung gebracht werden können und die nahezu alle aus dem niederländischen Raum stammen. Über die genauen Umstände der Entstehung des Liedes ist nichts bekannt.[238] Der Text ist sowohl in klösterlichen als auch in semireligiosen Kontexten belegt. Einerseits handelt es sich um Liedersammlungen, die aus dem privaten Besitz von Nonnen stammen, wie z.B.

---

238 Nach JANOTA (1968), S. 100, der sich an der Stelle auf MONE beruft, handelt es sich bei dem Lied um eine „verkürzte Bearbeitung" des Liedes *In des jares zirclikait ward leben geporn der werlt prait* (WACKERNAGEL II, Nr. 542), das wiederum eine Übertragung der lateinischen Cantio *In hoc anni circulo vita datur saeculo* ist (WACKERNAGEL I, Nr. 264–66). Ein offensichtlicher Zusammenhang zwischen den Liedtexten der hochdeutschen und der hier vorliegenden niederländischen Fassungen liegt jedoch nicht vor.

das Liederbuch der Catherina von Tirs oder die Werdener Liederhandschrift, für die man einen ähnlichen Hintergrund vermuten könnte. Andererseits ist das Lied in größeren Musikhandschriften, zum Teil mit Notation, überliefert,[239] darunter ist auch eine Handschrift aus der Trierer Kartause St. Alban, wobei der Kartäuserorden ebenfalls Kontakte zur Devotio Moderna unterhielt.[240] Auch in Handschriften, die aus dem Besitz der Brüder und Schwestern vom Gemeinsamen Leben stammen, ist das Lied enthalten.[241]

Außergewöhnlich ist die Überlieferung im Liederbuch der Katharina von Hatzfeld, das von BOLTE (1890) fälschlicherweise der Herzogin Amalia von Jülich-Cleve-Berg zugeschrieben wurde. Katharina von Hatzfeld-Wildenburg verkehrte allerdings im engeren Umfeld der Herzogin und war mit Werner von Hochsteden verheiratet, der in den Jahren 1553–1558 als Hofmeister am Jülicher Hof beschäftigt war.[242] Die Lieder wurden in den meisten Fällen von der Besitzerin selbst eingetragen. Die Überlieferung des Liedes in dieser Sammlung ist insofern bemerkenswert, als hier kein direkter Bezug zum Devotio-Moderna-Umkreis besteht. Der Schwerpunkt der Sammlung, die 27 Liebeslieder und lediglich fünf geistliche Lieder umfasst, liegt eindeutig auf weltlicher Liebeslyrik. Außerdem ist das Liederbuch in einem hochdeutschen Dialekt verfasst worden. Da die Handschrift auf 1530–40 datiert wird, ist die Quelle ein Beleg für die Verbreitung des Liedes außerhalb des Devotio-Moderna-Umfelds noch vor dem Einsetzen der breiten Drucküberlieferung. Die Überlieferung als handschriftlicher Nachtrag im Utrechter Cantuale weist ebenfalls keinen direkten Bezug zur Devotio Moderna auf; eine gewisse räumliche und inhaltliche Verbindung ist bei dieser Quelle jedoch vorhanden.[243]

Abgesehen von den rein volkssprachigen Liedersammlungen – der Werdener- und der Deventer Liederhandschrift sowie dem Liederbuch der Katharina von Hatzfeld – handelt es sich bei den Sammlungen um lateinisch-volkssprachige Mischhandschriften. Der Überlieferungskontext des Liedes setzt sich aus geistlichen Liedern, in den meisten Fällen aus lateinischen und volkssprachigen Weihnachtsliedern zusammen. Eine Ausnahme stellt auch hier das Liederbuch der Katharina von Hatzfeld dar, in dem das Lied an dritter Stelle zwischen zwei Liebesliedern steht. Bei einer Überlieferung mit Notation ist Zweistimmigkeit die Regel,[244] ein dreistimmiger Satz ist in der

239 Utrechter Lhs.; Brüssel, KB, Ms. II 270.
240 Vgl. Trier, StB, Hs. 516/1595 8o, Beschreibung: MUSICA DEVOTA.
241 Deventer Lhs.; Utrecht, UB, 16 H 34; eventuell auch Brüssel, KB, Ms. II 270.
242 Vgl. BOLTE (1890). Es gehörte jedoch Katharina von Hatzfeld [Besitzvermerk auf der Innenseite des vorderen Deckels: *Kathryn van Hatzfeld gehoert dat buoch*, CLASSEN (2001), S. 190]. Dazu auch KOLDAU (2005), S. 439f.
243 Vgl. Utrecht, GA, XIII G 43.
244 Vgl. Utrechter Lhs.; Treier, StB, Hs. 516/1595 8o; Utrecht, UB, 16 H 34; Amsterdamer Lhs.

Handschrift Brüssel, KB, Ms. II 270 enthalten. Der Gebrauch im Gottesdienst kann nicht nachgewiesen werden, es dominiert die Überlieferung in geistlichen, außerliturgischen Musikhandschriften. Denkbar ist das Lied als Konventikellied beim gemeinsamen Musizieren in einem Haus oder Kloster der Devotio Moderna.

Die Drucküberlieferung ist beachtlich. Eine Fassung wurde bereits in SuB 1508 gedruckt, wodurch das Lied im ältesten gedruckten Liederbuch der Niederlande repräsentiert ist. Enthalten ist der Text auch in allen acht im 16. Jahrhundert erschienenen weiteren Auflagen des Drucks sowie in vier anderen niederländischen Drucken des 16. Jahrhunderts; auch im 17. Jahrhundert bricht die Drucküberlieferung nicht ab.[245] Das Weihnachtslied ist auch in der niederdeutschen Sammlung des Chr. Adolf Nystadensis überliefert.

Die Rezeption liegt auch hier eindeutig im niederländischen Raum, allerdings ediert HÖLSCHER auch eine hochdeutsche Fassung, die in einer Sammlung mit dem Titel *Alt vnd Newe Geistliche Catholische Ausserlesene Gesäng* enthalten ist und im Jahr 1628 in Würzburg gedruckt wurde; der Text ist weitgehend identisch mit der Fassung aus dem Liederbuch der Catherina von Tirs.[246] Insgesamt reicht die Überlieferung bis ins späte 17. Jahrhundert.[247]

Einige Fassungen sind mit Überschriften versehen, die das Lied als Neujahrslied ausweisen.[248] Die Verwendung am Neujahrstag ist zum einen dem Incipit geschuldet, zum anderen liegt es an der Strophe, die in der Stuttgarter Fassung an fünfter Stelle steht und die Beschneidung Christi zum Thema hat. Das Fest der Beschneidung Christi wurde im Jahreskreis ebenfalls am ersten Januar, dem Oktavtag von Weihnachten, gefeiert.

<u>Varianten und andere Fassungen</u>
Übersicht über den Strophenbestand: Stuttgart, WLB, Cod. Don. A III 18 (A); Brüssel, KB, II 2631, (B); Catherina von Tirs (C); Ldb. der Katharina von Hatzfeld (D); Utrecht, UB, 16 H 34 (E); Amsterdamer Lhs. (F); Deventer Lhs. (G); Utrecht, GA, XIII G 43 (H); Brüssel, KB, II 270-B (I); Trier, SB, 516/1595 8° (J); Werdener Lhs. (K); Utrechter Lhs. (L); SuB 1508 (M); SuB 1572 (N); Hofken 1577 (O); Costerius OHB 1590 (P); VhSL 1600 (Q); Nystadensis 1543 (R); DEPB 1539 (S).

---

245   Weitere niederländische Drucke aus dem 17. Jahrhundert sind bei VAN DUYSE III, S. 2000f. verzeichnet.

246   Vgl. Catherina von Tirs, hg. v. HÖLSCHER, S. 29f.

247   Vgl. Brüssel, KB, Ms. II 270, hg. v. BOUCKAERT/SCHREURS, S. XXXII.

248   *Een nyenyaersdach (een) loysschen* (Werdener Lhs.), *Noch eyn leit up nye jaer* (Ldb. der Catherina von Tirs), *anni novi canticum* (Trier, StB, Hs. 516/1595 8o). Unter der Rubrik ‚*Dese liedekens singtmen op den Iaerdach*' ist das Lied in Hofken 1577 überliefert, in SuB 1572 steht es unter der Überschrift ‚*Hier na volghen die Geestelijcke Liedenkens van den nieuwen Jare*'.

Insgesamt sind 20 Strophen überliefert, die in den verschiedenen Fassungen mehr oder weniger chronologisch geordnet aufeinander folgen. In der Übersicht sind die Strophen nach A geordnet, die Plusstrophen anderer Textzeugen folgen der logischen Chronologie nach dem Lukas- bzw. Matthäusevangelium. Beschneidung und Simeon-geschichte gehören nach Lc zusammen, sind aber in I und K durch die Dreikönigsge-schichte getrennt. Das Zeitverhältnis von Beschneidung/Simeon und Dreikönigsge-schichte ist nach Mt und Lc unklar. Die Anordnung folgt hier A und damit dem kirch-lichen Kalender.

Die verschiedenen Fassungen zeichnen sich durch starke Unterschiede hinsichtlich Strophenzahl und Strophenabfolge aus. Die Strophenzahl reicht von drei bis achtzehn, wobei die Strophen eins bis vier in der handschriftlichen Überlieferung noch relativ konstant in gleicher Reihenfolge auftreten, auch die fünfte Strophe der Stuttgarter Handschrift, in der es um die Beschneidung Jesu Christi geht, ist in allen Fassungen enthalten.

Beziehungen zwischen den einzelnen handschriftlichen Fassungen herzustellen, ist nicht möglich, die starken Abweichungen dürften das Ergebnis von schwerpunktmä-ßig mündlicher Tradierung sein. Die handschriftlichen Fassungen werden im Folgen-den zu Paaren und Gruppen zusammengefasst, die untereinander Gemeinsamkeiten in der Strophenabfolge aufweisen. Zusammengefasst abgedruckt werden die Fassungen B/C, D/E, F/G/H, I/J und K/L.

Die Fassungen B und C (Brüssel, KB, II 2631 und Ldb. der Catherina von Tirs) überliefern die Strophen in gleicher Reihenfolge wie A; sie haben im Vergleich zur Stuttgarter Handschrift (wie die Fassungen D, E, K, L, R und S) eine zusätzliche Strophe an fünfter Stelle, die von der Freude der Hirten handelt. Sie schließt sich an die vierte Strophe an, die den Gesang der Engel thematisiert, und folgt somit der Chronologie des Lukasevangeliums. Die Fassung B weist eine nicht in der Stuttgarter Fassung überlieferte Schlussstrophe auf, die allerdings aus anderen Fassungen be-kannt ist (K, L und S). Bei der Fassung C fällt auf, dass der Kornreim mehrfach ge-stört ist.

Auch die Fassung D (Ldb. der Katharina von Hatzfeld) überliefert den kompletten Strophenbestand der Stuttgarter Fassung in derselben Reihenfolge. Die Fassung ent-hält außerdem eine Strophe, in der die Begegnung mit Simeon im Tempel erwähnt wird (auch in I, K, L und S). Diese Strophe schließt sich hier gemäß dem Lukasevan-gelium der Beschneidung Jesu an. Weiterhin beinhaltet sie eine zusätzliche Dreikö-nigsstrophe (*Myrrhe offerden Jaspar*, auch in E, K und S). Fassung E stimmt eben-falls mit der Strophenabfolge der Stuttgarter Fassung überein, ist jedoch deutlich kürzer als D und endet mit der Dreikönigsthematik; die Simeongeschichte wird nicht erzählt.

Die Fassungen F, G und H sind insgesamt kürzer; auch hier ist die Strophenab-folge im Vergleich zur Stuttgarter Fassung nicht vertauscht. Die Fassungen F und G überliefern außerdem ein bzw. zwei unikale Strophen, so sind die Schlussstrophe von F und die beiden letzten Strophen von G, in denen es inhaltlich um die Heiligen Drei

Könige geht, in keiner anderen Fassung bezeugt. Die kurze Fassung H (Utrecht, GA, XIII G 43) wird ebenfalls an dieser Stelle mit abgedruckt, da sie dieselbe Strophenanordnung aufweist wie der Anfang von Fassung G. Eine weitere Gemeinsamkeit zwischen den Fassungen F, G und H ist das Fehlen der Strophe *Si baren hem sunder pijne*, die normalerweise an dritter Stelle steht.

Die weiteren handschriftlichen Fassungen weisen in Bezug auf die Strophenfolge zum Teil starke Differenzen sowohl untereinander als auch im Vergleich zur Stuttgarter Fassung auf. Zunächst werden die Fassungen I und J (Brüssel, KB, II 270-B und Trier, SB, 516/1595 8°) parallel abgedruckt. In Fassung I sind die Strophen zwei und drei vertauscht; insgesamt hat sie mit sieben gemeinsamen Strophen noch eine große Nähe zur Stuttgarter Fassung. Bei der Fassung J sind die Strophen drei und vier vertauscht, alle sechs Strophen sind auch in der Stuttgarter Fassung überliefert. Die Fassungen K (Werdener Lhs.) ist in der Strophenabfolge stark durcheinandergeraten. Sie ist mit 14 Strophen die längste handschriftlich überlieferte Fassung und weist keinerlei Gemeinsamkeiten zu anderen Fassungen auf. Bemerkenswert ist die Überlieferung einer unikalen Schlussstrophe, die den Kreuztod thematisiert. Die Fassung L (Utrechter Lhs.) ist in ihrer Strophenabfolge sehr unsicher. In der Handschrift sind die hier mitgezählten Strophen nachträglich auf die Seite eingefügt und die Reihenfolge ist zum Teil mit Strichen angedeutet.

Aus der Darstellung des Strophenbestandes geht hervor, dass sich in der Drucküberlieferung eine neunstrophige Fassung durchgesetzt hat, die auch in der Stuttgarter Handschrift enthalten ist. Vor dem Hintergrund der variantenreichen handschriftlichen Überlieferung ist die Ähnlichkeit zwischen der Stuttgarter Handschrift und den Drucken SuB (M, N), Hofken 1577 (O), Costerius OHB 1590 (P) und VhSL 1600 (Q), die jeweils dieselbe Fassung überliefern, auffällig. Diese Fassung besteht aus neun Strophen und unterscheidet sich in der sechsten Strophe von allen anderen Fassungen. Diese Strophe beginnt in der handschriftlichen Überlieferung in der Regel mit den Worten ‚Drei Könige...‘ oder ‚Die Könige...‘ in der Stuttgarter Handschrift und in den Drucken wird sie dagegen durch die Formulierung *Wt/vt orienten lande* eingeleitet. Die Varianten der Drucke sind im Apparat dargestellt.

Aus der Drucküberlieferung ist abschließend noch die Fassung in DEPB 1539 hervorzuheben, die mit 18 Strophen die längste Fassung darstellt. Der Schwerpunkt dieser Fassung liegt im Ausbau der Drei-Königs-Thematik, die sich insgesamt über acht Strophen erstreckt.

	Strophen	A	B	C	D	E	F	G	H	I	J	K	L	M	N	O	P	Q	R	S
Neujahr	Mtt disen nijen iare	I	I	I	I	I	I	I	I	I	I	I	I	I	I	I	I	I	I	I
Maria	Hoe wel was haer te moede	II	II	II	II	II	II		III	II	II	III	II	II	II	II	II	II	II	II
	Sy barden hem sunder pyune	III	III	III	III	III			II	IV	IV	II	III	III	III	III	III	III	III	III
Hirten	Die engelen sangen schoene	IV	IV	IV	IV	IV	III	II	IV	III	III	IV	IV	IV	IV	IV	IV	IV	IV	IV
	Dat kint van doechden rijke		V	V	V	V						VI	X						V	V
Beschneidung	Als achdagen waeren geleeden	V	VI	VI	VI	VI	IV	III	V	V	V	V	VII	V	V	V	V	V	VI	VI
Simeon	Do Symeon, der alde				VII				VIII	VIII	V	XII	VIII							VII
Drei Könige	Vt orienten lande	VI	VII	VII	VIII	VII		IV	(VI)	VI	VI	VIII	V	VI	VI	VI	VI	VI	VII	VIII
	Si seden, het waer geboeren																			IX
	Een sterre claer met lichte																			X
	Doen dat Herodes wiste												IX							XI
	Hi bat hen, als sijt vonden																			XII
	Sij maecten een gehesceyde																			XIII
	Si gaven hare gaven							V												
	Daer Jesus in der cribben lach							VI												
	Des derthien dages, sijt vroe...	VII	VIII	VIII	IX							VI		VII	VII	VII	VII	VII		XIV
	Myrre offerden Jaspar				X	VIII						IX								XV
Tempelgang	Als die weken omme quamen	VIII	IX	(IX)	XI					VII		X		VIII	VIII	VIII	VIII	VIII	VIII	XVI
	Aldus ginck die maget simpel	IX	X	X	XII							XI		IX	IX	IX	IX	IX		XVII
Schluss-strophen	Elc singhe vrolic ave		XI									XIII	VI							XVIII
	Noch liet hy aver drij ende...											XIV								
	Nv laet ons Gode louen						V													

B	C
Brüssel, KB, Ms. II 2631, 89r	*Ldb. der Catherina von Tirs*

                                               Noch eyn leit up nye jaer

I

Mit desen nyewen iaren
soe wort ons openbaren,
hoe dat een maghet vruchtbare
die werelt heeft verblijt.

I

Myt dessen nyen yare
so wert uns openbare,
wu dat eyne maget vruchbare
de werelt hefft verblydt.

R

Gheloeft moet sijn
dat soete kijndekijn,
gheeert moet sijn
die liefste moeder sijn,
nu ende eweliken
in alre tijt.
Benedicta tu *in* mulieribus
suo suo varilarij suy
aue plena gracia tecum dominus
benedicta tu *in* mulieribus.

R

Gelovet moit syn
dat kyndelyn,
geërt moit syn
dat megdelyn,
nu und ewich
in aller tyd.

II

Hoe wel was haer te moede,
doe si in vleysch ende in bloede
aensach haer haerter behoeder,
den heer daer werelt wijt.

II

Wu wal was er to mode,
do se ansach vleisch und blode
eres herten hode,
den heren der werlt wyth.

R Gheloeft moet sijn etc.

R Gelovet moit syn etc.

III

Si baerden sonder pijne
ende si bleef maghet fijne,
al sonder medicijne,
des hadden die Ioden spijt.

III

Se berde em sunder pyne
moder und maget fyne,
der sunder medecyne,
des hebben de Joden spyth.

R Gheloeft

R Gelovet moit syn etc.

IV

Die enghelen songhen schonne
‚gloria‘ al inden throonne,

IV

De engele sungen schone
‚gloria sy in den throne‘,

Ref.,7 in] tui *eventuell zu deuten als* tuī,
vgl. auch Ref.,10.

II,3 *Zu erwarten wäre eigentlich die
Form* haerten. **III,3** al sonder *‚ganz
ohne‘.*

B   C

ter eeren ende te loue   to eren und to love
den kinde ghebenedijt.   gode gebenediet.
R   Gh   R   Gelovet etc.

V   Dat kijnt van doechden rijke   V   Dat kynt van dogeden ryke
     broecht ons al in aertrike   brachte uns up ertryke
     sinen vrede waerlike,   vrede gewarlike,
     die herden haddens iolijt.   de herdekens dreven vroude.
                                           R   Gelovet etc.

VI   Als achte daghen waren leden,   VI   Als achte dage weren geleden,
     soe wort dat kint besneden,   so wort Jhesus besneden
     al nader ioedscher seden,   al na den Jodeschen zedden,
     welc ons van sonden vrijt.   welck uns van sunden vryet.
R   Gheloeft moet sijn etc.   R   Gelovet etc.

VII Drie coninghen onbecande   VII De konynge unbekanden
     quamen wt orienten landen,   quemen uth veren lande
     om te doen haer offerhande   und brachten offerhande
     den kinde ghebenedijt.   den kynde gebenediet.
R   Gheloeft moet sijn etc.   R   Gelovet etc.

VIII Des dertien daghes, sijt vroet,   VIII Al an den drutteynden dage vroer
     vonden si tkijnt bi sijnre moeder,   vunden se eth by syner moder,
     Joseph was haer behoeder,   Joseph was er hoder,
     als ons die scrifture bewijst.   als uns de schrift verclart.
R   Gheloeft etc.   Gelovet etc.

IX   Als ses weken volquamen,   IX   Als ses wecke weren geleden,
     stont si op na betamen,   wolde se na der Jodesschen zedde
     ghevrijt van allen blamen,   er offer brengen tom tempel,
     om die wet te sijn verwijt.   dat se gereiniget worde.
R   Gheloeft moet etc.   R   Gelovet etc.

X   Doen ghinc die maghet sympel   X   Do genck de maget sympel
     ende droech haer kijnt ten tempel   und droch er kynt tom tempel,

---

V,4 *jolijt* ,Freude'. **IX,4** *wet* ,Gesetz',   V,4 *dreven* eigentlich ,treiben', im Sinne
verwijt ,Vorhaltung, Vorwurf', Üs.: ,um   von betreiben; Üs.:,die Hirten waren
des Gesetzes willen / um den   erfreut'. **VIII,1** *vroer* ,früher' (?).
Gesetzestext zu erfüllen'(?)   4 *verclart* ,erklärt'.

B

allen vrouwen tot eenen exempel,
des si haer niet en viermydt.

R   Gheloeft etc.

XI   Elc singhe vrolic ‚aue‘
bidt haer ende vermane
om ons bi haer tontfane,
als ons die doot verbijt.

R   Ghe etc.

C

allen vrouwen tom exempel,
des se syck nicht versein.

R   Gelovet mote syn
dat kyndelyn,
geёrt mote syn
dat megdelyn
nu und ewelick
to aller tyd.

D
Ldb. der Katharina von Hatzfeld, 4v

I   Mit diesen nuwen iare
so wirt vns offenbairen,
wie dat eyne maget fruchtbare
die werelt hait verblydt.

R   Gelouet moys syn
dat kyndelyngh,
geeret mois syn
die lyffste moder sine,
nw ind ewentlich
zu aller zyt.

II   Wie wale was yere zo mode,
do sy yere vleysch ind blode

E
Utrecht, UB, 16 H 34, 64v

I   *Me*t desen nijen iare
so wort ons apenbare,
hoe dat een maghet vruchtbare
alle die welt verblijt.

R   Gelouet moet sijn
dat kyndekyn,
gheert moet sijn
dat suete lieue meechdekyn,
nu ende ewelick
in alre tijt.

II   Hoe wal was oer te moede,
doe sij in vleysch in bloede

I,1 *Initiale fehlt. Strophe eins und Refrain sind zweimal aufgezeichnet. Die Aufzeichnung von* y *und* ij *weicht zuweilen ab; hier wiedergegeben nach 64v (erste Aufzeichnung).* **2** apenbare] openbare *(zweite Aufzeichnung).*

D

an sagh eres hertzen hoide,
eyn here der werelt wyt.
R   Ge etc.

III   Sy brangt ynn sonder pyne,
moder ind maget fyne,
al sonder medicyne,
des hauen die Judden spydt.

IV   Die engelen songen schone
‚geloria‘ yn deme trone
zer eren ind zo loive
gode gebenedydt.

V   Dat kynt van duechgeden rijchen,
dat braicht vns mechtelichen
freden geweldincklichen,
die heyrden hattens blydt.

VI   Als acht dage warin geleden,
do wart Jesus besneden,
all nae der Jueden sieden,
schylt vns van sunden qwydt.

VII   Do Symeon, der alde,
an sagh dat myt freuden,
hy vurspraich, dat idt solde
vns machen van sunden qwyt.

VIII   Dry konynge vnbekanten
brachten yere offerhanden
ws orienten landen
gode gebenedydt.

E

ansach oers hertzen hoeder,
den heer de welde wijt.
R   Gelouet

III   Si baerden sonder pyne
ende bleef oeck maghet fyne,
des sonders medicine,
des hebben die Ioden spijt.

IV   Die engelen songhen schone
‚gloria‘ all ynden throne,
ter eren ende to loue,
des kyndes, seker sijt.

V   Dat kynt van dogheden ryke
bracht ons all yn ertrijcke
vrede gewairlike,
des sijt ghebenedijt.

VI   Als achte dagen waren leden,
soe wart Iesus besneden
all nae d'ioetscher zeden,
wellick ons van sunden vrijt.

VII   Die conynge onbekande
quamen te doen offerhande
wt orienten lande
gade gebenedijt.

VI,4 *schuln* ‚sollen‘. Syntax
problematisch, eigentlich wäre *machen*
zu ergänzen.

V,4 *sijt* ‚sei es‘.

D

IX Des dyrden dages, sydt froije,
    vondent by siner moder,
    Joseph was der behoeder,
    als vns die schriffture belydt.

X   Myrram offerde Jaspar,
    wirouch konynck Baltasar
    jnd dar nae goult Balthasar,
    des geloufet sicherlich.

XI   Als sees wechen volqwaemen,
    Maria gynck nae betanyen
    geeret van allen frouwen,
    dat sy die ee vertzeret.

XII Do gynck die maget schymepll,
    sy drage yere kynt zom te*m*pell,
    allen frauwen zo eyme exempell,
    gloriosa ind gebenedydt.

E

VIII Mirram offerde Iaspar,
     wyroec conync Melchior
     ende dair na golt Balthazar,
     dijs nyet en geloeft vertijt. etc.

XII,2 tempell] tepell.

IX,2 Subjekt zu *vondent* fehlt.

F	G	H
Amsterdamer Lhs., 76v–77r	*Deventer Lhs., p 279–282*	*Utrecht, GA XIII G 43,* 206r

I   Mit desen nywen iare
    soe wordt ons openbare,
    hoe dat een maget vruchtbare
    die werrelt heeft uerbliit.

I   Myt desen nyen jaere
    soe wort ons apenbaren,
    hoe dat een maget vruchtbaere
    die werlt al verblyt.

I   Mit desen newe jare
    so wort ons openbare,
    ho dat een maget vrubare
    de werelt hef verblyt.

R   Geloeft moet syn
    dat kyndekyn,
    geert moet syn
    dat meechdekyn,
    nv end ewelic
    in alre tiit.

R   Ghelauet moet syn
    dat suete kyndekyn,
    gheert moet syn
    dat maegdelyn,
    nv ende ewelic
    tot alre tyt.

R   Gelouet moet syn
    dat kindeken,
    geert moet syn
    dat madeken,
    nu ende ewelick
    tot alder tyt.

II Hoe wel was hoer te moede,
    doe sy in vleysch ende bloede
    haer hertsen sach behoeder,
    heer god der werrelt wyt.

R   Ge

III Die engelen songen scone
    ‚gloria‘ al inden throne,
    want Ihesus is geboren,
    des syt al uerbliit.

R   Gelouet etc.

II Die enghelen syngen schoene
    hier bauen inden throne,
    Marien, der maget, toe lauen,
    daer dryuen sy jolyt.

R   Ghelauet moet syn.

II De engelen singen schone
    ‚gloria‘ in den trone,
    to eren vn oeck to loue
    dat kyndeken gebenedyt.

R   Gelouet

IV Doe acht dage waren geleden,

    doe wart dat kynt besneden
    al nae der ioedscher zeden,
    des hadden si groet leyt.

III Doe achte dage waren ghe-
        leden,
    soe waert dat kynt besneden
    al naeder joedscher seden,
    des sulle wy syn verblyt.

R   Ghelauet moet syn

III Als acht dagen waren verleden,

    do wort Jesus besneden,
    al na den joden seden,
    welck ons van sonden vryt.

R   Ge

I,1 *Strophe eins und Refrain sind*
zweimal mit verschiedener
Notation aufgezeichnet.
Ref.,5 end] *fehlt in der ersten*
Aufzeichnung.

II,3 Syntax auffällig.
III,3 Assonanz.

F

V Nv laet ons gode louen
    ende Ihesum synen soen,
    dat hi ons wil uerlienen
    syn hemelriick scoen.

R Gelouet

G

IV Drie conynge wt veren lande
    die quamen mit offerhande
    tot alder werlde heylande
    in eenre corter tyt.

R Ghelauet moet syn

V Sy gauen ore gauen,
    een yegelic van hoere hauen
    den kyndekyn toe lauen
    ende oec der moeder syn.

R Ghelauet moet syn

VI Daer Jhesus inder crybben lach,
    toe Betlahem dat dat gheschach,
    golt, wieroec, merre nae hoere
    manyeren,
    dat gauen sy den kynde te eren.

R Ghelauet moet syn
    dat suete kyndekyn,
    geert moet syn
    dat maegdelyn
    nv ende ewelic tot alre tyt.
    Amen.

I
Brüssel , KB, Ms. II 270,
122v–123r

J
Trier, StB, Hs. 516/1595 8°
143v–144r

anni novi canticum

	I		J
I	Mit desen niewen iare	I	Mit diesen nuwen jaire
	so wert ons openbare,		so wirt vns offenbaire,
	hoe dat een maecht vruchtbare		we dat eyn maghet fruchtbare
	die werelt heeft verblijt.		de werlet hait verblijt.
R	Geloeft moet sijn	R	Gelouet moiss sijn
	dat kindekijn,		dat kindelijn,
	gheeert moet sijn		geert moiss sijn
	dat maechdekijn,		dat megdelijn,
	nu ende ewelijc		nv ind ewelich
	tot alre tijt.		in alre zijt.
II	Si baerde sonder pijne	II	We wal was yr zo moide,
	ende bleef een maget fijne,		do sij in vleisch ind bloide
	des sondaers medicijne,		an sach yrs hertzen hoide,
	dies hebben die Ioden spijt.		den heren der werlde wijt.
		R	Gelouet moiss sijn etc.
III	Hoe wel was haer te moede,	III	De engele songen schoene
	doen si in vleisch ende bloede		,gloria‘ in den throne
	aensach haers hartsen hoede,		zo eren ind ouch zo loue
	den heer der werelt wijt.		des kyndes, sicher sijt.
		R	Gelouet moiss sijn dat etc.
IV	Die enghelen songen schone	IV	Sie beirde yn al sunder pyne
	lof inden hoghen trone,		jnd bleiff eyn maget fyne,
	ter eren ende ten loue		des sunders medicinde,
	den kijnd, des seker sijt.		des haiten de Juden spijt.
		R	Gelouet etc.

I,1 *Strophe eins ist dreimal*
aufgezeichnet, Refrain zweimal, davon
einmal abgekürzt. **Ref.,6** alre] alder
(dritte Aufzeichnung).

III,3 *hartsen* Lautverschiebung.
IV,4 *seker* ,sicher‘.

I,3 fruchtbare] fruchtbaire *(zweite*
Aufzeichnung).   **4** werlet] werlt *(zweite*
Aufzeichnung). **Ref.,3** geert] geeirt
(zweite Aufzeichnung).

V   Doe achtdaech waren leden,
doe wert dat kijnt besneden,
al nader ioedscher seden,
die ons van sonden vrijt.

VI   Drie coninghen dat vernamen,
te Bethleem dat si quamen,
si offerden drie gauen
den kijnd gebenedijt.

VII   Maria, maget simpel,
droech haer lief kijnt ten tempel,
den vrouwen een exempel,
dies si haer niet vermijt.

VIII   Doe Symeon, die oude,
tkijnt sach, sijn hert vervroude.
hi sprac, dat hi ons soude
van sonden maken quijt.

V   Als echt dage waren verleden,
do wart Ihesus besneden,
al na der judschen seden,
macht vnss van sunden quijt.

R   Gelouet etc.

VI   Dre konynge vnbekande
quamen doin offerhande
so verre vss vremden lande,
got sij gebenedijt.

R   Gelouet moiss sijn etc.

VI,3 offerden] offerde.

K	L
Werdener Lhs.	*Utrechter Lhs., 11v–12r*

K

Een nyenyaersdach
(een) loysschen

I   Mit desen nyen yare
     so word ons apenbare,
     woe dat een maeget vruchtbare
     die werlt heeft verblijt.

R   Gelavet moet sijn
     dat kyndekijn,
     geeret moet sijn
     dat meechdekijn
     nu inde ewelick
     yn alre tijt.

II   Se gebeerden al sonder pijne
     ende bleef een maeget fijne,
     des sunders medicijne,
     des hebben die yoeden spijt.
R   Gelavet etc.

III Woe wal was oer to moide,
     do se in vleysch ende yn bloyde
     aensach oers herten hoede,
     den heren der werlt wijt.
R   Gelavet etc.

L

I   Mit desen nyewen iare
     so wort ons openbare,
     hoe dat ene maghet vruchtbare
     die werelt al verblijt.

R   Gheloeft moet sijn
     dat kindekijn,
     gheeert moet sijn
     dat maechdekijn,
     nv ende ewelic
     tot alre tijt.

II   Hoe wel was hair te moede,
     doe sij in vleysch ende bloede
     aensach hairs hertzen hoede,
     den heer der werelt wijt.
R   Gheloeft etc.

III Si baerden sonder pine
     ende si bleef maghet fine
     des sondaers medicine,
     des hebben die Ioden spijt.
R   Ghe

───────

I,1 *Strophe eins und Refrain sind zweimal mit verschiedener Notation aufgezeichnet. Transkription nach der ersten Aufzeichnung.* **2** so] soe *(zweite Aufzeichnung).* | wort] wert *(zweite Aufzeichnung).* **3** maghet] maecht *(zweite Aufzeichnung).* **Ref.,5** ewelic] ewelijc *(zweite Aufzeichnung).*

───────

III,1 *baerden* Kontraktion *baerde* + *in.*

K

IV Die engele songen schone
,gloria' ynden throne,
to eeren ende oec to lave
dem kynde, des seker sijdt.
R Gelavet etc.

V Als acht daeghe waren geleden,
doe waert Jhesus besneden
al na der yoeden seeden,
welc ons van sunden vrijet.
R Gelavet etc.

VI Des dartyenden dages, sijdt vroeder,
vonden sijt by sijnre moeder,
Joseph was oer behoeder,
so ons die scrift belijdt.
R Gelavet etc.

VII Dat kynt van doechden rijcke
bracht ons in all ertrijcke
den vrede gewarichlike,
des hadden die herden jolijt.
R Gelavet etc.

VIII Drye connynghen onbekande
quamen (te doen) om offerhande
veer uut orientenlande,
god sy gebenedijt.
R Gelavet etc.

IX Myrre offerden Jaspar,
wyroick connynck Melchior

L

IV Die engelen songen scone
,glorie' inden throne,
ter ere ende ten loue
den kinde, seker sijt.
R Gheloeft etc.

V Drie coninghen onbecande
quamen doen offerande
wt orienten lande
den heer ghebenedijt.
R Ghel.

VI Elc vrolic singhe voert ane
ende bid hem ende vermane,
om ons bi hem tontfane
als ons die doot vermint.

VII Doen achte daghen waren leden,
so wert Ihesus besneden,
al na der ioedscher zede,
dwelck ons van sonden vrijt.

VIII Als Symeon, die oude,
sacht kint, syn hart vervroude,
hi sprac, dat ons nach soude
van sonden maken quijt.

IX Doen dat Herodes wiste,
sijn harte zere twiste,

VI,4 vermint] verwint (?). **VII,1** Doen]
Initiale verblasst. **VIII,1** Als] *Initiale*
verblasst.

IX,2 *twisten* ,hadern'; Üs.:,haderte er
sehr mit sich'.

VI,2 *sij + het* (das Kind).

K

ende daer na golt Baltazar,
dies niet en geloeft, vertijt.

R   Gelavet etc.

X   Als ses wecken omme quamen,
stont se op na betamen,
gevrijet van allen vlamen,
om na toe volgen die wyt.

R   Gelavet etc.

XI   Doe gynck die maeget al sympel
ende bracht oer kijnt ten tempel,
alle vrouwen tot een exempel,
dies oer niet en vermyt.

R   Gelavet etc.

XII   Doe Symeon, die alde,
sach dat kint, syn herte vervroude,
he voersprack, dattet noch solde
ons van sunden maken vrij.

R   Gelavet etc.

XIII   Elc vrolick sich hier aene,
bidde oer ende vermane,
om ons by oer to ontfane,
als ons die doot verwijst.

R   Gelavet etc.

XIV   Noch liet hy aver drij ende dertich jaer
sich selven an een cruce slaen,
om ons to verlosen van den doot.
Nu help ons god uut alre noot!

R   Gelavet etc.

L

hi vraechde dair na mit liste,
nochtans so had hijs nijt.

X   Dat kynt van doechden ryke
bracht ons al in aertryke
vrede ghewarytlike,
die harderen haens jolyt.

IX,4 Übersetzung?   **X,4** *wet* ‚Gesetz‘.
XIII,3 *to ontfane* ‚dass wir empfangen
werden, wenn...‘   **XIV,1** Syntax
problematisch, ‚nach‘ fehlt.

4] *nochtans* Vokabel unklar.

3.2.13 *Christe, die du byst dach ende licht*

Die Übertragung des Hymnus besteht aus sieben Strophen, in denen sich der Singende oder Betende direkt an Gott wendet. Durch die Häufung der Imperative und Vokativformen stellt das Lied eine intensive, lebendige Kommunikation dar. Zentrale Anliegen sind die Bitte um göttlichen Beistand und Lobpreis.

I,1 *Christe*] Vokativform. Gerade den Namen dessen zu nennen, der gepriesen wird, ist eine charakteristische Eigenschaft des Hymnus, vgl. WENNEMUTH (2003), S. 15f. Vgl. auch Strophe fünf.

I,1 *licht*] Vgl. Io 8,12: *Ego [Christus] sum lux mundi, qui sequitur me, non ambulabit in tenebris, sed habebit lucem vitae.* Zur Lichtmetaphorik in der Bibel vgl. WENNEMUTH (2003), S. 40 und GAMBER (1980), S. 85–87.

I,3 *gelants*] In seltenen Fällen steht im Nd. und Nl. ein *s* im Auslaut, hier als Affrikata [*ts*]. Es handelt sich dabei nicht um einen verschobenen Laut, da Belege für alternative, nicht verschobene Formen fehlen. Vgl. den Reim in I,4, wo die Affrikata nicht auf orthographischer Ebene realisiert ist.

I,3f. *due...leert*] Der Imperativ Pl., der auch in III,1; IV,2 und V,3 vorkommt, wirkt in Kombination mit der Anrede „du" ungewöhnlich; diese Kombination kommt aber auch in anderen Liedern vor.

II,4 *waeder*] ungewöhnliche Schreibung.

IV,4 *sunden*] Sg. oder Pl. möglich.

VI,3 *hebt*] 2. Pers. Pl., Präteritum.

VII,1–4] Diese Schlussstrophe wurde in verschiedenen Hymnen formelhaft verwendet, vgl. WENNEMUTH (2003), S. 34.

Überlieferung

Die Übertragungen des lateinischen Hymnus *Christe qui lux es* können – von Prosaübersetzungen und Interlinearversionen abgesehen – grob in drei verschiedene Gruppen eingeteilt werden, wobei sich nicht alle Fassungen klar zuordnen lassen:[249] Zur ersten Gruppe gehören Fassungen, die auf den Mönch von Salzburg und Umkreis zurückgehen und den Überlieferungsschwerpunkt im 15. Jahrhundert haben.[250] Die zweite Gruppe, der auch die Stuttgarter Fassung angehört, besteht aus niederdeutschen und niederländischen Fassungen, die in der Regel den Liedbeginn ‚Christe, der du bist Tag und Licht' haben und schwerpunktmäßig im 16. Jahrhundert überliefert

---

249 Einteilung nach WENNEMUTH (2003), S. 65.
250 Edition: Mönch von Salzburg, hg. v. SPECHTLER, G 43, S. 333–335.

sind. Zu Gruppe drei zählen Fassungen, die auf den Text der Drucke Hortulus- und Salus Animae zurückgehen.[251]

Handschriften (Übertragungen von Gruppe zwei, zumeist niederländisch oder niederdeutsch[252]): Anna von Köln, 132r–133r; Augsburg, UB, Cod. III 1.8° 27, 167v–168r; Basel, UB, Cod. AN II 46, 9v und 25v [Fragment]; Basel, UB, Cod. AX 130, 212v–213r; Darmstadt, UB/LB, Hs 1907, 95r–v; Deventer Lhs., p. 208–210; Gent, UB, Ms. 1347, 134v; Katharina von Hatzfeld 16r; Köln, Hist. Stadtarchiv, AW 141, 169r–v; Köln, Hist. Stadtarchiv, W 72, 63r–64v; München, BSB, Cgm 178, 92r–93r; Oldenburg, LB, Cim I 73, 52r–53r; Werdener Lhs.; Wien, ÖNB, Cod. 13435, 160v–161v; Wolfenbüttel, HAB, Cod. 1189 Helmst., 109r und 115r.[253]

Drucke (basierend auf den Hs. von Gruppe zwei, vorwiegend nl. und ndt. Fassungen):[254] AllPs 1567, 46v; Bonner Gb, Nr. 242; [wichtige Quelle für den Transfer in die Nl.]; Datheen Ps 1572a, G1v und ff. Aufl.; Erfurter Ench 1526 [erste gedruckte Enchiridion-Fassung, Bearbeitung einer Hs. der zweiten Gruppe]; GehSout 1567, 236v; Haecht Ps 1579, Teil II, p. 131; Haecht Ps 1582, Teil II, p. 121; Haecht Ps 1583, Teil II, p. 121; Hamburger Ench 1558ff.; Hantboecxken 1565, Teil II, 48v; Lübecker Ench, 31r–v; Magdeburger Ench 1536; SchrL 1580, 336r; SchrL 1595, 335v; Slüter 1531, D7r–D8v [Übertragung der hochdeutschen Fassung aus dem Klugschen Gesangbuch]; SomSGL 1600 A8v; SuB 1565, E7v–8r; SuB 1572, 34r–v; SuB 1599, B3v–4r; SuB 1600a, 34r–v; SuB 1600b, B3r–v; SuB 1600c, E3r–v; SuB 1600d, 34r–v; VhSL 1600, p. 93; Wesel Gb 1554, Nr. 42 [wichtige Quelle für den Transfer in die Nl.]; Zwickau 1528.

Editionen

VAN DUYSE III, S. 2632 nach der Deventer Lhs.; WENNEMUTH (2003), S. 108f. nach Oldenburg, LB, Cim I 73; Köln, Hist. Stadtarchiv, W 141 und dem Ldb. der Anna von Köln (=Anna v. Köln, hg. v. SALMEN/KOEPP, S. 43f.); Werdener Lhs., hg. v. JOSTES, Nr. 22 .

---

251   WACKERNAGEL II, Nr. 566 nach dem Druck Salus animae, Nürnberg 1503. WACKERNAGEL II, Nr. 1096 nach dem Druck [H]Ortulus animae, Straßburg 1501.

252   WENNEMUTH (2003) stellt in ihrer Monographie S. 95–105 insgesamt 55 Handschriften aus allen Gruppen zusammen, die volkssprachige Übertragungen enthalten. Ihrer Liste wurden die Handschriften der Gruppe zwei entnommen und durch das REPERTORIUM ergänzt.

253   WENNEMUTH (2003), S. 100f., nennt noch drei weitere Fassungen aus der zweiten Gruppe (Nr. 18, 27 und 36), deren Signaturen jedoch nicht mehr zu ermitteln sind.

254   Die ndt. Fassungen sind nicht systematisch erfasst; hier ist mit deutlich mehr Quellen zu rechnen.

Haecht 1583 (Online-Publikation DBNL); Hamburger Enchiridion, hg. v. GEFFCKEN, S. 49f.; Lübecker Enchiridion, 31rv (Digitalisat); Magdeburger Enchiridion, hg. v. CRIST, S. 79; Slüter Gesangbuch, hg. v. WIECHMANN-KADOW, D7r–D8v; VhSL 1600 (Online-Publikation DBNL); WENNEMUTH (2003), S. 115 nach dem Erfurter Enchiridion von 1526 (=WACKERNAGEL II, Nr. 161).

Literatur (Auswahl)
WENNEMUTH (2003) [mit ausführlicher Bibliographie]; EINIG (1995), S. 11–122 [v.a. zum lat. Hymnus]; SPECHTLER/WACHINGER (1978).

Die genaue Entstehungszeit des lateinischen Hymnus *Christe qui lux es et dies* ist unklar, seine Rezeptionsgeschichte lässt sich jedoch bis in die Spätantike zurückverfolgen. Erstmals erwähnt wurde das Incipit im Jahr 534 in der *Regula Sanctarum Virginum* des Caesarius, Bischof von Arles.[255] Bei dem lateinischen *Christe qui lux es* handelt es sich um einen der ältesten Hymnen und um den ältesten erhaltenen Komplethymnus überhaupt.[256] Obwohl im *Breviarium Romanum*, dem Brevier der römischen Kirche, nach dem Konzil von Trient der Hymnus *Te lucis ante terminum* und nicht *Christe qui lux es* als Komplethymnus aufgenommen wurde, war der Text in lokalen Brevieren bis ins 16. Jahrhundert vertreten.[257]

Von dem lateinischen Hymnus sind eine Vielzahl volkssprachiger Übertragungen erhalten, von denen die frühesten Belege aus dem 14. Jahrhundert stammen. Im 16. Jahrhundert wurde auch der deutsche Text in den Kirchen gesungen. Während der Reformation hatte die volkssprachige Fassung ihren Platz am Sonntag Invokavit, in einigen Gebieten wurde die Übertragung auch am Sonnabend in der Vesper gesungen.[258] Neben der Verwendung im Gottesdienst hatte der Hymnus große Bedeutung bei privaten Frömmigkeitspraktiken, z.B. als Abendlied.[259]

Die volkssprachigen Übertragungen aus der zweiten Gruppe, auf denen auch die Fassung in der Stuttgarter Sammlung basiert, sind schwerpunktmäßig in Liedersammlungen überliefert, die aus dem Privatbesitz von Nonnen oder Schwestern stammen.[260] Dazu kommt die Überlieferung in Gebetbüchern.[261] Außerhalb des klösterlichen

---

255 SPECHTLER/WACHINGER (1978), Sp. 1211f.
256 Ebd.
257 Vgl. WENNEMUTH (2003), S. 35.
258 Vgl. Ebd., S. 120.
259 Vgl. HOLLWEG (1961), S. 45.
260 Vgl. das Liederbuch der Anna von Köln, ein ähnlicher Hintergrund wird auch für die Werdener Liederhandschrift vermutet.
261 Wie z.B. Köln, Hist. Stadtarchiv, AW* 141; Köln, Hist. Stadtarchiv, W 72; Wolfenbüttel, HAB, Cod. 1189 Helmst. oder München, BSB, Cgm 178.

Kontexts ist der Hymnus in der Liedersammlung der Katharina von Hatzfeld überliefert.

Oftmals steht der Text zusammen mit anderen Hymnen aus dem Kirchenjahr,[262] zuweilen unter Gebeten oder im Rahmen der Tagzeiten. Unmittelbar mit Weihnachtsliedern zusammen ist die Überlieferung in Handschriften selten, dies ist nur in der Deventer Liederhandschrift und der Stuttgarter Liedersammlung der Fall. Weder der lateinische Hymnus *Christe qui lux es* noch die volkssprachigen Übertragungen sind typische Weihnachtslieder. Es liegt aber nahe, dass der Hymnus aufgrund seiner Lichtmetaphorik gerne in der dunklen Jahreszeit und vor allem im Advent gesungen wurde.[263]

Die Drucküberlieferung ist breit. Eine Bearbeitung der niederländischen bzw. niederdeutschen Fassungen ging über das Erfurter Enchiridion von 1526 leicht modifiziert in die evangelischen Gesangbücher ein. Im Klugschen Gesangbuch von 1533 steht der Hymnus bei den so genannten alten Liedern zwischen *In dulci iubilo* und *Christ ist erstanden*. Der Text der Hortulus- und Salus-Animae-Tradition war dagegen die Grundlage für das Gesangbuch von Joh. Leisentrit und prägte die katholische Tradition.[264]

In der niederländischen Drucküberlieferung dominieren zwei verschiedene volkssprachige Fassungen. Zum einen ist eine Fassung bezeugt, die vergleichbar mit den Handschriften aus der zweiten Gruppe ist. Sie erschien erstmals in SuB 1565 sowie in den nachfolgenden Auflagen und ist auch in den Drucken VhSL 1600 und SomSGL 1600 überliefert. Eine zweite Fassung stammt aus der lutherischen Tradition und geht auf die Bearbeitung zurück, die erstmals im Erfurter Enchiridion nachgewiesen ist. Die Fassung ist beispielsweise im Psalter von Petrus Datheen überliefert (Datheen Ps 1572a), einem Gesangbuch mit sehr großer Wirkung, in dem neben den Psalmen und Cantica auch einige geistliche Lieder enthalten sind.[265] Die Enchiridion-Fassung ist auch in den Drucken Hantboecxken oder Schriftuerlicke Liedekens (SchrL) überliefert. Insgesamt reicht die Rezeption der Übertragungen bis in die Gegenwart.[266]

---

262 Basel, UB, Cod. AN II 46 oder Darmstadt, LB, Hs. 1907.
263 Vgl. WENNEMUTH (2003), S. 35.
264 Vgl. ebd., S. 68.
265 Vgl. dazu HOLLWEG (1961), der das Exemplar der niederländischen Flüchtlingsgemeinde in Emden untersucht.
266 In der heutigen Zeit könnte der Hymnus eine wichtige Funktion unter dem Gesichtspunkt der Ökumene übernehmen, vgl. WENNEMUTH (2003), S. 283.

Varianten und andere Fassungen

Der in der Stuttgarter Sammlung überlieferte Text ist der Fassung aus der Enchiridion-Tradition sehr ähnlich, er hat jedoch auch einige Gemeinsamkeiten mit den handschriftlich überlieferten niederländischen und niederdeutschen Übertragungen (Gruppe zwei), auf denen die Enchiridion-Fassung beruht.[267]

Mit der Enchiridion-Fassung teilt die Stuttgarter Handschrift die signifikante Lesart *sorgen frei* in III,4, die erstmals im Erfurter Enchiridion belegt ist; alle anderen Handschriften überliefern an dieser Stelle das Wort ‚Schulden' oder ‚Sünden'. Zudem werden in der hier vorliegenden Fassung sowie im Enchiridion-Text durchgängig die Pronomina in der ersten Person Plural verwendet, während die anderen Handschriften stark dazu tendieren, Formen der ersten Person Singular und Plural zu vermischen (z.B. *Wy bydden...dy* / *...behuede my*, Ldb. der Anna von Köln). Was den Stuttgarter Text von der Enchiridion-Fassung leicht unterscheidet, sind die Imperativformen der 2. Person Plural (I,4 *leert*; III,1 *verdriefft*; V,3 *helpt*), die vermischt neben den Singularformen stehen (z.B. II,3 *bewaer*; IV,3 *bescherme*). Im Enchiridion-Text sind durchgehend Singularformen verwendet. Auch in V,1 weicht der Stuttgarter Text von der Lesart der Enchiridien ab, die Lesart des Stuttgarter Textes ist aber auch in anderen Handschriften belegt.[268]

Bezüge zur Fassung aus dem Klugschen Gesangbuch von 1533 oder zu dem ins Niederdeutsche übertragenen Text von Joachim Slüter sind in der Stuttgarter Handschrift nicht vorhanden. Die leichten Veränderungen von den frühen Enchiridion-Fassungen zu der Fassung im Klugschen Gesangbuch – z.B. ist dort in I,2, *herre* eingefügt, in III,1 ist *fryst* durch *herre christ*, oder in V,2 *sterck* durch *allzeit* ersetzt[269] – teilt die hier vorliegende Fassung nicht.

Auf eine Transkription aller handschriftlichen Fassungen wird an dieser Stelle verzichtet, da in der Monographie von WENNEMUTH (2003) die Fassungen der zweiten Gruppe bereits ausführlich analysiert wurden. Es stellt sich allerdings die Frage, ob man bei den Handschriften der zweiten Gruppe tatsächlich von verschiedenen

---

267 Als Autor bzw. Redaktor dieser Enchiridion-Übertragung nennt GEFFCKEN, S. 49, einen Wolfgang Meußlin und die Jahreszahl 1527. Die Angabe ist zumindest in Bezug auf die Jahreszahl fehlerhaft, da die Fassung erstmals im Erfurter Enchiridion von 1526 belegt ist. Meußlin wird auch bei GOEMAN (1909) genannt, anders HOLLWEG (1961), S. 44.

268 In den Hamburger Enchiridien ist eine zweite Übertragung enthalten, die deutlich von der Stuttgarter Fassung abweicht (*Christe, du bist de lichte dach*), abgedruckt bei GEFFCKEN, S. 153.

269 Vgl. WENNEMUTH (2003), S. 116f.

Fassungen sprechen kann.[270] Varianten in Bezug auf den Strophenbestand oder die Strophenabfolge gibt es hier – im Vergleich zu den meisten anderen Liedern, die in der Stuttgarter Liedersammlung überliefert sind – grundsätzlich nicht. Die verschiedenen Übertragungen weisen zwar einzelne Wortvarianten auf, enthalten aber weniger Varianten, die ganze Phrasen betreffen. Im Vergleich zu den anderen Liedern sind die Varianten insgesamt geringer ausgeprägt. Dennoch sind die in den Handschriften überlieferten Texte wohl keine unmittelbar voneinander abhängigen Abschriften, sondern vielmehr freie Adaptationen. Die starken Ähnlichkeiten sind möglicherweise auch dadurch bedingt, dass bereits der lateinische Prätext aufgrund seiner Verwendung in der Liturgie einen stabileren Wortlaut aufweist als z.B. die Cantiones *Puer nobis nascitur* oder *Dies est letitie*; dies könnte sich wiederum auf die Übertragungen ausgewirkt haben.

In der Monographie von WENNEMUTH (2003) bleibt außer Acht, dass der Text, den die Handschriften aus Gruppe zwei überliefern, auch in nicht überarbeiteter Form weitergedruckt wurde.[271] Im Folgenden wird daher die Fassung aus dem Druck SuB 1572 abgedruckt, die denselben Text wie die Handschriften aus der zweiten Gruppe bietet. Abweichungen im Vergleich zum Enchiridion-Text sind vor allem in Strophe zwei und in der doxologischen siebten Strophe vorhanden. Parallel dazu wird die Bearbeitung von Willem van Haecht wiedergegeben, die in III,1 und V,2 Bezüge zum Text aus dem Klugschen Gesangbuch aufweist, ansonsten jedoch auch eigene Formulierungen enthält (z.B. I,2); die Schlussstrophe fehlt. Im Editionsteil (Kap. 2) sind im Apparat zum Stuttgarter Text die Varianten aus dem Magdeburger Enchiridion von 1536 mitgeteilt, das hier stellvertretend als Text aus der Enchiridion-Tradition ausgewählt wurde.

---

270 Zu den Besonderheiten der handschriftlichen Fassungen aus Gruppe zwei, vgl. WENNE-
     MUTH (2003), S. 80–84. Obwohl die Fassungen aus der zweiten Gruppe insgesamt varian-
     tenreicher als die Fassungen aus den anderen Gruppen sind, gleichen sie sich doch recht
     stark.
271 Die Schwerpunktsetzung in der Monographie liegt auf den konfessionell gebundenen
     Gesangbüchern, die zumeist auf redigierten handschriftlichen Fassungen basieren.

SuB 1572, 34r–v   *Haecht 1573, p. 131f.*

Hymnus ,Christe qui lux es et dies'
Een seer schoon auont-ghebet D. M. L.

I   Christe, ghy zijt dagh ende licht,   Christe, die sijt dach end' licht groot,
    voor u en is verboerghen nicht   voor v was niet verborgen oot,
    des vaders licht lichtet ons als glants,   ghy sijt van s'vaders licht de glans,
    leert ons den wegh die waerheyt gantsch.   wijst ons den wech der waerheyt gans.

II Wy bidden, lieve heere, dy   Wy bidden v godtlijcke cracht,
    in dese nacht behoedet my,   bewaert ons, heer', in deser nacht,
    in u so staet die ruste mijn,   beschermt ons doch voor alle leyt
    laet ons desen nacht in vreden zijn.   godt vader der barmerticheyt.

III Verdrijbet, heere, waer ick slapende ben,   Verdrijft den swaren slaep, heer' Christ,
    dat my niet en bedrieghe des vyants list,   dat ons niet schaede s'viant's list,
    dat vleesch so cuysch, so reyne sy,   dat het vleesch cuysch ende reyn sy,
    so staen wy van alle sorghen vry.   soo sijn wy van veel sorghen vry.

IV Nu slapet, ooghen, al sonder leyt,   Als onse ooghen slaepen nou,
    waket, heere, in godtlijckheyt,   laet dan ons hertt' waeken tot ou,
    beschermt ons, gods rechterhandt,   ons bescherme godts rechte handt
    behoet ons voor der zonden bandt.   end' loss' ons vander sonden bant.

V   Beschermt ons, heer alle kerstenheyt   Heer' beschermer der christenheyt,
    u hulpe is ons so sterck, sy is ons bereyt,   v hulp' altijt sy ons bereyt,
    helpt ons, godt, uyt aller noot   helpt ons, heer' godt, wt allen noot
    door u heylighe vijf wonden bloot.   door v heylighe wonden root.

VI Ghedenckt, heere, den swaren gheest,   Ghedenckt des swaren tijdt's ghewis,
    die ziel en lijf bevanghen heeft,   daer d'lichaem in gheuanghen is,
    die zielen, die ghy hebt verlost,   de siel', die ghy hebt verlost, heer',
    geeftse, heere, uwen heyligen troost.   laet die onghetroost nimmermeer.

VII Des vaders cracht, des soons const,
    des heylighen gheests goede gonst,
    hebt lof, eere ende waerdigheyt,
    door uwe heylige drievuldigheyt.

I,4 *gantsch* auffällige Schreibung.   ---
II,3 *ruste* ‚Ruhe'. **III,1** Objekt zu   **Üs.,2** D. M. L: Doktor Martin Luther. Das
*Verdrijbe*t fehlt. **VI,1** *gheest* ist eine   Lied ist in einigen Quellen unter Luthers
ungewöhnliche Lesart.   Namen überliefert.

3.2.14 *Wie wyl mede toe Bethleem*

Das Lied besteht aus vier Strophen mit Refrain. Die erste Strophe ist ein Aufruf, nach Bethlehem aufzubrechen, die zweite Strophe bezieht sich auf die Prophezeiung von Christi Geburt durch Jesaja, die dritte Strophe enthält eine Aufforderung zum Lobgesang und in der letzten Strophe wird das Auffinden des Kindes in der Krippe geschildert. Alle Strophen haben den Binnenrefrain ,*kyrieleison*', der Endrefrain ist ein Lobpreis auf Maria.

I,1] Mnl. *wie* ,wer'. Inhaltlich ist die Stelle mit dem Ausruf der Hirten in Lc 2,15 vergleichbar: *transeamus usque Bethleem...* Obwohl die Hirten im Lied nicht explizit erwähnt werden, weist der Text strukturelle Bezüge zur Hirtenszene im Lukasevangelium auf (Aufbruch nach Bethlehem – Gloria – Auffinden des Kindes), die dann vor allem in der dritten und vierten Strophe wieder aufgegriffen werden. Interessant ist die Adaptation der Hirtenepisode im Text, denn nicht die Hirten, sondern das *wy* wird zum Agens. Das Sich-auf-die-Suche-Machen und Auffinden des Kindes erfolgt durch das Singen oder Beten des Textes.

I,2 *kyrieleison*] Liturgische Reminiszenz; so auch *alleluia* im Refrain.

II,1–3] Is 7,14: *propter hoc dabit Dominus ipse vobis signum ecce virgo concipiet et pariet filium et vocabitis nomen eius Emmanuhel.* Der Name ,Jesus' wird nicht von Jesaja, sondern erst von Gabriel in Lc 1,31 prophezeit (vgl. Kommentar zu Lied Nr. 9, I,3f.).

III,1 *willem*] Die Verbendung auf -*n* (*willen*) wurde an das nachfolgende Wort *wy* assimiliert.

III,3] Als Lobgesang wird das Incipit des ,Gloria' der Messe zitiert. Der zugrunde liegende Text nach Lc 2,4 lautet in der Vulgata: *gloria in altissimis Deo.*

IV,1–3] Das Auffinden des Kindes erinnert an die Ankunft der Hirten in Lc 2,16: *et venerunt festinantes et invenerunt Mariam et Ioseph et infantem positum in praesepio.* Der Höhepunkt steht am Ende des Liedes, somit ist auch der Bezug zur ersten Strophe wieder hergestellt.

<u>Überlieferung</u>
Handschrift: Utrecht, GA, XIII G 43, 204r–205r.
Drucke: SuB 1572, 48r; SuB 1600a, 48r; SuB 1600d, 48r.

<u>Edition</u>
VALKESTIJN (1968), S. 245 nach Utrecht, GA, XIII G 43.

Über die Entstehung des niederländischen Weihnachtsliedes ist nichts bekannt, die Überlieferung ist spärlich und setzt erst im 16. Jahrhundert ein. Handschriftlich ist das Lied neben der Fassung in der Stuttgarter Sammlung nur ein weiteres Mal belegt, und zwar als Nachtrag in dem gedruckten Utrechter Cantuale von 1541. Ausschließlich in dieser Quelle ist dem Text eine Notation hinzugefügt, die unikal überliefert und für keine anderen volkssprachigen oder lateinischen Lieder nachgewiesen ist.[272] Weiter-hin erscheint der Liedtext in drei Auflagen des Drucks SuB.

Varianten und andere Fassungen

Alle Fassungen stimmen in der Abfolge des Textes überein und weichen im Wortlaut nur geringfügig voneinander ab. Die Varianten von Utrecht, GA, XIII G 43 und SuB 1572 sind in Bezug auf die Stuttgarter Fassung im Apparat mitgeteilt.

Eine Unklarheit ergibt sich bei der Gliederung der Strophen: In SuB 1572 und im Utrechter Cantuale ist der Text nicht in vier, sondern in drei Strophen aufgeteilt. In beiden Quellen fehlen an der Stelle, die der dritten Strophe der Stuttgarter Fassung entspricht, Binnen- und Endrefrain. Die zweite und dritte Strophe der Stuttgarter Fassung sind in diesen Quellen zu einer Einheit zusammengezogen; hier wiedergege-ben nach der Edition von VALKESTIJN (1968), S. 245:

> *Isaias profeteerde ons aldus kirieleyson*
> *Dit live kint sal heten jesus alleluja*
> *toe love so willen wy dansen ende ...? (springen?)*
> *gloria in excelsis deo singen.*

Offensichtlich stellt das *alleluja* in der zweiten Zeile eine Abkürzung für den Endre-frain dar. Es wäre also sinnvoller, den Text auch hier wie in der Stuttgarter Fassung in zwei Strophen zu unterteilen und im zweiten Abschnitt Binnen- und Endrefrain zu ergänzen.

3.2.15 *Waer ys die dochter van Zion*

Die ersten Strophen des Liedes handeln von teils biblischen Szenen um die Geburt Christi: Von der frohen Botschaft (I), vom Licht, das bei der Geburt Christi aufgegan-gen ist (II) und von der Bedeutung der Schwangerschaft Marias (III). In der vierten Strophe steht das Krippenkind im Zentrum, in der fünften Strophe wird Jesus Christus direkt angesprochen. In Strophe sechs ist der Erlösungsgedanke zentral, die anschlie-ßenden Strophen handeln von der Überwindung der Erbsünde (VII) sowie der All-macht Gottes und der Inkarnation (VIII). Das Lied schließt mit einer Bitte an Jesus und Maria um Beistand über den Tod hinaus.

---

272   Vgl. REPERTORIUM II, M 1122.

I,1] Vgl. die Anrede ,Töchter Jerusalems' im Hohelied, z.B. Ct 2,5; hier wird die gesamte Christenheit angesprochen. Auffällig ist die Sprechhaltung in der Strophe (*ick*).

I,4 *saiken*] Mnl. *saike* ,Sache, Ding'.

II,1–4] Wechsel der Sprechinstanz von ,wir' und ,ich' innerhalb der Strophe. Zum Licht, das bei Christi Geburt aufgehen wird, vgl. die Prophezeiung in Is 9,2: *populus, qui ambulabat in tenebris, vidit lucem magnam habitantibus in regione umbrae mortis lux orta est eis*. Beziehbar ist das Licht auch auf Jesus Christus selbst (vgl. Kommentar zu *Christe, die du byst dach ende licht*, I,1), oder auf die *claritas dei*, die sich den Hirten auf dem Feld offenbart.

II,2 *gereesen*] ,aufgegangen'.

III,1f.] Die Übersetzung an dieser Stelle ist schwierig und möglicherweise ist der Text fehlerhaft, die Lesart der Handschrift ist in keiner anderen Fassung belegt. Ungewöhnlich ist zudem die Verbendung auf -*ent*, die sonst in der Handschrift nicht vorkommt.

III,3 *teeder*] ,zart'.

IV,2 *moeten hem*] Das *n* wurde zur Trennung der Hiatstelle eingefügt.

VI,1f.] An der Stelle treffen gegensätzliche Gottesbilder des Alten und Neuen Testaments aufeinander.

VI,1] *tont* von *tonen* ,zeigen'; *guedertierentheit* ,Gnade, Barmherzigkeit'.

VI,2 *wylen*] ,früher, einst'.

VI,2 *verbolgen*] ,zornig, erzürnt'.

VI,3 *driefft*] Präsens zu mnl. *driven* (wörtl.) ,treiben', jedoch mit breiterer Bedeutung, vgl. lat. *agere*. Hier wohl im Sinne von ,betreiben'.

VII,1–4] Zur Überwindung der Erbsünde durch Jesus Christus, vgl. Rm 5,12–17. Je nach Konfession gibt es verschiedene Ansichten über den konkreten Vollzug der Aufhebung.

VII,1 *we*] Die meisten anderen Fassungen haben das Wort *ongereet* (mhd. *ungereit*) ,unzugänglich, unbrauchbar', was aber hier aus Platzgründen nicht gestanden haben kann.

VII,3] *om* ,um…willen'; inhaltlich ist ein ,in' zu ergänzen: Üs.,Um des Apfels willen, in den Adam biss'.

VII,3f.] Vgl. Gen 3,6 zum sogenannten Sündenfall.

VII,4] Das Bild vom Öffnen und Verschließen des Himmels kommt häufig in der Bibel vor, z.B. in Dtn 11,17.

IX,2 *wylt*] Konjunktiv I.

IX,4 *als*] ,wenn' (temporal).

Die in der Stuttgarter Handschrift überlieferte Fassung des Liedes setzt sich aus Strophen dreier Lieder zusammen: *Waer ys die dochter van Zion*, *Had ick vloghelen als een arent grijs* und *Wildi horen nuwen sanc* bzw. *Met rechte singhen wij neuwen sanck*.

1.   *Waer ys die dochter van Zion*

Überlieferung
Drucke: Costerius OHB 1590, p. 8–9; DEPB 1539, CXIXv; Hofken 1577, p. 11–12; NiDB 1576, p. 194; SuB 1508, p. 13f.; SuB 1540, A5v–6r; SuB 1565, B1r–v; SuB 1572, 8r; SuB 1599, E6r–v; SuB 1600a, 8r; SuB 1600b, E2v–3r; SuB 1600c, B1r; SuB 1600d, 8r; VhSL 1600, p. 16f.

Editionen
Costerius OHB 1590 (Online-Publikation DBNL); Devoot ende Profitelijck Boecxken, hg. v. SCHEURLEER, Nr. CCXVIII; Hofken 1577 (Online-Publikation DBNL); Suver-lijc Boecxken 1508, hg. v. MAK, S. 13–15 (=VAN DUYSE III, Nr. 486); VhSL 1600 (Online-Publikation DBNL).

2.   *Had ick vloghelen als een arent grijs*

Überlieferung
Handschriften: Anna von Köln, 52v–54r; Kateline Winkelmans, 1r–2r.
Drucke: Costerius OHB 1590, p. 10–11.; DEPB 1539, CXIIv; Hofken 1577, p. 14–16; NiDB, 1576, p. 195; SuB 1540, B5r–6r; SuB 1565, B6r–7r; SuB 1572, 12r–v; SuB 1600a, 12r–v; SuB 1600c, B5r–v; SuB 1600d, 12r–v; VhSL 1600, p. 25–26.

Editionen
Anna von Köln, hg. v. SALMEN/KOEPP, S. 24 (=VAN DUYSE III, Nr. 489); Kateline Winkelmans (Online-Publikation DBNL).
Costerius OHB 1590 (Online-Publikation DBNL); Devoot ende Profitelijck Boecxken, hg. v. SCHEURLEER, Nr. CCXXI (=VAN DUYSE III, Nr. 489); Hofken 1577 (Online-Publikation DBNL); VhSL 1600 (Online-Publikation DBNL).

3.   *Wildi horen nuwen sanc* (Incipit SuB) bzw. *Met rechte singhen wij neuwen sanck* (Incipit DEPB und Anthonius Ghiselers)

Überlieferung
Handschriften: Anthonius Ghiselers, 37r; Tongerer Ldb., 221r.
Drucke: DEPB 1539, CXIIr–v; NiBD 1576, p. 194.

Editionen
BRUNING (1955) nach Tongerer Ldb.
Devoot ende Profitelijck Boecxken, hg. v. SCHEURLEER, Nr. CCXIX.

Das Weihnachtslied *Waer ys die dochter van Zion* ist in der Fassung, wie sie die
Stuttgarter Handschrift überliefert, eine Zusammenstellung aus drei verschiedenen
Liedern. Diese drei Lieder haben in allen Fassungen den gleichen Strophenbestand
und die gleiche Strophenfolge, was wohl der Tatsache geschuldet ist, dass sie schwerpunktmäßig in Drucken und nicht in Handschriften überliefert sind. Das Lied *Waer ys
die dochter van Zion* besteht in allen Fassungen aus acht, *Had ick vloghelen als een
arent grijs* aus elf Strophen, die auch jeweils in derselben Reihenfolge angeordnet
sind. Die beiden Lieder haben drei Strophen gemeinsam: *Waer ys die dochter van
Zion*, *Een dusternis is ons verclart* und *Nu is hij teder ende cranck*, die sich alle drei
auch in der Stuttgarter Handschrift finden.[273] Das Lied *Wildi horen nuwen sanc* bzw.
Met rechte singhen wij nieuwen sanck besteht aus insgesamt sieben Strophen. Die
Stuttgarter Fassung setzt sich aus folgenden Strophen zusammen:

	Stuttgarter Fassung[274]	Waer ys die dochter van Zion	Had ick vloghelen als een arent grijs	Wildi horen nuwen sanc
I	*Waer ys die dochter…*	I	III	
II	*Een donckerheit…*	IV	VI	
III	*Dat hemelrick…*	-	V	
IV	*Nu is hij teder…*	V	VII	
V	*Heer Jesus…*	-	VIII	
VI	*Hy tont ons…*	VI	-	
VII	*Dat vns hijr voermals…*	-	IX	
VIII	*Al dat is ende wesen…*	-	-	II
IX	*O heer, looff moet v…*	VIII	-	

Das ursprünglich achtstrophige Lied *Waer ys die dochter van Zion* ist erstmals überliefert im Druck SuB 1508, dem ältesten erhaltenen gedruckten Gesangbuch der Niederlande. Handschriftlich überlieferte Fassungen sind nicht bekannt. Es handelt sich

---

273 Dies wurde in der Forschung bereits zur Kenntnis genommen. Ein synoptischer Abdruck
     der beiden Lieder *Waer ys die dochter van Zion* und *Had ick vloghelen als een arent grijs*
     in den Fassungen von DEPB 1539 findet sich bei KNUTTEL (1906), S. 144–146.
274 In der Stuttgarter Handschrift ist auffällig, dass gerade bei diesem Lied, das in dieser
     Zusammensetzung sonst in keinen anderen Quellen begegnet, eine Nummerierung der
     Strophen durch große lateinische Ziffern zugefügt ist.

um ein Weihnachtslied, das auf die Melodie der Cantio *Puer nobis nascitur* gesungen wurde. Der Verweis auf diese Melodie ist auch in der Überschrift der Stuttgarter Fassung enthalten.

Auch das zweite Lied mit dem Titel *Had ick vloghelen als een arent grijs*, aus dem die Stuttgarter Fassung Strophen entlehnt, ist schwerpunktmäßig in niederländischen Drucken überliefert, es sind allerdings auch zwei Handschriften bekannt, die eine überregionale Verbreitung belegen.[275] Das Liederbuch der Anna von Köln wird von SALMEN/KOEPP im Kölner Raum angesiedelt.[276] Die Handschrift aus Brügge, die das Lied ebenfalls überliefert, gehörte Kateline Winkelmans; bei dieser Handschrift handelt es sich um ein Liederbündel mit niederländischen und französischen Liedern, das im frühen 16. Jahrhundert entstanden ist.[277] Es wird vermutet, dass die Handschrift bei der Meditation oder beim stillen Gebet Verwendung fand.[278] In dieser Quelle ist das Lied nicht im Kontext von Weihnachtsliedern überliefert. Weihnachtsmotive kommen zwar in den Strophen sechs und sieben vor, inhaltlich steht aber das Motiv der Sehnsucht nach Jesus Christus im Vordergrund.

Bei dem Lied *Wildi horen nuwen sanc*, mit dem der Stuttgarter Text eine gemeinsame Strophe aufweist, handelt es sich um ein klassisches Weihnachtslied, in dessen Zentrum das Krippenkind steht (III–VI). Alle drei Lieder sind vermutlich im 16. Jahrhundert entstanden, in den älteren Handschriften aus dem Devotio-Moderna-Umkreis sind sie nicht bezeugt.

Varianten und andere Fassungen

Im Anschluss an dieses Kapitel werden die drei Lieder *Waer ys die dochter van Zion* und *Had ick vloghelen als een arent grijs* nach SuB 1572, das Lied *Met rechte singhen wij neuwen sanck* nach der Handschrift des Anthonius Ghiselers wiedergegeben. Bei dem Lied *Waer ys die dochter van Zion* fehlen in der Stuttgarter Fassung die Strophen zwei und drei, die wiederum auf das Lied *Hedt is een dach der vroelickheyt* zurückgehen, zusätzlich fehlt die Jesusminnestrophe (VII). Aus dem Lied *Had ick vloghelen als een arent grijs* sind vor allem Strophen mit Weihnachtsthematik entlehnt, andere Strophen sind im Stuttgarter Text getilgt. Aus dem dritten Lied wurde substantiell am wenigsten übernommen, hier wurde lediglich eine Variante von Strophe zwei entlehnt.

---

275 Vgl. das Liederbuch der Anna von Köln und Brügge, Stadbibliotheek, Hs. 29.
276 Vgl. Anna von Köln, hg. v. SALMEN/KOEPP, S. 3.
277 Vgl. Kateline Winkelmans, hg. v. BRAEKMAN (1996), S. 109–136, Beschreibung auf S. 109–111.
278 Vgl. Kateline Winkelmans, hg. v. BRAEKMAN (1996), S. 112.

SuB 1572, 8r

Een nieu liedeken op de wijse:
‚Puer nobis nascitur‘

I   Waer is de dochter van Syon?
ick soudese so blyde maken,
ick soude haer een bootschap doen
van also groote saken.

II   ...
doe gingh een maghet sware
te Bethlehem, daer sy doe bleef
ende ontfingh haer kindt aldare.

III   Een glas al schijnter doore
ten breeckt niet van der sonnen,
dus heeft die jonckvrou, na en voor
jonckvrou, een kindt ghewonnen.

IV   Een duysternis is ons verclaert,
een licht is ons gheresen,
een maghet heeft een kint gebaert,
dat dunckt my wonder wesen.

V   Nu is hy teder ende cranck,
een maghet sal hem voeden,
wy moghent hem al wel weten danck
van sijner grooter armoeden.

SuB 1572, 12r–v

I   Had ick vleughelen als een arent grijs,
ick soude so hooghe vlieghen
daer boven in dat paradijs
tot mijnen soeten lieve.

II   Dan soude ick segghen: ‚vader mijn,
wanneer suldy my halen
wt deser ellende van aertijck
in uwer hooghster salen?‘

III   Waer is de dochter van Syon?
ick wilse vrolijck maken,
ick wil haer een bootschap doen
van also blyden saken.

IV   Die hooghste in der minnen
dat is Jesus, Marien sone.
godt laet ons hem ghewinnen
hier boven in den throone.

V   Dat hemelrijck ende aertrijck
noyt conste ontluycken,
die sal een suyver maghet reyn
in haren lichaem besluyten.

II,1 *Fehlt.* Doe men al di werelt bescreef
Hofken 1577.

II,2 Vgl. *Hedt is een dach der
vroelickheyt*, VII (Stuttgarter Fassung).
III,1 f. Üs.: ‚Wie ein lichtdurchlässiges
Glas, das nicht durch die Sonnenstrahlen
bricht, so...‘ (?). Die Lesart ist auch in
Hofken 1577 bezeugt. Vgl. *Hedt is een
dach der vroelickheyt*, III (Stuttgarter
Fassung). **3** *dus* ‚so‘.

I,1 *arent* ‘Adler’. | *grijs* ‚grau‘.
4 Sehnsucht; *lieve* bezieht sich wohl auf
Jesus. **II,2** *wanneer* ‚wann‘. **V,2** *noyt*
‚niemals‘. *ontluycken* ‚umschließen‘.
Üs.: ‚Was Himmel und Erde nicht
umschließen konnten, den ...‘. | *conste*
Form? Lesart aber auch in Hofken 1577
bezeugt.

SuB 1572, 8r

VI   Hy toont sijn goedertierentheyt,
ny en was hy verbolghen,
hy dijft so grooten ootmoedigheyt,
wy en connen hem niet na volghen.

VII   Maria nam hem op haren schoot,
sy custen aen sijnen monde,
die minne hadde sy also groot
tot hem in alle stonde.

VIII   O heere, lof moet u altoos sijn,
wilt ons dan gheleyden
met die weerde moeder dijn,
als wy alle van hier scheyden.

SuB 1572, 12r–v

VI   Die duysternisse is verclaert,
dat licht is ons gheresen,
een maghet heeft een kint ghebaert,
dat mach wel wonder wesen.

VII   Dat kint was teder ende cranck,
een maghet moestet voeden,
tis recht, dat wy't hem weten danck
van sijner grooter ootmoeden.

VIII   ,Heer Jesus kerst, wat heb dy gemeent',
wy souden u so gheerne vraghen,
dat ghy dus licht en weent,
ghy sijt so jongh van daghen.

IX   Dat dus viel en dat was onghereet,
dat moghen wy nu ghebruycken,
dat Adam in den appel beet,
dat dede den hemel sluyten.

X   O moeder gods van hemelrijcke,
des coninghs in den throone,
bidt voor ons allen innerlijcke
Jesum, uwen sone.

XI   Dat wy daer boven moeten
...
u ende uwen kinde groeten,
dat wil ons godt ghehinghen.
Amen

XI,2 *Fehlt.* daer die enghelen vrolijck singhen, *Hofken 1577.*

IX,1 Gemeint ist der sogenannte Sündenfall, Üs.: ,was also fiel und in Unordnung gekommen war'. **3** *dat* kausal. **4** *dat* hier im Sinne von ,deshalb'. **XI,4** *ghehinghen* ,gestatten'.

VII,2 Vgl. Jesusminnelieder.

4 Überlieferungsgeschichtliche Einordnung

4.1 Liedersammlungen mit volkssprachigen Konkordanzen

Um die Stuttgarter Liedersammlung in den überlieferungsgeschichtlichen Zusammenhang einzuordnen, werden in diesem Kapitel zunächst Handschriften und Drucke mit Konkordanzen vorgestellt. Obwohl die Stuttgarter Handschrift in ihrer Zusammenstellung ein Unikum ist, sind Sammlungen mit teilweise ähnlichem Liedbestand keine Seltenheit. Der Schwerpunkt liegt im Folgenden auf Handschriften und Drucken, die mehrere volkssprachige Lieder mit der Stuttgarter Handschrift gemeinsam haben. Die besprochenen Quellen konzentrieren sich hierbei ungeachtet der überregionalen Verbreitung der Lieder *In dulci iubilo* und *Christe, die du byst dach ende licht* hauptsächlich auf den niederländisch-niederdeutschen Raum.[279]

4.1.1 Handschriftliche Sammlungen

Die zahlreiche Überlieferung von Weihnachtsliedern in den Niederlanden und den angrenzenden Gebieten spiegelt das insgesamt hohe Interesse an der Weihnachtsthematik in dieser Region wider.[280] Die Kombination von volkssprachigen und lateinischen Liedern findet sich dabei besonders häufig in Handschriften aus dem Devotio-Moderna-Umkreis. Abgesehen von der Cantio *Totus mundus iocundetur* sind alle Cantiones der Stuttgarter Sammlung auch in Handschriften enthalten, die mit der Devotio Moderna in Verbindung gebracht werden können. Außerdem sind mehrfach die Lieder *In dulci iubilo* (Nr. 10) und *Christe, die du byst dach ende licht* (Nr. 13), hauptsächlich *Hedt is een dach der vroelickheyt* (Nr. 4) und *Mit disen nijen iaere*

---

279 Vgl. dazu die Übersicht am Ende dieses Kapitels. Die lateinischen Lieder sind in handschriftlichen Quellen unterschiedlichster Regionen tradiert. Stark verbreitet sind vor allem *Puer nobis nascitur* (Nr. 1), *Dies est letitie in ortu regali* (Nr. 3) und *Puer natus in Bethleem* (Nr. 11), die beiden letztgenannten Cantiones sind auch in zahlreichen gedruckten Quellen sowie in Gesangbüchern verschiedener Konfessionen überliefert. Die Cantiones *Dies est letitiæ nam processit hodie* und *Magnum nomen domini Emanuel* (ohne *Resonet in laudibus*) haben dagegen auch einen Überlieferungsschwerpunkt im niederländischen Raum.

280 Vgl. die Untersuchung von KNUTTEL (1906). Hier werden vor allem Quellen aus dem Devotio-Moderna-Umkreis behandelt und Weihnachtslieder ediert. Zur Weihnachtsthematik allgemein und speziell zur Weihnachtsfrömmigkeit der Franziskaner, vgl. MAK (1948). Zu Weihnachtsliedern aus niederländischen Quellen des 17. Jahrhunderts, vgl. RASCH (1985).

(Nr. 12) sowie fast ausschließlich das Lied *Drie kooninghen vtuercoeren* in Devotio-Moderna-Handschriften überliefert.[281] Während also die Cantiones im Umfeld der Devotio Moderna gesammelt und tradiert wurden, so hat ein großer Teil des volkssprachigen Liedbestandes der Stuttgarter Sammlung hier vermutlich sogar seinen Ursprung oder zumindest seine überlieferungsgeschichtlichen Wurzeln.

Die als Devotio Moderna bezeichnete Frömmigkeitsbewegung wurde in den 1370er Jahren in Deventer von Geert Groote durch die Stiftung des Meester-Geertshuis begründet.[282] Als Rektor stand Groote einem Wohnhaus für mittellose Frauen, die sich die ‚Schwestern vom Gemeinsamen Leben' nannten, persönlich vor, erstellte Statuten für das Zusammenleben und begann später auch zu predigen.[283] Der ursprünglich caritativen Institution, wie sie an sich im Kontext des städtischen Stiftungswesens nichts Außergewöhnliches darstellte, verlieh er dadurch eine starke religiöse Dimension. Bald bewarben sich nicht nur Frauen aus Armutsgründen, sondern vor allem aus religiösen Motiven um die Aufnahme.[284] Ein zentraler Gedanke der Predigten war das Leben einer „neuen Frömmigkeit" auf der Basis einer innigen Beziehung zu Gott. Die Devotio Moderna verstand sich aber auch als Reformbewegung, die sich gegen die Verderblichkeit der Kirche richtete. Parallel zum weiblichen Zweig gründete Florens Radewijns, ein Freund Grootes, die Gemeinschaft der ‚Brüder vom Gemeinsamen Leben' und schon bald entstanden im Ijsseltal weitere Brüder- und Schwesternhäuser.[285]

Bis zur Mitte des 16. Jahrhunderts breitete sich die Bewegung auch in Deutschland und anderen Ländern aus und allmählich wurde die Organisation straffer.[286]

---

281 Einige dieser Quellen, die schwerpunktmäßig im 15. und in der ersten Hälfte des 16. Jahrhunderts entstanden sind, stammen nachweislich aus Klöstern oder Häusern der Devotio Moderna, andere Quellen lassen sich aufgrund der enthaltenen Lieder oder Texte mit dieser Frömmigkeitsbewegung in Verbindung bringen.

282 Knapper Überblick bei ISERLOH (1999). Eine kurze Einführung zur Devotio Moderna gibt HASCHER-BURGER (2002), S. 3–7; weiterführende Literatur ist im Rahmen der Datenbank MUSICA DEVOTA zusammengestellt. Zur Biographie von Groote vgl. die Untersuchung von KRAUSS (2007), S. 33–66.

283 Zur Devotio Moderna in Deventer, vgl. BOLLMANN (2004), S. 43–172.

284 Vgl. Ebd., S. 70.

285 Zu den Brüdern vom Gemeinsamen Leben vgl. den Sammelband von BODEMANN/STAUBACH (2004). Zu den Lebensgewohnheiten und Hausordnungen, vgl. KLAUSMANN (2003).

286 Zu den niederdeutschen Schwesternhäusern, vgl. REHM (1985). In den Niederlanden waren die Schwestern im Kolloquium von Zwolle zusammengefasst, die norddeutschen Schwesternhäuser im Kolloquium von Münster und in Süddeutschland im Generalkapitel von Marienthal; die Brüder vom Gemeinsamen Leben, deren Anzahl im Vergleich zu den Schwestern geringer war, bildeten adäquate Strukturen aus.

Insgesamt waren die Brüder und Schwestern vom Gemeinsamen Leben im Vergleich zu den regulären Orden eine heterogene Gruppe, allerdings setzte im 15. Jahrhundert die Tendenz ein, dass viele Häuser eine Ordensregel annahmen und ihren ursprünglichen Charakter dadurch deutlich veränderten.[287]

Die Brüder und Schwestern vom Gemeinsamen Leben zählten zu den Semireligiosen.[288] Ohne Gelübde und Einheitstracht lebten sie eine *vita communis* nach apostolischem Armutsideal, sie hatten kein privates Eigentum. Neben den spirituellen Aufgaben, zu denen das Meditieren und die Lektüre geistlicher Texte gehörten, war zur Sicherung des Lebensunterhalts eine *vita activa* vorgeschrieben. Es herrschten Arbeitspflicht und Bettelverbot.[289] Der weibliche Zweig widmete sich vor allem der Spinnarbeit, die Brüder vom Gemeinsamen Leben sicherten sich ihr Auskommen unter anderem mit Schreibarbeiten und Bücherproduktion.[290] Die Brüder und Schwestern vom Gemeinsamen Leben pflegten ökonomische Kontakte zum städtischen Bürgertum, es herrschte ein reger Austausch zwischen den Häusern, darüber hinaus bestanden die Kontakte zu den Herkunftsfamilien in der Regel weiter.[291] Bei den Brüdern und Schwestern vom Gemeinsamen Leben handelte es sich also im Kern um eine volksnahe Bewegung, die außerhalb der Klöster wirkte.

In Bezug auf die Liedkultur wurden verstärkt volkssprachige Texte gedichtet und gesammelt, besonders bei den Schwestern vom Gemeinsamen Leben bestand ein großes Interesse an volkssprachigen geistlichen Liedern.[292] Die Schwestern konnten in der Regel zwar schreiben und lesen, Lateinkenntnisse waren aber nur selten vorhanden, so dass das Stundengebet in der Volkssprache vollzogen wurde.[293] In diesem Umfeld entstanden einige Handschriften, die Konkordanzen mit der Stuttgarter Sammlung aufweisen.

---

287 Vgl. KRAUSS (2007), S. 34. Im Einzelfall ist es schwierig, die Schwestern vom Gemeinsamen Leben von den Terziarissen abzugrenzen, vgl. REHM (1985), S. 25–58.

288 Dabei grenzte Groote die Schwestern vom Gemeinsamen Leben stark von den Beginen ab. Beispielsweise warf Groote den Beginen vor, die Plätze im Haus nach Finanzstärke zu vergeben. Die Abgrenzung erfolgte vermutlich auch, um einer Verfolgung entgegenzukommen, vgl. BOLLMANN (2004), S. 54f.

289 Vgl. Ebd., S. 66.

290 Zum Stellenwert der Arbeit, vgl. BOLLMANN (2002). Zur Bücherproduktion, vgl. KOCK (2002). Die Arbeit hatte oftmals eine meditative Komponente.

291 Vgl. KRAUSS (2007), S. 135–139.

292 Vgl. KOLDAU (2005), S. 591.

293 Vgl. HASCHER-BURGER (2002), S. 34.

Aus dem Besitz der Schwestern vom Gemeinsamen Leben stammt die Deventer Liederhandschrift,[294] als deren Herkunftsort das Meester-Geertshuis sowie das Lamme-van-Diesehuis in Deventer diskutiert werden.[295] Die Sammlung besteht aus 92 mittelniederländischen Liedern und dem Canticum *Nunc dimittis* (p. 322). Unter den überwiegend geistlichen Liedern befinden sich unter anderem Lieder der minnenden Seele, Weihnachtslieder und Heiligenlieder,[296] zu den Autoren gehören beispielsweise Jan Brugman und Suster Bertken. Sämtliche Lieder sind ohne Notation, meistens aber mit Melodieverweisen überliefert. Insgesamt sind fünfzig Lieder der Sammlung Unika, ansonsten ist eine hohe Zahl an Konkordanzen mit einigen im niederdeutschen Raum entstandenen Sammlungen auffällig. Dies ist als Indiz dafür zu werten, dass zwischen den Häusern des Stammlandes der Devotio Moderna und den reformierten Klöstern im deutschen Raum ein reger Austausch bestanden hat.[297] TERVOOREN ist der Ansicht, dass die Deventer Liederhandschrift zum persönlichen Gebrauch, zum stillen Lesen und Singen benutzt wurde;[298] denkbar ist auch, dass die sorgfältig geschriebene Sammlung als Grundlage zum gemeinsamen Singen verwendet wurde. Mit der Stuttgarter Handschrift teilt sie vier volkssprachige Lieder.[299]

Für das Liederbuch der Anna von Köln wird ein ähnlicher Hintergrund vermutet.[300] WILBRINK vertritt die These, dass die Handschrift im Schwesternhaus St. Em-

---

294 REPERTORIUM II, H 023; Beschreibung MUSICA DEVOTA: Zweite Hälfte 15. Jh., 10x14,5 cm, Papier, 322 Bl. Insgesamt können neun Hände unterschieden werden, wobei der Großteil von einer Hand geschrieben wurde (bis p. 293).

295 Besitzvermerk „*Dit boec hoert toe Zuster [...] nyestat int lijf kinder huss*", nach WILBRINK (1930), S. 22. Für das Meester-Geertshuis plädiert KNUTTEL (1906), S. 54. WILBRINK (1930), S. 18, spricht sich für das Lamme-van-Diesehuis aus, da in der Handschrift die dort verehrte Heilige Cäcilia als Patronin genannt wird. So auch TERVOOREN (2006), S. 162.

296 Nr. 25 St. Caecilia, Nr. 30 St. Gheertruyt, Nr. 43 St. Lebuynus, Nr. 73 St. Agniete und Nr. 82 St. Jan.

297 Mit dem Liederbuch der Anna von Köln hat die Deventer Liederhandschrift 20, mit dem Liederbuch der Catherina von Tirs 24 und mit der Werdener Liederhandschrift 17 Lieder gemeinsam. TERVOOREN (2006), S. 163, macht zudem auf die Beziehung dieser Quelle zum Venloer-Geldrischen Hausbuch aufmerksam. Zu den Konkordanzen, vgl. WILBRINK (1930), S. 59 und die Untersuchung von KOLDAU (2008).

298 Vgl. TERVOOREN (2006), S. 163.

299 *Hedt is een dach der vroelickheyt, Drie kooninghen vtuercoeren, Mit disen nijen iaere* und *Christe, die du byst dach ende licht*.

300 REPERTORIUM II, H 26; Beschreibung MUSICA DEVOTA: 9,6x7,2 cm, 177 Bl., Papier. Entstanden ab 1500 in mehreren Etappen, der jüngste Teil besteht aus Nachträgen (f. 27v–29v), die nach 1524 eigetragen wurden. GOTTWALD (1964), S. 137, datiert die Handschrift – bis auf f. 128r–133v – dagegen nach 1530. Am Entstehungsprozess sind

merich entstanden sei.[301] Dagegen gehen SALMEN/KOEPP aufgrund des ripuarischen
Einschlags eher vom Kölner Raum als Entstehungsort aus.[302] Das Liederbuch enthält
81 Lieder und ein kurzes Fragment, davon sind 15 Lieder auf Latein und 67 Lieder in
Volkssprache abgefasst, 35 Lieder sind unikal überliefert. Eine systematische Anlage
ist nicht auszumachen. Die Lagen sind scheinbar planlos ineinander geheftet und
manche Teile weisen stärkere Gebrauchsspuren auf als andere. Einige Lieder brechen
aufgrund von Blattverlusten mitten im Text ab, andere Texte sind, wo Platz vorhanden war, nachträglich eingefügt worden.[303] Im Liederbuch der Anna von Köln ist eine
Vielfalt an Formen und Themen enthalten. KOLDAU unterscheidet folgende „Gruppen": Weihnachtslieder, Jesusminnelieder / Lieder mit dem Thema Sehnsucht nach
Jesus und Gott (diese Lieder bilden die größte Gruppe des Liederbuchs), Marienlieder, geistliche Lehrlieder, Weltabsagelieder, Lieder zum Thema Buße und Gebet,
lateinische Gesänge und Hymnen, Heiligenlieder sowie Lieder zur Dreieinigkeit.[304]
Die Handschrift ist eine wichtige Quelle für die Melodieüberlieferung, da 24 Lieder
mit Notation überliefert sind. Bis auf die Weihnachtslieder *In dulci iubilo* (Nr. 4) und
Iure plaudant (Nr. 9), die zweistimmig notiert sind, sind alle anderen mit Notation
überlieferten Lieder einstimmig. Bei den volkssprachigen Liedern handelt es sich in
vielen Fällen um Kontrafakturen. Auffällig ist, dass gerade der älteste Teil des Liederbuchs Konkordanzen mit der Deventer Liederhandschrift hat; zwei Lieder sind sogar
ausschließlich in diesen beiden Quellen überliefert. Zudem enthält das Liederbuch der
Anna von Köln ein Lied über die Heilige Agnes, die vor allem als Patronin in den
östlichen Niederlanden bekannt ist.[305] Auch die Schreibgewohnheit in diesem ältesten
Teil weist Parallelen zur Deventer Liederhandschrift auf.[306] Konkordanzen hat das

mehrere Schreiberinnen beteiligt gewesen, SALMEN/KOEPP unterscheiden sieben verschiedene Hände, vgl. die Einleitung in: Anna von Köln, hg. v. SALMEN/KOEPP.

301 Nach WILBRINK (1930), S. 216, verweist der Namenszusatz „von Köln" vermutlich auf
     einen Ort außerhalb von Köln, da er sonst keinen Sinn ergeben würde. So auch KOL-
     DAU (2008), S. 176.
302 Vgl. Anna von Köln, hg. v. SALMEN/KOEPP, S. 3. Für eine Verbindung zu Köln sprechen
     zwei Lieder, die nicht zum Liedgut der Devotio Moderna gehören, jedoch in Handschrif-
     ten aus dem Kölner Raum enthalten sind (*It wart geboren in eynre nacht* und *Hed ich die
     vloghelen van seraphyn*), KOLDAU (2008), S. 177. Das letztgenannte Lied ist jedoch auch
     im Druck DEPB 1539 enthalten; dieses Liederbuch wurde in Antwerpen gedruckt.
303 Vgl. Anna von Köln, hg. v. SALMEN/KOEPP, S. 4. Schema zum Lagenaufbau S. 3f.
304 Vgl. KOLDAU (2008), S. 183–185. Dabei stünden nur die Weihnachtslieder und die Jesus-
     minnelieder in deutlich erkennbar geschlossenen Komplexen. Die Einteilung ist vielleicht
     etwas zu schematisch, z.B. kann gerade in dieser Sammlung ein Weihnachtslied zugleich
     auch ein Jesusminnelied oder ein Marienlied sein.
305 Vgl. KOLDAU (2005), S. 958.
306 Vgl. das Liederbuch der Anna von Köln, hg. v. SALMEN/KOEPP, S. 4.

Liederbuch neben der Deventer Liederhandschrift mit dem Liederbuch der Catherina von Tirs, der Werdener Liederhandschrift und dem Wienhäuser Liederbuch.[307] Die Gestaltung ist schmucklos, das Liederbuch wurde vermutlich für den privaten Gebrauch angelegt. Im Besitzvermerk, der die Sammlung als Privatbesitz ausweist, befindet sich auch die Bezeichnung ‚*beth boek*‘, was auf die Gebrauchsmöglichkeit des stillen Betens der Texte hindeutet.[308] Mit der Stuttgarter Sammlung hat das Liederbuch der Anna von Köln das Lied *Christe, die du byst dach ende licht* und das Mischlied *In dulci iubilo* gemeinsam, von einem dritten volkssprachigen Lied sind Strophen entlehnt.[309] Zudem enthält das Liederbuch der Anna von Köln auch alle in der Stuttgarter Handschrift überlieferten Cantiones.

Eine Verbindung zu den Brüdern vom Gemeinsamen Leben weist die Handschrift Utrecht, UB, 16 H 34 auf, bei der es sich um ein Konvolut bestehend aus zehn verschiedenen Einheiten handelt.[310] Für die Lagen vier und fünf, in denen hauptsächlich Weihnachtslieder überliefert sind, vermutet HASCHER-BURGER als Herkunftsort das Fraterhaus in Zwolle.[311] Neben den 191 Liedern, von denen insgesamt nur drei in der Volkssprache abgefasst sind, sind eine Psalmodielehre, ein Meditationsschema sowie lateinische Exzerpte enthalten. Unter den Liedern, die zum Teil mit Noten oder Melodieverweisen überliefert sind, befinden sich viele Lieder zum Weihnachtskreis, aber auch zu anderen Themen wie etwa zur Passion. Mit der Stuttgarter Sammlung hat die Handschrift das zweisprachige Lied *In dulci iubilo*, das volkssprachige Lied *Mit disen nijen iaere* sowie vier Cantiones gemeinsam.[312]

Den Schwestern und Brüdern vom Gemeinsamen Leben folgte bald ein klösterlicher Zweig, der sich aus Augustinerchorherren und -chorfrauen zusammensetzte. Nach Grootes Tod gründeten die Brüder vom Gemeinsamen Leben mit Hilfe des Stifters Florens Radewijns das Kloster Windesheim, wobei wohl der Aspekt der kirchenrechtlichen Sicherheit eine wichtige Rolle gespielt haben dürfte. Weitere Klöster folgten. Im Jahr 1395 schlossen sich die Konvente Windesheim, Eemstein, Marien-

---

307 Vgl. KOLDAU (2008), S. 181f.

308 Vgl. KOLDAU (2008), S. 187.

309 *Had ick die vloghelen als een arent grijs* (Strophenentlehnung für *Waer ys die dochter van Zion*). Das Lied *Christe, die du byst dach ende licht* steht hier nicht unter den Weihnachtsliedern.

310 REPERTORIUM II, H 251; Beschreibung HASCHER-BURGER (2002), S. 13–43: Zweite Hälfte des 15. Jhs. (f. 84v *deo gracias 1500*), 15x11,7 cm, 138 Bl., Papier.

311 Nur die Herkunft der zweiten Lage, die einem Bruder aus dem Heer-Forenshuis, dem Fraterhaus in Deventer, gehörte, ist zweifelsfrei belegbar (Besitzvermerk f. 19r und f. 40v), vgl. HASCHER-BURGER (2002), S. 40f.

312 Die Cantiones *Puer nobis nascitur*, *Dies est letitie in ortu regali*, *Dies est letitiæ nam processit hodie* und *Puer natus in Bethleem*.

born und Nieuwlicht zur Windesheimer Kongregation zusammen.[313] Die Gründungs-
klöster erhielten bald Zuwachs, auch deutsche Klöster schlossen sich dem Kapitel von
Windesheim an. Das älteste Frauenkloster der Devotio Moderna wurde Anfang des
15. Jahrhunderts vom Meester-Geertshuis aus gegründet und in die Windesheimer
Kongregation eingegliedert. Den Augustinerchorfrauen von Maria und St. Agnes in
Diepenveen bei Deventer stand Grootes Schüler Johannes Brinckerinck als Rektor
vor. Der klösterliche Zweig der Devotio Moderna lebte, anders als die Brüder und
Schwestern vom Gemeinsamen Leben, nach einheitlichen Statuten und einer verein-
heitlichten Liturgie, in den Frauenklöstern galt für einen Großteil der Frauen die
Klausur.[314] Die Frauenklöster waren auf männliche Unterstützung in der Seelsorge
angewiesen, was oftmals von den Brüdern vom Gemeinsamen Leben übernommen
wurde.

In den Frauenklöstern der Windesheimer Kongregation herrschte durchschnittlich
ein höheres Bildungsniveau als bei den Schwestern vom Gemeinsamen Leben. Die
zum Chordienst nötigen Grundkenntnisse können hier vorausgesetzt werden, dazu
kommt auch eine musikalische Ausbildung, wobei oftmals Probleme mit der lateinischen Sprache vorhanden waren.[315] In den Klöstern vollzogen die Chorfrauen auch
die liturgischen Gesänge, unterwiesen wurden sie dabei von einer *cantrix*. Neben der
cantrix ist auch das Amt einer *succentrix* belegt, die von der anderen Seite des Chores
aus die Qualität des Gesangs beurteilte. Darüber hinaus existierte das im Wochen-
rhythmus wechselnde Amt der *hebdomadaria*, der Vorsängerin des Chorgebets.[316]

Einige Handschriften, mit denen die Stuttgarter Sammlung Konkordanzen hat,
stehen mit Klöstern der Devotio Moderna in Verbindung. Aus dem Augustinerinnenkloster Marienthal in Münster stammt das heute verschollene Liederbuch der Catherina von Tirs.[317] Die Handschrift gehörte vermutlich zum privaten Besitz der Nonne

---

313 Vgl. KRAUSS (2007), S. 34f.

314 Zu den Klausurbestimmungen von Diepenveen, vgl. KRAUSS (2007), S. 154. Die Frauen
      hatten zudem unterschiedliche „Statusgruppen", z.B. genossen die Chorfrauen vor den
      Konversinnen das höchste Ansehen. Formal gab es jedoch keine Hierarchie,
      vgl. KRAUSS (2007), S. 156.

315 Vgl. HASCHER-BURGER (2002), S. 34f.

316 Vgl. KRAUSS (2007), S. 172.

317 Das Kloster ist eine Gründung des Klosters Schüttorf aus der Grafschaft Bentheim, was
      wiederum eine Tochtergründung des Windesheimer Frauenklosters Diepenveen war. Die
      Beichtväter des Klosters Marienthal waren die Brüder vom Gemeinsamen Leben in
      Münster, vgl. WILBRINK (1930), S. 56. REPERTORIUM II, H 223; Beschreibung MUSICA
      DEVOTA: Papier, Ende 16. Jh., drei Hände, Haupthand Catherina von Tirs (?), verschol-
      len. Die lateinischen Lieder sind in einer Abschrift von Ludwig Erk aus dem Jahr
      1870/71 erhalten (Berlin, SBB-PK, Mus. ms. 40411), 62 mittelniederdeutsche Lieder und

Catherina von Tirs, da sie wie das Liederbuch der Anna von Köln einen Besitzvermerk enthält. Insgesamt besteht das Liederbuch aus 79 lateinischen und volkssprachigen Liedern. Auf den ersten 16 Blättern befinden sich notierte lateinische Weihnachtslieder, anschließend folgen 62 niederdeutsche Lieder ohne Notation.[318] Neben den Weihnachtsliedern, die einen großen Teil der Sammlung ausmachen, ist das typische Liedgut der Devotio Moderna vertreten, darunter Trost- und Andachtslieder sowie einige Passions- und Marienlieder.[319] Mit der Stuttgarter Sammlung teilt das Liederbuch das Mischlied *In dulci iubilo* sowie zwei weitere volkssprachige Lieder und drei Cantiones.[320]

In der Forschung wird auch die Werdener Liederhandschrift den Augustinerchorfrauen zugesprochen.[321] Aufgefunden wurde die Handschrift zwar in Werden in der Kirche der dortigen Benediktinerabtei, nach WILBRINK ist sie aber in Marienberg, dem Augustinerchorfrauenstift in Helmstedt, entstanden. Marienberg wurde unter Johannes Busch durch die Augustinerinnen des Windesheimer Frauenklosters St. Baptista in Kampen reformiert; diese kommen daher als Schreiberinnen in Betracht.[322] Von Helmstedt aus könnte die Handschrift schließlich nach Werden gelangt sein, da Marienberg von Werden aus gegründet wurde. Die Werdener Liederhandschrift besteht aus drei verschiedenen Teilen von verschiedenen Schreiberinnen, wobei der erste Teil fragmentarisch erhalten ist. Überliefert sind 23 volkssprachige Lieder ohne Notation.[323] Die beiden anderen Teile sind jünger und enthalten Betrachtungen der sieben Schmerzen Marias und Beschreibungen der heiligen Orte von Rom und Jerusalem.[324] Die Liedersammlung, die den klassischen Liedbestand der Devotio Moderna repräsentiert, wird durch einen relativ geschlossenen Block von Weihnachtsliedern eröffnet, wobei die Abfolge zu Beginn chronologisch nach Festtagen geordnet ist. Anschließend folgt eine Reihe Marienlieder, beginnend mit *Maria zart*

ein lateinisches Lied sind nach dem Abdruck von Hölscher erhalten (Catherina von Tirs, hg. v. HÖLSCHER). Inhaltsübersicht bei BICK (2009).

318 Bei den mit Melodien versehenen Liedern handelt es sich meistens um Übersingstimmen, was darauf hinweist, dass die Lieder zwei- oder mehrstimmig gesungen wurden, so BICK (2009), Abschnitt ‚Liederbuch‘.

319 Vgl. BICK (2009), Abschnitt ‚Liederbuch‘.

320 *Hedt is een dach der vroelickheyt* und *Mit disen nijen iaere.* Dazu kommen die Cantiones *Puer nobis nascitur*, *Totus* (hier: *Omnis*) *mundus iocundetur* und *Puer natus in Bethleem*.

321 REPERTORIUM II, H 256; Beschreibung MUSICA DEVOTA: 16. Jh., Papier 13,5x10 cm, fragmentarisch überliefert, verschollen.

322 JANOTA (1999a) setzt aufgrund des Liedes *Maria zart* die Handschrift nicht vor dem ersten Drittel des 16. Jahrhunderts an, vgl. dazu auch TERVOOREN (2006), S. 166f.

323 Die Lieder 1–22 folgen hintereinander, von Lied 23 ist nur der Schluss erhalten. Wie groß die Lücke zwischen Lied 22 und 23 war, ist unklar.

324 Vgl. Werdener Liederhandschrift, hg. v. JOSTES, S. 60.

samt Entstehungsgeschichte. Weiterhin sind Jesusminnelieder, Passionslieder oder Lieder zu verschiedenen Tagzeiten sowie das allegorische Mühlenlied enthalten.[325] Die schmucklose Aufzeichnung dürfte vermutlich zum alltäglichen Gebrauch für private Frömmigkeitszwecke geschaffen worden sein. Mit der Stuttgarter Sammlung hat diese Handschrift vier volkssprachige Lieder gemeinsam.[326]

Einige Häuser der Devotio Moderna nahmen seit dem ausgehenden 14. Jahrhundert die dritte Regel des Franziskanerordens an. Diese sogenannten Tertiarer und Tertiarinnen schlossen sich in den Niederlanden zum Kapitel von Utrecht, in Norddeutschland zum Kapitel von Köln zusammen und bildeten so einen weiteren Zweig der Devotio Moderna. Ihre seelsorgerische Betreuung wurde durch die Prioren der Windesheimer Klöster oder die Brüder vom Gemeinsamen Leben aber nicht durch Franziskaner gewährleistet.[327] Die Angehörigen des Drittordens waren nicht an die Gelübde Armut, Keuschheit und Gehorsam gebunden.[328] Aus dem Besitz der Tertiarinnen des St. Agnetenkonvents in Utrecht stammt nach BRUNING die Utrechter Liederhandschrift.[329] Sie enthält 85 lateinische und 106 mittelniederländische Lieder, ein profanes Lied sowie lateinische Reimsprüche, 132 Lieder sind mit Notation überliefert.[330] HUSMANN unterscheidet drei Abschnitte: Der erste Abschnitt enthält ein- bis dreistimmige Cantiones sowie volkssprachige Lieder zum Weihnachtsfestkreis, dazu kommen einige Marienlieder; außerdem befinden sich in diesem Teil Sequenzen, Tropen, Antiphonen und Responsorien. Im zweiten Abschnitt sind mittelniederländische Andachtslieder enthalten, von denen viele als Kontrafakturen zu weltlichen Liedern entstanden sind. Im dritten Abschnitt sind Nachträge und ein Lob in Form eines Sanctus-Tropus überliefert.[331] Die sorgfältig gestaltete Handschrift kann man sich gut als Liederbuch vorstellen, das beim gemeinsamen Musizieren verwendet wurde. Mit der Stuttgarter Handschrift hat die Utrechter Liederhandschrift vier volkssprachige Lieder gemeinsam, dazu abgesehen von der Cantio *Totus mundus iocundetur* alle Cantiones.[332] Nach KNUTTEL stammt die Handschrift Brüssel, KB, Ms. II

---

325 Vgl. KOLDAU (2005), S. 960.

326 *Hedt is een dach der vroelickheyt, Drie kooninghen vtuercoeren, Mit disen nijen iaere* und *Christe, die du byst dach ende licht.*

327 Vgl. HASCHER-BURGER (2002), S. 4.

328 Vgl. KRAUSS (2007), S. 36.

329 REPERTORIUM II, H 025; Beschreibung MUSICA DEVOTA (dort weitere Literatur) und in Lied van Noord-Nederland, hg. v. BRUNING/VELDHUYZEN: Ende 15. Jh., 15,1x10,5 cm, Pergament, 186 Bl., hinterer Blattspiegel *Vincentius Trajecti.*

330 Vgl. zum Inhalt MUSICA DEVOTA, dort sind die Liedanfänge verzeichnet.

331 Vgl. HUSMANN (1953), S. 241f. Der Beitrag behandelt schwerpunktmäßig musikwissenschaftliche Aspekte.

332 *Hedt is een dach der vroelickheyt, Drie kooninghen vtuercoeren, In dulci iubilo* und *Mit disen nijen iaere.*

2631-B ebenfalls aus dem Besitz eines Tertiarinnenkonvents.[333] Sie enthält 50 lateinische und 68 mittelniederländische Lieder, von denen die lateinischen teilweise mit einer einstimmigen Notation, die volkssprachigen mit Melodieverweisen versehen sind.[334] DE LOOS/VAN DER POEL gliedern den Aufbau der Handschrift folgendermaßen: Mittelniederländische Lieder (f. 19r–55r), lateinische Gesänge (f. 55v–87r), mittelniederländische Weihnachtslieder (f. 87v–90v) und nach zwei leeren Blättern lateinische Mariengesänge (f. 92v–93v).[335] Mit der Stuttgarter Handschrift hat die Sammlung neben *In dulci iubilo* das volkssprachige Lied *Mit disen nijen iaere* gemeinsam.[336]

Von Beginn an unterhielt die Devotio Moderna enge Beziehungen zu den Kartäusern.[337] Der Orden beeinflusste nicht nur die Liturgie, sondern überliefert teilweise auch dasselbe Liedgut.[338] Für die Handschrift Trier, StB, Hs. 516/1595 8o wird eine Herkunft aus der Kartause St. Alban vermutet.[339] Es handelt sich um eine aus mehreren Teilen bestehende Sammelhandschrift, an deren Ende (f. 132v–146v) 17 lateinische und volkssprachige Lieder mit Notation aufgezeichnet sind, die Sätze reichen von einer bis zu drei Stimmen. Neben Weihnachtsliedern sind auch Passions- und Marienlieder enthalten, darunter hauptsächlich Cantiones, aber auch Hymnen, Sequenzen und Responsorien. Mit der Stuttgarter Sammlung hat die Handschrift das Mischlied *In dulci iubilo*, das volkssprachige Lied *Mit diesen nijen iaere* und vier Cantiones gemeinsam.[340]

---

333   Vgl. KNUTTEL (1906), S. 66, vermutlich aus Dodrecht. Auch DE LOOS/VAN DER POEL (2001), S. 98, plädieren für den Gebrauch in einem weiblichen Kloster oder Haus. Aufgrund der Hufnagelnotation stammt die Handschrift aus dem Norden der Niederlande, ebd., S. 99. REPERTORIUM II, H 080; Beschreibung MUSICA DEVOTA: Sammelhs., ca. 1525, 13,5x20, Papier, 93 Bl.

334   Zu diesem Ergebnis, dass es sich um 68 Lieder handelt, gelangt VAN DER POEL (2001), S. 148. Er stellt fest, dass einige Lieder aufgrund von Blattverlusten fragmentarisch überliefert sind. Liedanfänge sind in der Datenbank MUSICA DEVOTA verzeichnet.

335   Vgl. DE LOOS/VAN DER POEL (2001), S. 99.

336   Dazu kommen die Cantiones *Puer nobis nascitur*, *Dies est letitie in ortu regali* und *Dies est letitiæ nam processit hodie*.

337   Bereits Geert Groote hatte eine Verbindung zu den Kathäusern, vgl. KRAUSS (2007), S. 47.

338   Vgl. MUSICA DEVOTA.

339   REPERTORIUM II, H 226; Beschreibung BRAUNSCHWEIG-PAULI (1991) und MUSICA DEVOTA: Entstanden im 15. Jh. (Kolophon 77v: 1482 *deo gracias*), 10,2x13,6, Papier, 150 Bl. Mit der Stuttgarter Handschrift teilt die Sammlung die Cantiones *Puer nobis nascitur*, *Dies est letitie in ortu regali* und *Dies est letitiæ nam processit hodie*.

340   *Puer nobis nascitur*, *Dies est letitie in ortu regali*, *Dies est letitiæ nam processit hodie* und *Puer natus in Bethleem*.

Eine weitere Sammlung, die sich nicht eindeutig lokalisieren lässt, deren Liedgut jedoch deutliche Parallelen zu Devotio-Moderna-Sammlungen aufweist, ist die Amsterdamer Liederhandschrift.[341] Als Entstehungsort wurde lange Zeit das Margaretenkloster in Nees in Betracht gezogen, in der neueren Forschung werden Brabant oder Westlimburg als Herkunftsorte diskutiert.[342] Die Sammlung besteht aus insgesamt 106 Liedern. Im ersten Teil (f. 1v–72v) sind 47, hauptsächlich volkssprachige Lieder mit Notation überliefert, darauf folgen lateinische Lieder, die ebenfalls mit Noten aufgezeichnet sind (f. 72v–151r). Der zweite Teil besteht aus Reimgebeten, Sprüchen und Betrachtungen zum geistlichen Leben.[343] Inhaltlich sind typische Lieder der Devotio Moderna enthalten, darunter Marienlieder, Lieder auf Jesus, Weihnachts- und Passionslieder oder Lieder der minnenden Seele. Die Sammlung hat mit der Stuttgarter Handschrift vier volkssprachige Lieder und drei Cantiones gemeinsam.[344]

Eine Sammlung von Weihnachtsliedern, die als handschriftlicher Nachtrag in einem gedruckten Utrechter Cantuale überliefert ist, weist ebenfalls über das enthaltene Liedgut eine Verbindungen zur Devotio Moderna auf, sie lässt sich jedoch nicht genau zuordnen. Der Nachtrag besteht aus volkssprachigen und lateinischen Liedern, die teilweise mit Notation überliefert sind und größtenteils auch in Devotio-Moderna-Handschriften enthalten sind. Gebraucht wurde das gedruckte Cantuale vermutlich im Schulkontext.[345] Die Stuttgarter Handschrift hat mit dieser Sammlung vier volkssprachige Lieder gemeinsam.[346]

Zu den genannten Handschriften kommen weitere Sammlungen, die mit der Stuttgarter Handschrift zwar nur ein volkssprachiges Lied, jedoch mehrere Cantiones teilen und ebenfalls dem Devotio-Moderna-Umkreis zuzuordnen sind.[347] Abschließend sei der Vollständigkeit halber an dieser Stelle noch das Liederbuch der Katharina von Hatzfeld genannt. Die Handschrift weist als einzige Quelle, die mit der Stuttgarter Handschrift mehrere volkssprachige Konkordanzen hat, keine direkten Verbin-

---

341 REPERTORIUM II, H 254; Beschreibung MUSICA DEVOTA: Ende 15. Jh., 14,6x10,3 cm, Papier, 168 Bl.

342 Vgl. REPERTORIUM II, H 254.

343 Vgl. TERVOOREN (2006), S. 161 f.; Liedanfänge bei MUSICA DEVOTA.

344 *Hedt is een dach der vroelickheyt, Drie kooninghen vtuercoeren, Mit disen nijen iaere* und *Christe, die du byst dach ende licht.* Dazu die Cantiones *Dies est letitie in ortu regali* und *Magnum nomen domini Emanuel.*

345 Vgl. VALKESTIJN (1968).

346 Es handelt sich um die Lieder *Drie kooninghen vtuercoeren, In dulci iubilo, Mit disen nijen iaere* und *Wie wyl mede toe Bethleem.* Dazu kommen einige Cantiones, die sich jedoch im gedruckten Teil und nicht unter dem handschriftlichen Nachtrag befinden.

347 Diese Handschriften sind im Register aufgelistet, darunter sind z.B. das Wienhäuser- oder das Tongerer Liederbuch.

dungen zum Devotio-Moderna-Umkreis auf. Mit der Stuttgarter Handschrift teilt die Sammlung zwei volkssprachige Lieder.[348]

Die Bedeutung der Devotio Moderna wird in der Forschung kontrovers beurteilt, die Spanne reicht von einer Vorreiterin der Reformation bis hin zur katholischen Reformbewegung. Für die Entwicklung und Überlieferung der volkssprachigen Liedkultur war die Devotio Moderna zweifellos von unschätzbarem Wert. Auch wenn es keine direkte Linie von den Devotio-Moderna-Handschriften zur Stuttgarter Sammlung gibt, so ist doch ein großer Teil des Liedbestandes hauptsächlich aus diesen Handschriften bekannt. Zeitlich ist die Stuttgarter Sammlung allerdings nach der Blütezeit der Devotio Moderna zu verorten. Nach der Reformation verlor die Devotio Moderna ihren Einfluss. In katholischen Gebieten bestanden viele Häuser bis zur Säkularisierung fort, verloren aber insofern an Bedeutung, als sie sich immer mehr an ein reguliertes Ordensleben annäherten, nicht zuletzt verloren die Brüder vom Gemeinsamen Leben mit dem Buchdruck ihre Haupteinnahmequelle. In den Gebieten der Reformation wurden viele Häuser und Klöster aufgelöst;[349] das Liedgut wurde weiterhin rezipiert. Viele Lieder fanden Eingang in die Drucküberlieferung und wurden noch über das 16. Jahrhundert hinaus weitertradiert.

4.1.2 Gedruckte Sammlungen

Neben den oben vorgestellten Handschriften hat die Stuttgarter Sammlung Konkordanzen mit einigen gedruckten Liedersammlungen aus dem 16. Jahrhundert. Diese Drucke konzentrieren sich, abgesehen vom Gesangbuch des Chr. Adolf Nystadensis, das in Magdeburg gedruckt wurde, auf den niederländischen Raum. Niederdeutsche Gesangbücher, die ein ähnliches Repertoire überliefern, sind nicht bekannt.[350] Mit niederdeutschen Gesangbüchern hat die Stuttgarter Sammlung nur wenige Parallelen, weshalb auf diese hier nicht weiter eingegangen wird.[351]

---

348 Zur Beschreibung der Sammlung vgl. den Kommentar zum Lied *Mit disen nijen iaere*. Neben diesem Lied ist auch *Christe, die du byst dach ende licht* in dieser Handschrift enthalten.

349 Vgl. KRAUSS (2007), S. 66.

350 Aus der Sekundärliteratur ergaben sich zumindest keine Hinweise auf Drucke mit ähnlichem Repertoire.

351 Im Folgenden werden nur Drucke berücksichtigt, die mit der Stuttgarter Sammlung mehr als drei volkssprachige Konkordanzen aufweisen. Ein oder zwei volkssprachige Konkordanzen weist die Stuttgarter Sammlung zu niederdeutschen Drucken aus der Enchiridion-Tradition auf. Hierbei handelt es sich um die Lieder *Een kyndekyn soe lauelick* und zuweilen auch um Übertragung des Hymnus *Christe, die du byst dach ende licht*. Beide Lieder sind auch im hochdeutschen Raum bekannt.

Im Vergleich zu den Handschriften ist bei den niederländischen Drucken die Anzahl an gemeinsamen Liedern in der Regel sogar noch höher. Die Konkordanzen belaufen sich hier in der Regel auf Lieder, die bereits aus den Devotio-Moderna-Handschriften bekannt sind (v.a. *Hedt is een dach der vroelickheyt*, *Drie kooninghen vtuercoeren* und *Mit disen nijen iaere*), dazu kommen nun auch zwei Lieder, die handschriftlich entweder gar nicht oder nur vereinzelt überliefert sind und ihren Schwerpunkt in der niederländischen Drucküberlieferung haben (*Waer ys die dochter van Zion* sowie das Lied *Had ick vloghelen als een arent grijs*[352]). Nur die Überlieferung der Lieder *Christe, die du byst dach ende licht* und *In dulci iubilo* ist in niederländischen Drucken im Vergleich zu den Handschriften marginal.

Die Reformation und die anschließende Konfessionalisierung hatten in vielerlei Hinsicht eine große Auswirkung auf die Liedkultur. In den Niederlanden trat die Mehrzahl der Gläubigen im 16. Jahrhundert zum Calvinismus über, der das Gebiet ab 1560 beherrschte.[353] Die neue vorherrschende Liedgattung war daher der Psalmengesang.[354] Formal war im reformierten Gemeindegesang, abgesehen von wenigen Gesängen – darunter z.B. die Cantica –, nur der Reimpsalter zugelassen; mehrstimmige Musik oder andere Lieder waren verboten.[355] Neben den Calvinisten waren in den Niederlanden die Täufer zahlenmäßig stark verbreitet.[356] Der Anteil an Lutheranern

---

352   Aus diesem Lied wurden einige Strophen entlehnt, die in die Stuttgarter Fassung von *Waer ys die dochter van Zion* integriert sind.

353   Als ‚Reformierte' werden in den Niederlanden in der Regel nur die Calvinisten bezeichnet, vgl. SMELIK (2002), S. 14.

354   Als erstes reformiertes Gesangbuch gilt der Druck *Souterliedekens* von 1540, ein niederländischer Reimpsalter, der noch auf weltliche Melodien gesungen wurde. Im Jahr 1551 erschien eine Psalmdichtung von Jan Utenhove, der zum Teil die Melodien des Genfer Psalters verwendete. Im Jahr 1566 erschien die Übersetzung des Genfer Psalters von Petrus Datheen, die eine breite Wirkung in den Niederlanden hatte und bis 1773 als einziger im Gottesdienst zugelassener Psalter Gültigkeit besaß, vgl. LUTH (2004), S. 421 u. 426.

355   Vgl. LUTH (2004), S. 427 und 432. Im Jahr 1574 beschloss die Synode von Dodrecht, dass nur die Psalmen von Datheen als Gesänge im Gottesdienst erlaubt seien; dieser Beschluss hatte überregionale Wirkung. Der normative Beschluss sagt jedoch strenggenommen noch nichts über eine tatsächliche Realisierung an allen Orten oder über die Liedkultur außerhalb des Gottesdienstes aus.

356   Ihr erstes Gesangbuch trägt den Titel *Het Offer des Heeren* (1562), die niederländische Täufer-Liedkultur war unbeeinflusst von den süddeutschen Liedern des „Ausbund"-Gesangbuchs, vgl. BOS (2003), S. 12. Konkordanzen mit der Stuttgarter Sammlung gibt es nicht. In den Niederlanden wurden ab der 2. Hälfte des 16. Jahrhunderts von den Täufern auch *schriftuurlijke Liedekens* und oder Märtyrerlieder gesammelt, Psalmengesang spielte keine Rolle. Hier sind im weitesten Sinne auch die Geusenlieder zu verorten, die im Unabhängigkeitskrieg gegen die spanischen Habsburger eine große Rolle spielten.

war dagegen eher gering. Eine größere Gemeinde gab es in Antwerpen und relativ gut erforscht sind die lutherischen Flüchtlingsgemeinden von London und Emden.[357] Die Gegenreformation war in den Niederlanden ebenfalls präsent. Mit Karl V. regierte in den Niederlanden, die zum Heiligen Römischen Reich Deutscher Nation gehörten, formal ein streng katholischer Herrscher aus der spanischen Habsburger Linie. Im Jahr 1555 folgte ihm sein Sohn Philipp II. auf den Thron. Dieser setzte zunächst seine Halbschwester Margarethe von Parma, ab 1567 den Herzog von Alba als Stadthalter der Niederlande ein. Aufgrund der Reformation kam es zu großen Unruhen. In den 1520er Jahren wurde auf vielen Gebieten die Inquisition eingeführt, auf römisch-katholischer Seite wurde mithilfe der Beschlüsse des Konzils von Trient und mit Unterstützung der Jesuiten regiert.[358] Im Jahr 1581 erklärten die sieben nördlichen protestantischen Provinzen der Utrechter Union endgültig ihre Unabhängigkeit. Die südlichen Provinzen standen weiterhin unter spanischer Herrschaft, wobei sich auch ganz im Süden, wie beispielsweise in Antwerpen, die Reformation immer wieder durchsetzen konnte. So ergab sich im 16. Jahrhundert ein Nebeneinander an verschiedenen Konfessionen, die im Laufe der Zeit eine jeweils eigene Liedkultur etablierten.

Einen Bezug zur Devotio Moderna weist wohl am deutlichsten der Druck *Een devoot ende profitelijck boecxken, inhoude veel gheestelijcke Liedekens ende Leysen* […] (DEPB 1539) auf, der viele Lieder enthält, die auch aus Devotio-Moderna-Handschriften bekannt sind. SCHEURLEER kommt zu dem Ergebnis, dass es sich um ein katholisches Liederbuch handelt, reformiertes oder lutherisches Liedgut ist nicht enthalten.[359] Die Liedersammlung wurde im Jahr 1539 in Antwerpen bei Symon Cock gedruckt und besteht aus 259 volkssprachigen und lateinischen Liedern, die nach dem Vorwort des Redaktors von *gheestelijke ende weerlike personen / in diveersche cloosteren / steden / ende landen* zusammengetragen wurden.[360] Die Sammlung gilt als das älteste in den Niederlanden gedruckte Liederbuch mit Noten, insgesamt sind 73 Liedern Notationen beigefügt. Gegliedert ist der Druck in drei größere Abteilungen: Der erste Teil enthält 215 geistliche Lieder, deren Anordnung einem bestimmten Schema folgt. Abgedruckt ist jeweils ein Lied mit Notation, danach folgen Lieder, die *op die selue wise* gesungen werden. Dieses Verfahren spart Platz ein, da die Noten jeweils nur einmal abgedruckt werden mussten, darüber hinaus wird an dieser Stelle ersichtlich, dass es sich bei sehr vielen Liedern um Kontrafakturen handelt. Unter den

---

357 Vgl. LUTH (2004), S. 432. Zur Verbreitung der lutherischen Gesangbücher in den Niederlanden, vgl. HOLLWEG (1971), S. 34.

358 Vgl. NOORDZIJ (2003), S. 15.

359 Vgl. die Einleitung in Devoot ende Profitelijck Boecxken, hg. v. SCHEURLEER, S. XIV und HOFMAN (1993).

360 REPERTORIUM II, D 161; vgl. KNUTTEL (1906), S. 70–73 und VELLEKOOP (1997). Zwei Exemplare sind erhalten (Brüssel und Harlem).

28 Liedern des zweiten Teils befinden sich dann schwerpunktmäßig Weihnachtslieder, darunter auch sämtliche Konkordanzen zur Stuttgarter Handschrift, die sich auf vier volkssprachige Lieder und drei Strophen aus einem weiteren volkssprachigen Lied belaufen.[361] Im letzten, aus 16 Liedern bestehenden Teil sind schließlich Liedtexte enthalten, deren Noten nicht mehr auffindbar waren (*daer men die noten niet af en heeft connen ghevinden*). VELLEKOOP hat gezeigt, dass der Redaktor des Drucks vor allem auf eine Quelle zurückgegriffen hat: Aus SuB 1508 sind insgesamt 26 Lieder übernommen, deren Texte jedoch zum Teil verändert sind; diese Lieder sind vor allem auf die ersten beiden Teile des Liederbuchs verteilt.[362] Vermutlich sind viele Lieder auch aus anderen Quellen bekannt gewesen, da die in DEPB 1539 überlieferten Lieder im Vergleich zu SuB 1508 oftmals durch einige Strophen erweitert sind. Im 16. Jahrhundert wurde der Druck ein weiteres Mal aufgelegt. Nach dem REPERTORIUM handelt es sich bei dem Liederbuch mit dem Titel *Een nieu devoot Boecxkin, vol schoone gheestelicke Liedekins...* (NiDB 1567) um eine Neuauflage von DEPB 1539.[363] Der Benutzerkreis des Liederbuchs ist bislang nicht erforscht und im Gegensatz zu den meisten Handschriften schwerer auszumachen. Laut Vorwort ist das Liederbuch an *alle kersten menschen ende goedwillige lesers* adressiert. Wahrscheinlich ist nun eine Erweiterung des Benutzerkreises im Vergleich zu den Handschriften, der beispielsweise das städtische Bürgertum miteinschließt. Möglicherweise stehen auch finanzielle Interessen des Druckers dahinter, der mit einer möglichst breiten Käuferschicht spekuliert, indem die Konfessionsfrage offengehalten wird.

Eine weitere Sammlung mit denselben volkssprachigen Konkordanzen wie die Drucke DEPB 1539 und NiDB 1567 ist der Druck *Het oudt Huysken van Bethleem* (Costerius OHB 1590).[364] Das Liederbuch wurde von Henricus Costerius zusammengestellt und um 1590 bei Hieronimus Verdussen in Antwerpen gedruckt. Überliefert sind 26 lateinische und 93 niederländische Liedtexte ohne Noten. Die meisten Lieder

---

361 Das sind die Lieder *Hedt is een dach der vroelickheyt*, *Drie kooninghen vtuercoeren*, *Mit disen nijen iaere* und *Waer ys die dochter van Zion*. Zudem kommen drei Strophen aus dem Lied *Had ick vloghelen als een arent grijs*, die in die Stuttgarter Fassung von *Waer ys die dochter van Zion* integriert wurden.

362 Nur vier Lieder aus SuB 1508 wurden nicht übernommen: Nr. 6, 7, 10 und 12, vgl. VELLEKOOP (1997), S. 110. Die dritte Abteilung des Drucks enthalte zudem auffällig viele Lieder, die mit einem Kreis Intellektueller aus Brügge in Verbindung gebracht werden können, vgl. VELLEKOOP (1997), S. 106f.

363 REPERTORIUM II, D 291. Enthalten sind ebenfalls 259 Lieder, dass es sich jedoch um Überarbeitungen handelt, ist nicht ausgeschlossen. Mit diesem Liederbuch teilt die Stuttgarter Sammlung dieselben Lieder wie mit DEPB 1539. Vermutlich erfuhr dieser Druck im Jahr 1586 noch eine Neuauflage (?), vgl. REPERTORIUM II, D 292.

364 REPERTORIUM II, D 068. Eine ausführliche Beschreibung ist auf der Internetseite der DUTCH SONG DATABASE enthalten.

sind dem Weihnachtsfestkreis zuzuordnen, viele Lieder sind ebenfalls aus Devotio-Moderna-Handschriften bekannt. Das Liederbuch ist nicht ediert und kaum erforscht. Bekannt ist, dass Henricus Costerius zu der Zeit, als das Liederbuch gedruckt wurde, als Theologe an der *Onze Lieve Vrouwekathedraal* in Antwerpen tätig war.[365]

Das Liederbuch mit dem Titel *Het Hofken Der geestelycker liedekens...* (Hofken 1577) besteht ebenfalls schwerpunktmäßig aus Weihnachts- und Neujahrsliedern. Der Druck stammt aus dem Jahr 1577 und wurde in Leuven bei Rutgeert Velpius gedruckt; insgesamt sind 104 Lieder enthalten.[366] Erforscht ist das Liederbuch ebenfalls kaum, in der im REPERTORIUM enthaltenen Beschreibung ist lediglich der Hinweis vermerkt, dass es sich um ein römisch-katholisches Liederbuch handelt. Mit der Stuttgarter Handschrift teilt die Sammlung dieselben Lieder wie die oben erwähnten Drucke. Die bisher genannten Drucke zeichnen sich vor allem dadurch aus, dass sie Liedgut der Devotio Moderna weiter tradieren und nach einer kurzen Analyse des Repertoires kann man festhalten, dass keine explizit reformatorischen Lieder oder kontroverstheologischen Akzente im Hinblick auf die römisch-katholischen Lehre aufgenommen sind.

Weiterhin hat die Stuttgarter Sammlung mit dem Druck *Veelderhande schriftuerlijke leysenen ende gheestelijcke liedekens...* (VhSL 1600) gemeinsame Lieder.[367] Das Liederbuch enthält 73 niederländische Lieder, schwerpunktmäßig Weihnachts- und Neujahrslieder. Auch zu dieser Sammlung gibt es bislang keine Forschung. Dem Titel zufolge muss man sie wohl reformierten Kreisen zuordnen. Bei den sogenannten *schriftuurlijken Liedekens* handelt es sich um eine Liedgattung, die im Zuge der Reformation entstanden ist.[368] Die Auswertung des Inhalts bestätigt die reformatorische

---

365 Vgl. DE BRUIN (2002), S. 34.

366 REPERTORIUM II, D 230.

367 REPERTORIUM II, D 501. Hier wird als Datierung das Jahr 1600 oder später angegeben. Die Approbation stammt jedoch aus dem Jahr 1587. Ediert ist die Sammlung in der Datenbank DBNL.

368 Zu den *schriftuurlijken Liedekens*, vgl. die Studien von WIEDER (1977) und HOFMAN (1993). Diese Lieder wurden bereits in der ersten Hälfte des 16. Jahrhunderts von den Sakramentariern gesammelt und waren vor dem Aufkommen der Psalmengesänge die beliebteste Gattung in reformierten Kreisen. Die Lieder lehnen sich sehr eng an den Bibeltext an. Sie waren einerseits ein wichtiges Instrument zur Konstitution neuer Gemeinden, insofern gemeinsame Lieder zur Identifikation beitragen, andererseits sollten sie dazu anregen, sich intensiv mit der Heiligen Schrift auseinanderzusetzen.

Färbung, jedoch sind auch viele Lieder enthalten, die aus Devotio-Moderna-Handschriften bekannt sind.[369]

Eine weitere Sammlung, die in die reformatorische Richtung verweist, ist das Liederbuch mit dem Titel *Eyn schȯn Geistlick Sangbȯck...* (Chr. Adolf Nystadensis, 1543). Es wurde zusammengestellt von Christian Adolf Neustätter und in Magdeburg bei Christian Rödinger d.Ä. vermutlich im Jahr 1543 gedruckt.[370] Das Liederbuch ist die einzige hier vorgestellte Sammlung aus dem niederdeutschen Raum, alle anderen Drucke, mit denen die Stuttgarter Sammlung mehrere volkssprachige Konkordanzen hat, stammen aus den Niederlanden. Das Liederbuch teilt mit der Stuttgarter Sammlung vier volkssprachige Lieder, darunter neben den aus der niederländischen Drucküberlieferung bekannten Liedern *Hedt is een dach der vroelickheyt* und *Mit disen nijen iaere* eine der seltenen volkssprachigen Übertragungen der Cantio *Puer nobis nascitur* und das Mischlied *In dulci iubilo*, das in der ‚magnum'-Fassung ebenfalls sehr selten in gedruckter Form überliefert ist. Das Liederbuch steht in der protestantischen Tradition, in der Vorrede wird Martin Luther als Vorbild erwähnt.

Die Sammlungen mit der höchsten Anzahl an Konkordanzen sind schließlich drei Auflagen des Drucks *Suverlijc boecxken* (SuB 1572, 1600a und 1600d). Insgesamt sind unter den Drucken mit diesem oder ähnlich lautendem Titel neun Auflagen aus dem 16. Jahrhundert zu unterscheiden:

- SuB 1508:
  Dit is een suverlijc boecxken in welcke staen scone leysen ende veel scone gheestelike liedekens [...]. Gedruckt bei Adriaen van Berghen in Antwerpen.[371]

- SuB 1540:
  Dit is een suyverlijck boecxken. Int welcke staen veel schoone leysenen ende ghestelijcke liedekens [...]. Gedruckt bei Willem Vorsterman in Antwerpen.[372]

---

369 Der Druck VhSL 1600 hat viele Konkordanzen zu den Drucken SuB 1565ff. Einige dieser Drucke enthalten reformatorische Lieder, die im Anhang von Hofmans Untersuchung als solche gekennzeichnet sind, vgl. HOFMAN (1993), S. 374–367. Die meisten der dort ausgewiesenen Lieder sind auch in VhSL 1600 enthalten.

370 VD 16 S 3543.

371 REPERTORIUM II, D 435; HUYBENS (1982), S. 285, Nr. 1. Ausführliche Beschreibung in der Einleitung zu Suverlijc Boecxken 1508, hg. v. MAK, S. V–XVIII. Bislang liegt nur von diesem Druck eine Faksimile-Ausgabe vor; die zitierten Seitenangaben in dieser Arbeit beziehen sich auf die Zählung der Faksimile-Ausgabe. Eine Beschreibung einiger Drucke gibt auch KNUTTEL (1906), S. 69–83.

372 REPERTORIUM II, D 436; HUYBENS (1982), S. 285, Nr. 2. Einen kurzen Vergleich dieses Drucks mit SuB 1508 bietet MAXIMILIANUS (1957).

- SuB 1565:
  Dit is een suyuerlijck boecxken. Gedruckt bei Jan van Ghelen in Antwerpen.[373]

- SuB 1572:
  Dit is een schoon suyverlijck Boecxken, in den welcken ghy vinden sult veel schoone Leysenen, ende Gheestelijcke Liedekens [...]. Vermutlich von Thomas Pietersz. Baert in Antwerpen gedruckt.[374]

- SuB 1599:
  Dit is een suverlijck Boecxken inden welcken staen veel schone leysen, in latijn ende in duytsche [...]. Gedruckt in Amsterdam bei Harmen Jansz. Muller.[375]

- SuB 1600a:
  Dit is een schoon suyverlijcke Boecxken in den welcken ghy vinden sult veel schoone Leysenen ende Gheestelijcke Liedekens [...]. Gedruckt in Amsterdam vermutlich von Willem Jansz. van Campen für Cornelis Claesz.[376]

- SuB 1600b:
  Dit is een suyverlijck Boecxken, inden welcken staen veel schoone Leysen, in 't Latijn ende in 't Duytsch [...]. Gedruckt in Amsterdam im Haus von Harmen Jansz. Muller.[377]

- SuB 1600c:
  [*Dit is een schoon suverlijc boecxken*]. Gedruckt vermutlich in Utrecht von Herman van Borculo?[.378]

- SuB 1600d:
  [*Dit is een schoon suverlijc boexken*].[379]

---

373   REPERTORIUM II, D 437; HUYBENS (1982), S. 291f.
374   REPERTORIUM II, D 438; HUYBENS (1982), S. 289, Nr. 5 (=SSB1). Jahreszahl unklar, die Approbation für diesen Druck stammt aus dem Jahr 1570.
375   REPERTORIUM II, D 439; HUYBENS (1982), S. 289, Nr. 3; HOFMAN (1993) SBMU-1. Jahreszahl unsicher.
376   REPERTORIUM II, D 440; HUYBENS (1982), S. 289, Nr. 6; HOFMAN (1993) SSBC-2, im Anhang befindet sich eine Liste der Liedanfänge. Jahreszahl unsicher. Nach dem REPERTORIUM stimmen die Seitenzahlen komplett mit SuB 1600d überein; sie sind in dieser Arbeit nach der Zählung von HOFMAN (1993), S. 374ff. wiedergegeben.
377   REPERTORIUM II, D 441; HUYBENS (1982), S. 289, Nr. 4; HOFMAN (1993) SBMU-2. Jahreszahl nach dem REPERTORIUM 1600 oder später.
378   REPERTORIUM II, D 442; HUYBENS (1982), S. 291, Nr. 1; HOFMAN (1993) SSBCC-1. Jahreszahl, Ort und Drucker unsicher.
379   REPERTORIUM II, D 443; HUYBENS (1982), S. 291, Nr. 2. Nach dem REPERTORIUM handelt es sich bei SuB 1600a und d um verschiedene Drucke, obwohl sich deren Titelblatt und Inhalt gleichen. Jahreszahl unsicher.

Der Druck SuB 1508 gilt als ältestes in den Niederlanden gedrucktes Liederbuch.[380] Es besteht aus 28 mittelniederländischen und zwei lateinischen Liedern, deren Texte ohne Notation abgedruckt sind. Auffällig ist, dass im Vergleich zu den anderen Quellen lediglich zwei Marienlieder enthalten sind, zudem sind nur zwei lateinische Lieder überliefert. Mit der Stuttgarter Liedersammlung hat der Druck von 1508 drei volkssprachige Lieder gemeinsam.[381] Neben den Weihnachts- und Neujahrsliedern, die aus Devotio-Moderna-Handschriften bekannt sind, sind zwei Lieder enthalten, die dem Franziskaner Minderbruder Johannes Brugman zugeschrieben werden (*Ich hebbe gheiaecht mijn leuen lanc* und *Met vreuchden willen wi singen ende louen die trinitey*), sowie eine geistliche Minneklage des Minderbruders Dirk van Münster (*Och edel siele mercke ende hertelijc bekenne*).[382] MAK vertritt die These, dass Dirk van Münster mit hoher Wahrscheinlichkeit auch der Redaktor des Liederbuchs gewesen ist, was unter anderem damit begründet wird, dass die Franziskaner Minderbrüder ein volksnahes und frohes Weihnachtsfest mit Kindelwiegen und Tanz praktizierten.[383]

Dieser erste Druck von 1508 ist der Grundstein für die nächste erhaltene Auflage aus dem Jahr 1540. Von den 30 Liedern – darunter 27 volkssprachige und drei lateinische Lieder –, die das Liederbuch von 1540 enthält, sind 20 Lieder aus dem ersten Druck übernommen.[384] Genau wie das Liederbuch aus dem Jahr 1508 enthält auch der Druck von 1540 keine reformatorischen, sondern ausschließlich aus der katholischen

---

380 Der Drucker wurde im Jahr 1542 hingerichtet, da er sich zum wiederholten Mal der Verbreitung ketzerischer Schriften schuldig gemacht hatte, vgl. HUYBENS (1982), S. 284.

381 *Drie kooninghen vtuercoeren*, *Mit disen nijen iaere* und *Waer ys die dochter van Zion*.

382 Vgl. HUYBENS (1982), S. 281.

383 Vgl. Suverlijc Boecxken 1508, hg. v. MAK, S. XVII. Dies bezweifelt grundsätzlich DE BOER (1957), S. 389f. Lediglich die Identität des Redaktors, nicht aber das Entstehen in franziskanischen Kreisen wird von MAXIMILIANUS (1957), S. 125, angezweifelt, der als Zusammensteller den Redaktor des Druckes *Wijngaert van Sinte Franciscus* (1518) in Betracht zieht.

384 Von den zehn Liedern, die nicht aufgenommen worden sind, sind acht Lieder auch in den späteren Auflagen von SuB nicht mehr enthalten; darunter auch ein Jan Brugman zugeschriebenes Lied. Zwei Lieder (*Hoe minnelic is ons des crucen boom ontdaen* und *Hoe luyde riep die siele*) fehlen zwar in SuB 1540, sind aber in späteren Auflagen wieder enthalten, ein Lied (*Wildi hooren lesen*) ist nur in SuB 1540 überliefert. Zudem sind in der Auflage von 1540 ein lateinisches Lied sowie sechs volksprachige Lieder neu hinzugekommen.

Tradition bekannte Lieder.[385] Viele Lieder, die in diesen beiden Auflagen enthalten sind, haben auch in die Drucke DEPB 1539, Hofken 1577 oder Costerius OHB 1590 Eingang gefunden.

Die nächste erhaltene Auflage des Drucks SuB stammt aus dem Jahr 1565 und besteht aus 58 Liedern, die zum Teil der katholischen, zum Teil der reformatorischen Tradition zugeordnet werden können.[386] In dieser Auflage ist erstmals konfessions-übergreifendes Liedgut versammelt. Der Aufbau ist nun anders strukturiert: Die lateinischen Lieder sind am Anfang der Sammlung konzentriert und auf neun Lieder erweitert. Darauf folgen 20 Lieder unter der Überschrift *Hier na volghen die Gheestelijcke liedekens vanden Nieuwen Jaere* sowie das Lied von Dirk van Münster, das die Reihe abschließt.[387] Diesem Block schließen sich 25 geistliche Lieder an, von denen die meisten im 16. Jahrhundert im Zuge der Reformation entstanden sind und einige zu der Gattung *schriftuurlijke Liedekens* gehören. Am Ende der Sammlung befinden sich noch drei Psalmlieder, sogenannte *Souterliedekens*, die ab der zweiten Hälfte des 16. Jahrhunderts in der calvinistischen Tradition zur beliebtesten Liedgattung gehörten.[388] In der Auflage von 1565 werden also einerseits weitere, aus der katholischen Tradition bekannte lateinische Lieder aufgenommen und darüber hinaus die bereits vorhandenen katholischen Weihnachtslieder bewahrt. Andererseits erhält der Druck mit der Aufnahme reformatorischen Liedguts eine neue Prägung.

Die Auflage des Drucks von 1572 wurde wiederum auf der Basis des Drucks von 1565 erweitert. Sie enthält alle volkssprachigen Lieder, die auch in der Stuttgarter Sammlung überliefert sind, darunter nun erstmals auch das Lied *Een kyndekyn soe lauelick,* das aus der lutherischen Tradition stammt, sowie die spärlich überlieferten Lieder *Wie wyl mede toe Bethleem* und *Ons wort geboeren een kyndelyn.* Die ersten 58 Lieder des Drucks stimmen komplett mit der Auflage von 1565 überein, sie sind

---

385 Es ist daher unwahrscheinlich, dass sich ein Edikt, das einen Druck mit dem Titel *Suverlijc Boecxken* verbietet, auf diese Ausgabe bezieht. Die Anordnung ist anders als in der ersten Ausgabe, am Schluss werden die Lieder gesammelt, die den Refrain „Kyrieleyson" enthalten (*Hier na volghen dye XI leysen vander gheboorten ons heeren Jesu Christi*). Zitiert nach MAXIMILIANUS (1957), S. 127.

386 Bei HUYBENS (1982) sind die Liedanfänge komplett verzeichnet.

387 Dabei handelt es sich zum größten Teil um Lieder, die bereits in den Drucken SuB 1508 und 1540 enthalten sind.

388 Die drei *O heere hoe zijnse so menich fout, O heere wie sal in uwe tent* und *Salich zijnse hier op aerden levende* sind auch im Druck *Souterliedekens* von 1540 enthalten, REPERTORIUM II, D 398–406. Es gibt allerdings einen Hinweis, dass auch schon vor der Auflage von 1565 eine Auflage mit reformierten Liedern existiert hat. Ein Liederbuch mit dem Titel *Dit es een suuerlijck boucxken…* wird durch ein kaiserliches Edikt im Jahr 1546 auf den Index gesetzt; weiterhin findet sich der Name Jan van Ghelen im Zusammenhang mit einem Liederbuch genannt auf einem Edikt, vgl. HUYBENS (1982), S. 295.

auch unter denselben Überschriften und in derselben Reihenfolge angeordnet. Anschließend folgt die Überschrift: *Dese Liedekens ende Leysen zijn gevisiteert / etc. Finis. Hier nae volghen noch veele schoone suyverlijcke Leysenen / hymnen ende gheestelijcke Liedekens / die een deels noyt in druck en zijn gheweest / ende nu wederom in den lesten druck.* In diesem letzten Abschnitt des Drucks sind zunächst Weihnachts- und Neujahrslieder versammelt, darunter auch zwei niederländische Übersetzungen von Luthers Weihnachtsliedern *Ghelovet zijtstu Jesu Christ* und *Wy willen Christum loven schoon.* Anschließend folgen weitere sechs Lieder von Luther sowie die Übersetzung eines Liedes von Heinrich Müller, ohne dass deren Namen hier genannt werden. Am Ende der Sammlung stehen verschiedene geistliche Lieder, darunter ein *Souterliedeken* und einige *schriftuurlijke Liedekens.*

Der Auflage von 1572 folgten noch vier weitere Auflagen nach, die Ende des 16. Jahrhunderts entstanden sind. In diese Drucke wurden keine neuen Lieder mehr aufgenommen. Die Ausgaben SuB 1600a und 1600d stimmen mit SuB 1572, soweit dies der Sekundärliteratur zu entnehmen ist, vollständig überein.[389] Die Ausgaben SuB 1599, 1600b und 1600c enthalten jeweils weniger Lieder als SuB 1572, wobei auffällig ist, dass in diesen Ausgaben mit Ausnahme des Weihnachtsliedes *Wy willen Christum loven schoon,* das in SuB 1600c enthalten ist, die Lieder Luthers fehlen.

Dass sich die Drucke großer Beliebtheit erfreuten, ist der hohen Zahl von Neuauflagen zu entnehmen. Dabei sind Lieder vertreten, die in allen konfessionellen Strömungen gebraucht wurden. Eine spezifische Benutzerschicht der Drucke ist dabei schwer auszumachen. Allein die Tatsache, dass ab der Auflage von 1565 in allen nachfolgenden Ausgaben reformatorische und in den Auflagen 1572, 1600a und 1600d vermehrt lutherische Lieder enthalten sind, könnte leicht in eine Richtung weisen: Die Drucke könnten ein Indiz dafür sein, dass es im 16. Jahrhundert eine Liedkultur gegeben hat, die konfessionsübergreifend war bzw. dass im Entstehungsprozess der Konfessionen sich eine konfessionsgebundene Liedkultur auch teilweise erst allmählich ausdifferenziert hat. Als weiterer möglicher Grund für die überkonfessionelle Ausrichtung der Drucke könnte allerdings auch ein kommerzielles Interesse der Drucker in Betracht gezogen werden, die auf diese Weise ihren Absatzmarkt erweiterten und die potentielle Kundenschicht vergrößerten.

Nach der Auswertung der Konkordanzen kann man als Ergebnis festhalten, dass das ältere, aus der Devotio Moderna bekannte Liedgut vermutlich indirekt, d.h. über die Drucküberlieferung in die Stuttgarter Sammlung eingegangen ist und die Samm-

---

389 Das REPERTORIUM nennt für die Ausgaben 1600a und 1600d nur 90, für SuB 1572 dagegen 98 Lieder; diese Angabe ist höchstwahrscheinlich fehlerhaft.

lung wohl maßgeblich von der Drucküberlieferung, insbesondere von den Drucken SuB 1572, 1600a und 1600d beeinflusst ist.

Anhang zu 4.1: Konkordanzen volkssprachiger Lieder

Lied Nr.	Incipit
2	*Ons wort geboeren een kyndelyn*
4	*Hedt is een dach der vroelickheyt*
5	*Een kyndekyn soe lauelick* [vierstrophige Fassung]
6	*Drie kooninghen vtuercoeren*
10	*In dulci iubilo* [‚magnum‘]
12	*Mit disen nijen iaere*
13	*Christe, die du byst dach ende licht* [hier nur Fassungen Gr. 2, zumeist Nl. oder Nd.]
14	*Wie wyl mede toe Bethleem*
15	*Waer ys die dochter van Zion*
(16)	*Had ick vloghelen als een arent grijs* [aus dem Lied wurden Str. für *Waer is die dochter van Zion* entlehnt]

Handschrift	Konkordanzen	2	4	5	6	10	12	13	14	15	16
Amsterdamer Lhs.	4		+		+		+	+			
Anna von Köln	2 + 3 Str. aus 16					+		+			+
Anthonius Ghiselers	1		+								
Augsburg, UB, Cod. 220/14	1					+					
Augsburg, UB, Cod. III 1.8° 27	1							+			
Basel, UB, Cod. AN II 46	1							+			
Basel, UB, Cod. AX 130	1							+			
Bernkastel Kues, Bibl. St.-Nikl. Hosp., Hs. 22	1		+								
Brüssel, KB, Ms. IV 421	1					+					
Brüssel, KB, Ms. II 270-B	1						+				
Brüssel, KB, Ms. II 2631-B	2					+	+				
Brüssel, KB, Ms. II 3436	1					+					
Cambridge Mass, HL, Ms. Dutch 13	1		+								
Catherina von Tirs	3		+			+	+				
Deventer Lhs.	4		+		+		+	+			
Darmstadt, UB/LB, Hs 1907	1							+			
Darmstadt, UB/LB, Hs 2276	1					+					
Den Haag, KB, 68 A 1	1					+					
Den Haag, KB, 128 E2	1		+								
Den Haag, KB, 133 D 21-II	1		+								
Freising, Privatbesitz D.-R. Moser	1					+					
Gaesdonk, Bibl. des bischöfl. Gymn., MS. 37	1					+					
Gent, UB, Ms. 1347	1							+			
Kateline Winkelmans	1 + 3 Str. aus 16					+					+
Katharina von Hatzfeld	2						+	+			
Köln, Stadtarchiv, W 72	1							+			
Köln, Stadtarchiv, AW* 141	1							+			
München, BSB, Cgm 178	1							+			
Mainz, Stb, Hs I 164	1					+					
Oldenburg, LB, Cim I 73	1							+			
Paris, BN, Néerl. 106	1				+						
Trier, StB, Hs. 516/1595 8°	2					+	+				
Utrecht, GA, XIII G 43	4				+	+	+		+		
Utrecht, UB, 16 H 34	2					+	+				
Utrechter Lhs.	4		+		+	+	+				
Werdener Lhs.	4		+		+		+	+			
Wien, ÖNB, Cod. 4494	1					+					
Wienhäuser Ldb.	1					+					
Wolfenbüttel, HAB, Cod. 1189 Helmst	1							+			
		2	4	5	6	10	12	13	14	15	16

Drucke	Konkordanzen	2	4	5	6	10	12	13	14	15	16
AllPs 1567	1			+							
Bonner Gb 1550	1			+							
Costerius OHB 1590	4 + 3 Str. aus 16	?	+		+		+			+	+
GheSout 1567	1			+							
DEPB 1539	4 + 3 Str. aus 16		+		+		+			+	+
Haecht Ps 1579	1			+							
Haecht Ps 1582	1			+							
Haecht Ps 1583				+							
Hamburger Ench 1558	2			+				+			
Hantboecxken 1565	1			+							
Hofken 1577	4 + 3 Str. aus 16		+		+		+			+	+
Lübecker Ench 1545	2			+				+			
Magdeburger Ench 1536	2			+				+			
NiDB 1576	4 + 3 Str. aus 16		+		+		+			+	+
Nystasensis 1543	4	+	+			+	+				
Rigaer Kirchenordnung 1530	1				+						
Slüter 1531	2			+				+			
SomSGL 1600	1							+			
SuB 1508	3				+		+			+	
SuB 1540	2 + 3 Str. aus 16				+		+			+	+
SuB 1565	5 + 3 Str. aus 16		+		+		+	+		+	+
SuB 1572	9 + 3 Str. aus 16	+	+	+	[+]	+	+	+	+	+	+
SuB 1599	5		+		+		+	+		+	
SuB 1600a	9 + 3 Str. aus 16	+	+	+	+	+	+	+	+	+	+
SuB 1600b	5		+		+		+	+		+	
SuB 1600c	7 + 3 Str. aus 16		+	+	+	+	+	+		+	+
SuB 1600d	9 + 3 Str. aus 16	+	+	+	+	+	+	+	+	+	+
VhSL 1600	4 + 3 Str. aus 16		+		+		+			+	+
Wesel Gb 1554	1			+							
Zweibrücker Gb 1557	1			+							
Zwickauer Ench 1528	1			+							
		2	4	5	6	10	12	13	14	15	16

4.2   Die volkssprachigen Fassungen der Sammlung

4.2.1 Zusammenfassung

Da der Überblick über die Konkordanzen noch keine Auskunft darüber gibt, in welchen Fassungen die Texte in den verschiedenen Quellen vorliegen, wird in diesem Kapitel auf das Verhältnis der Textfassungen eingegangen; auch hier liegt der Schwerpunkt auf den volkssprachigen Liedern. Die lateinischen Fassungen der Stuttgarter Sammlung weisen keine engeren Verbindungen zu anderen Fassungen aus niederdeutschen und niederländischen Quellen auf und wurden im Rahmen der Arbeit auch nicht weiter ausgewertet. Für die volkssprachigen Lieder sind an dieser Stelle noch einmal die Ergebnisse der Analysen aus dem Kommentarteil zusammengefasst:

Lied	Quelle
Ons wort geboeren een kyndelyn	Insgesamt selten überliefert, leichte Verbindung zur Fassung in SuB 1572/1600a/1600d [andere Strophenfolge, Varianten]
Hedt is een dach der vroelickheyt	Keine signifikanten Verbindungen zu anderen Fassungen
Een kyndekyn soe lauelick	SuB 1572/1600a/1600d, AllPs 1567 und GheSout 1567 sowie viele lutherische Gesangbücher aus dem niederdeutschen Raum [dieselbe Strophenfolge, jeweils mit Wortvarianten]
Drie kooninghen vtuercoeren	SuB (alle Auflagen), VhSL 1600, Hofken 1577, Costerius OHB 1590 [dieselbe Strophenfolge, jeweils mit Wortvarianten]
In dulci iubilo	Dieselbe Fassung in SuB 1572/1600a/1600d [fast keine Varianten], ähnliche Fassung in Utrecht, GA, XIII G 43 [Wortvarianten]
Mit disen nijen iaere	SuB (alle Auflagen), VhSL 1600, Hofken 1577, Costerius OHB 1590 [dieselbe Strophenfolge, jeweils mit Wortvarianten]
Christe, die du byst dach ende licht	Enchiridion-Fassung, lutherische Tradition [wenige Wortvarianten]
Wie wyl mede toe Bethleem	SuB 1572/1600a/1600d, Utrecht, GA, XIII G 43 [wenige Wortvarianten]
Waer ys die dochter van Zion	In dieser Strophenanordnung keine Verbindung zu einer anderen Fassung

Als Ergebnis kann man festhalten, dass die meisten volkssprachigen Fassungen der Stuttgarter Sammlung aus der Drucküberlieferung bekannt sind. Dabei liegt wohl in allen Fällen eine Priorität der gedruckten Fassungen nahe, da es grundsätzlich wahrscheinlicher ist, dass ein Druck – der in mehreren Exemplaren vorlag – eine Handschrift beeinflusst hat als umgekehrt.[390] Dabei handelt es sich jedoch nicht um eine exakte Druckabschrift, da in Bezug auf potentielle Vorlagen zu viele Varianten vorhanden sind. Die Fassungen zweier Lieder (*In dulci iubilo* und *Wie wyl mede toe Bethleem*) haben Verbindungen zu einem handschriftlichen Nachtrag in einem gedruckten Cantuale.[391] Da die Lieder nach 1541 eingetragen wurden, ist es nicht auszuschließen, dass auch diese handschriftlichen Fassungen von der Drucküberlieferung beeinflusst sind.[392]

Bei der Auswertung der Fassungen ließen sich folgende Tendenzen beobachten: Bei einigen Liedern, die handschriftlich sehr variantenreich überliefert sind, hat sich in der Drucküberlieferung eine bestimmte Fassung durchgesetzt. Dies ist bei den Liedern *Drie kooninghen vtuercoeren* und *Mit disen nijen iaere* der Fall. Während sich die handschriftlichen Fassungen durch großen Variantenreichtum auszeichnen, sind in einigen Drucken für beide Lieder neunstrophige Fassungen bezeugt.

Bei einigen Liedern haben sich in der Drucküberlieferung gleich mehrere verschiedene Fassungen durchgesetzt, z.B. sind die Lieder *In dulci iubilo* und *Christe, die du byst dach ende licht* je nach Konfession in unterschiedlichen Fassungen überliefert. Zu beobachten ist dies auch bei der Cantio *Dies est letitie in ortu regali*, die in Gesangbüchern aus der reformatorischen Tradition in einer vierstrophigen Fassung vorliegt.

Lieder, die erstmals in der Drucküberlieferung bezeugt sind, sind insgesamt weniger variantenreich, oftmals liegen sie – abgesehen von „feineren" Varianten – in nur einer Fassung vor oder sind in Bezug auf die Strophenfolge und Strophenanordnung relativ konstant. Dazu gehören die Lieder *Een kyndekyn soe lauelick* und *Waer ys die dochter van Zion*, allerdings ist die Fassung von *Waer ys die dochter van Zion* gerade in der Stuttgarter Sammlung, nicht aber in der Parallelüberlieferung auffällig in ihrer

---

390 Das Lied *Een kyndekyn soe lauelick* hat den Überlieferungsschwerpunkt im niederdeutschen Raum und es ist wohl unwahrscheinlich, dass die Stuttgarter Handschrift hier den niederdeutschen Drucken (z.B. Joh. Slüter 1531) direkt vorausging bzw. auf einer den niederdeutschen Drucken vorausgehenden Vorlage basiert (frühester Beleg Zwickauer Enchiridion 1528). Die Fassungen von *Drie kooninghen vtuercoeren* und *Mit disen nijen iaere* sind bereits in SuB 1508 überliefert, die Stuttgarter Handschrift ist jedoch nachreformatorisch (vgl. Datierung). Die Fassung von *Christe, die du byst dach ende licht* ist aus der Enchiridion-Tradition bekannt (erstmals Erfurt 1526) und es ist auch hier unwahrscheinlich, dass die Stuttgarter Handschrift vorausging.

391 Utrecht, GA, XIII G 43.

392 Vgl. REPERTORIUM II, H 240.

Eigenständigkeit. Das Medium der Überlieferung kann maßgeblich auf die Lieder einwirken, wobei auf der Basis der wenigen Lieder kein allgemeines Ergebnis formuliert werden kann.

Die meisten Konkordanzen, die teilweise auch in denselben Fassungen vorliegen, hat die Stuttgarter Sammlung mit dem Druck SuB in den Auflagen von 1572, 1600a und 1600d. Auf das Verhältnis der beiden Quellen wird im Folgenden kurz eingegangen.

4.2.2 Die Drucke SuB 1572, 1600a und 1600d

Von den 15 Liedern der Stuttgarter Sammlung sind alle – bis auf die Cantio *Totus mundus iocundetur* – auch in den Drucken SuB 1572, 1600a und 1600d überliefert. Dabei handelt es sich allerdings nicht immer um dieselben Fassungen:

Lied	SuB 1572 / 1600a /1600d
Puer nobis nascitur	2r (andere Fassung, zwei Strophen mehr)
Ons wort geboeren een kyndelyn	47v (lockere Verbindung zur Stuttgarter Fassung)
Dies est letitie in ortu regali	1r (andere Fassung)
Hedt is een dach der vroelickheyt	6r (andere Fassung)
Een kyndekyn soe lauelick	46r (dieselbe Fassung)
Drie kooninghen vtuercoeren	5r (dieselbe Fassung; SuB 1572 Blattverlust)
Dies est letitiæ nam processit hodie	2r (eine Strophe mehr)
Totus mundus iocundetur	-
Magnum nomen domini Emanuel	2v (zwei Strophen mehr)
In dulci iubilo	48r (dieselbe Fassung)
Puer natus in Bethleem	1v (zwei Strophen mehr)
Mit disen nijen iaere	4v (dieselbe Fassung)
Christe, die du byst dach ende licht	34r (andere Fassung)
Wie wyl mede toe Bethleem	48r (dieselbe Fassung; Text nur in SuB und in Utrecht, GA, XIII G 43)
Waer ys die dochter van Zion	8r (andere Fassung)
[*Had ick vloghelen als een arent grijs*]	[12r (andere Fassung)]

Zwischen den Fassungen der lateinischen Lieder besteht in der Handschrift im Vergleich zu den Drucken kein näherer Zusammenhang.[393] Die Cantio *Puer nobis nascitur* setzt sich in den Drucken nicht aus fünf, sondern aus sieben Strophen zusammen; dazu kommen Wortvarianten. Die Fassungen von *Dies est letitie in ortu regali* stimmen zwar in Strophenanzahl und Strophenfolge überein, weichen jedoch im Wortlaut deutlich ab. *Dies est letitiæ nam processit hodie* umfasst in den Drucken eine Strophe mehr als in der Stuttgarter Sammlung. In Bezug auf die Cantio *Magnum nomen domini Emanuel*, die sich im Druck aus drei Strophen zusammensetzt, ist ebenfalls kein Zusammenhang erkennbar. Schließlich besteht auch die Cantio *Puer natus in Bethleem* in den Drucken aus zwei Strophen mehr als in der Stuttgarter Handschrift.

Betrachtet man aber die volkssprachigen Lieder, so wird der Zusammenhang zwischen den beiden Quellen eindeutiger: Erstens beinhalten die Drucke und die Stuttgarter Handschrift Lieder, die ansonsten kaum überliefert sind. Das Lied *Ons wort geboeren een kyndelyn* ist außer in SuB 1572, 1600a und 1600d nur noch in zwei weiteren Drucken überliefert, die allerdings keinen Zusammenhang zu den Fassungen in SuB und der Stuttgarter Handschrift haben. Die Fassungen in SuB und der Stuttgarter Sammlung weisen zwar deutliche Unterschiede auf, die Analyse im Kommentarteil hat allerdings ergeben, dass sie nicht komplett unabhängig voneinander entstanden sein können. Weiterhin ist das Lied *Wie wyl mede toe Bethleem* selten überliefert, abgesehen von dem handschriftlichen Nachtrag im Utrechter Cantuale ist es in keiner anderen Quelle bezeugt. Zweitens überliefert die Stuttgarter Sammlung von mehreren Liedern dieselben Fassungen wie die Drucke SuB 1572, 1600a und 1600d. Dazu gehören die Lieder *Drie kooninghen vtuercoeren*, *Mit disen nijen iaere* und *Een kyndekyn soe lauelick*, die in diesen Fassungen allerdings auch noch in anderen Drucken belegt sind. Am deutlichsten wird der Zusammenhang zwischen der Stuttgarter Handschrift und den Drucken, wenn man den Liedtext von *In dulci iubilo* miteinander vergleicht: Die Fassungen sind nahezu identisch und darüber hinaus in keiner anderen Quelle enthalten. Schließlich spricht für einen Zusammenhang zwischen den Drucken und der Stuttgarter Sammlung – abgesehen von der hohen Anzahl an Konkordanzen – auch die Tatsache, dass in keiner anderen Sammlung dieselbe oder eine annähernd ähnliche Kombination an volkssprachigen Liedern überliefert ist.[394]

Eine Aussage über das genaue Verhältnis zwischen der Stuttgarter Sammlung und den Drucken zu machen, ist schwierig. Wie bereits erwähnt, ist eine Priorität des

---

393 Der folgenden Analyse liegt die Auflage von 1572 zugrunde; Kopien der Auflage von 1600a wurden hinzugezogen. Abweichungen zwischen diesen beiden Auflagen betreffen zumeist nur die Orthographie.

394 Auffällig ist auch, dass vier Lieder in der Stuttgarter Sammlung enthalten sind, die in den Drucken auf sehr engem Raum stehen (f. 46r–48r): *Ons wort geboeren een kyndelyn*, *Een kyndekyn soe lauelick*, *In dulci iubilo* und *Wie wyl mede toe Bethleem*.

Drucks wahrscheinlicher. Dass es sich bei der Stuttgarter Sammlung um eine wortge-
treue Druckabschrift von SuB 1572, 1600a oder 1600d handelt, kann ausgeschlossen
werden; eine Abschrift wäre allenfalls in Bezug auf eine nicht mehr erhaltene Auflage
des Drucks denkbar. [395] Lediglich bei dem Lied *In dulci iubilo*, eventuell auch bei *Wie
wyl mede toe Bethleem*, sind die Varianten derart gering und fast ausschließlich auf
die Orthographie beschränkt, dass ein Abschriftenverhältnis in Betracht käme. Bei
den anderen Liedern, die in denselben Fassungen vorliegen, ist eine Abschrift auszuschließen. In den meisten Fällen liegt zwar eine Ähnlichkeit zwischen den Texten,
aber es liegen eben keine identischen Fassungen vor. So hat sich in der Drucküberlieferung beispielsweise bei Lied Nr. 6 (*Drie kooninghen vtuercoeren*) eine neunstrophige Fassung durchgesetzt, die in den Auflagen von SuB und in drei weiteren Drucken sowie in der Stuttgarter Handschrift enthalten ist. Auch wenn man hier von
„einer Fassung" sprechen kann – d.h. die Texte weisen dieselbe Strophenanzahl und
Strophenabfolge auf, es gibt lange Passagen wörtlicher Übereinstimmung und signifikante Ähnlichkeiten, die die Texte von anderen Fassungen abgrenzen –, stimmen die
einzelnen Texte nicht völlig überein. Im Apparat sind viele kleinere Varianten versammelt, die die Texte in gewisser Weise wieder als „eigenständig" ausweisen.

Darüber, wie diese feinen Unterschiede bei insgesamt großer Ähnlichkeit zustande
kamen, kann man nur spekulieren. Im 16. Jahrhundert kam es zur Verlagerung des
Schwerpunkts von der handschriftlichen zur gedruckten Überlieferung. Drucküberlieferung und Konfessionalisierung bzw. das Zusammenwirken beider Faktoren konnten
die „Kanonisierung" bestimmter Fassungen begünstigen. Liedtexte erscheinen nun,
insbesondere im Vergleich zur handschriftlichen Überlieferung, als fester. Denkbar
wäre, dass feinere Varianten auch weiterhin im Zuge der mündlichen Überlieferung
entstanden sind. Auf die lange mündliche Tradition der Lieder kann man aus den
verschiedenen, unabhängig voneinander entstandenen handschriftlichen Fassungen
schließen, die durch großen Variantenreichtum geprägt sind. Außerdem enthalten
viele Texte eine auf Mündlichkeit verweisende Formelhaftigkeit, wie zum Beispiel
Wiederholungen am Strophenanfang oder in den Reimen. Die jahrhundertelange
mündliche Tradierungskultur brach wohl auch im Zeitalter der Drucke nicht schlagar-
tig ab. Die Dominanz bestimmter Fassungen in der Drucküberlieferung hat mögli-

---

395 HUYBENS (1982) vermutet aufgrund einer Quelle aus dem Jahr 1545, die ein Verbot einer
     Auflage von SuB belegt, die Existenz einer weiteren, nicht mehr erhaltenen Auflage.
     Dass es sich bei der Stuttgarter Sammlung um eine Abschrift einer nicht erhaltenen
     Auflage von SuB handelt, ist – auch wenn die Aussage selbstverständlich spekulativ ist –
     wohl eher unwahrscheinlich. Beispielsweise sind die Fassungen der lateinischen Lieder in
     allen Auflagen von SuB „stabil" überliefert, in der Stuttgarter Sammlung weichen sie
     deutlich ab. Es müsste sich bei der Vorlage also um eine Auflage handeln, die im Ver-
     gleich zu den anderen Auflagen von SuB aus der Reihe fallen würde.

cherweise aber auf die mündliche Tradierungskultur eingewirkt. Vielleicht wurden Strophenanzahl und Strophenanordnung nun im Rahmen der mündlichen Überlieferung konstanter tradiert, da im kollektiven Bewusstsein eine bestimmte Fassung als Grundgerüst etabliert war. Varianten veränderten sich dahingehend, dass sie insgesamt feiner wurden und nun bei konstanter Strophenzahl und Strophenabfolge schwerpunktmäßig einzelne, oftmals kleine Wörter oder die Wortstellung betrafen.[396]

Ebenso wäre es denkbar, dass kleinere Varianten auch im Rahmen der schriftlichen Tradierung entstanden sind. Dass die Texte anonym und sehr variantenreich überliefert sind, könnte bewusste Modifikationen schriftlicher Vorlagen begünstigt haben. So war es wohl gängige Praxis, dass ein Redaktor im Zuge der Drucküberlieferung die Texte, die als Gemeingut betrachtet wurden, auf der Basis einer schriftlichen Vorlage geringfügig verändert hat. Diese Vorgehensweise würde z.B. auch die kleineren Varianten zwischen den verschiedenen Auflagen der Drucke SuB erklären. Da es insgesamt sehr große Übereinstimmungen zwischen den Auflagen gibt, war mit hoher Sicherheit jeweils eine schriftliche Vorlage der Ausgangspunkt für eine neue Auflage.

Abschließend muss man festhalten, dass das genaue Verhältnis zwischen der Stuttgarter Sammlung und den Drucken SuB 1572ff. nicht geklärt werden kann. Man könnte sich die Stuttgarter Sammlung als Aufzeichnung denken, die einerseits von der gedruckten, zugleich aber auch von der mündlichen Überlieferung beeinflusst wurde. Das Ergebnis, dass eine Auflage des Drucks – und zwar vom Typus der Auflagen 1572, 1600a und 1600d – die Handschrift maßgeblich beeinflusst hat, kann im Rahmen dieser Untersuchung nicht genauer definiert werden.

4.3 Das Profil der Sammlung

Die Stuttgarter Sammlung zeichnet sich in erster Linie durch ihre konsequente thematische Anlage aus, die lediglich durch den Nachtrag des Hymnus *Christe, die du byst dach ende licht* unterbrochen wird. Im Vergleich zu den meisten oben vorgestellten Sammlungen ist sie dadurch, dass nahezu ausschließlich Weihnachtslieder aufgenommen sind, deutlicher profiliert. Weihnachtslieder sind in der handschriftlichen Überlieferung zwar zahlreich bezeugt, sie stehen jedoch meistens im Rahmen umfangreicherer Sammlungen vermischt unter anderen geistlichen Liedern, teilweise auch in mehr oder weniger geschlossenen Blöcken. Die Stuttgarter Handschrift ist im Bereich der handschriftlichen Überlieferung vielleicht am ehesten mit dem Liederbuch der Anna von Köln oder mit der volkssprachigen Werdener Liederhandschrift vergleichbar, da beide Sammlungen durch einen kompakten und geschlossenen Block von Weihnachtsliedern eröffnet werden. Über das Liedgut weist die Stuttgarter Sammlung

---

396 Vgl. zum Beispiel Lied Nr. 6 oder 12 in der Stuttgarter Handschrift.

eine lockere Verbindung mit Handschriften aus dem Devotio-Moderna-Umkreis auf. Abgesehen von Lied Nr. 8 sind alle lateinischen Lieder sowie die volkssprachigen Lieder 4, 6, 10, 12 und 13 in diesem Kontext überliefert. Allerdings sind nicht alle Lieder der Stuttgarter Sammlung aus Devotio-Moderna-Handschriften bekannt, und umgekehrt enthält die Stuttgarter Handschrift keine Lieder, die „typisch" für die Devotio Moderna wären, wie z.B. Jesusminnelieder oder Weltabsagelieder.

Eine klare inhaltliche Parallele besteht zwischen der Stuttgarter Sammlung und einigen Drucken aus dem 16. Jahrhundert. In der Drucküberlieferung liegt bei einigen Liederbüchern der Fokus noch deutlicher auf der Tradierung von Weihnachts- und Neujahrsliedern als im handschriftlichen Bereich, teilweise sind die Drucke sogar im Titel als Sammlungen von Weihnachtsliedern ausgewiesen.[397] Die gedruckten Liederbücher sind tendenziell umfangreicher, so kamen zu den älteren, aus Devotio-Moderna-Handschriften bekannten Liedern neue Weihnachtslieder hinzu, von denen auch einige Eingang in die Stuttgarter Sammlung gefunden haben (Lied Nr. 14 und 15). Bezüglich der Anlage erinnert der Beginn der Stuttgarter Sammlung an den Druck DEPB 1539, da hier ebenfalls Lieder, die auf dieselbe Melodie gesungen werden, gruppiert überliefert sind. Wie die Auswertung der Konkordanzen und der Fassungen ergeben hat, ist die Stuttgarter Sammlung von der niederländischen Drucküberlieferung stark beeinflusst. Signifikante inhaltliche Parallelen weist die Handschrift dabei mit dem Druck SuB in den Auflagen von 1572, 1600a und 1600d auf.

Vor dem Hintergrund, dass die Stuttgarter Sammlung einigen Drucken sehr nahe steht, ist das Verhältnis von Latein und Volkssprache in dieser Handschrift bemerkenswert. Die Mischung von lateinischen und volkssprachigen Liedern ist eine Kombination, die sich in Devotio-Moderna-Handschriften sehr häufig findet; in der Drucküberlieferung hat sich das Verhältnis eindeutig zugunsten der volkssprachigen Lieder verschoben, die Überlieferung lateinischer Lieder ist vergleichsweise marginal. In den Auflagen des Drucks SuB, die der Stuttgarter Handschrift sehr nahe stehen, konzentrieren sich wenige lateinische Lieder am Beginn der Sammlung und sind dadurch deutlich von den volkssprachigen separiert. In der Stuttgarter Handschrift ist dagegen die Anzahl lateinischer Lieder verhältnismäßig hoch; unter diesem Aspekt grenzt sich die Quelle wiederum von den gedruckten Liederbüchern ab. Obwohl die lateinischen Fassungen der Stuttgarter Handschrift nicht Gegenstand der Analyse waren, ist an dieser Stelle anzumerken, dass im Gegensatz zu den volkssprachigen Fassungen hier kein offensichtlicher Zusammenhang mit anderen Quellen besteht.[398] Die Tradierung einer verhältnismäßig hohen Anzahl an lateinischen Liedern kann an dieser Stelle nur als Faktum vermerkt werden, eine Deutung ist schwierig. In der zweiten Hälfte des 16. Jahrhunderts waren, begünstigt durch Humanismus und Reformation, neben dem

---

397 Costerius OHB 1590, VhSL 1600 und alle Auflagen von SuB.
398 Verglichen wurden hier allerdings nur die edierten Handschriften und Drucke.

Unterricht in Klosterschulen und Pfarrkirchen auch städtische Lateinschulen etabliert, so dass lateinische Texte nicht mehr notwendig auf einen klerikalen Hintergrund hindeuten.

Die volkssprachigen Fassungen sind oftmals den in der Drucküberlieferung enthaltenen Texten sehr ähnlich. Ob sich der Schreiber der Handschrift selbst als Redaktor verstanden hat und inwiefern schriftliche Vorlagen oder aus der mündlichen Tradition bekannte Lieder „kreativ" verändert wurden, ist schwer zu sagen. Unikal überlieferte Texte sind in der Sammlung zwar nicht enthalten, es liegen allerdings in drei Fällen auffällig eigenständige Fassungen vor, für die es in dieser Form keine Parallelüberlieferung gibt. Dies trifft für die volkssprachige Übertragung der Cantio *Puer nobis nascitur* zu, weiterhin ist der Text der Cantio *Dies est letitie in ortu regali* im Vergleich zu den Fassungen aus der Drucküberlieferung stärker verändert. Vielleicht hat der Schreiber volkssprachige Übertragungen der Cantiones aus der schriftlichen und bzw. oder mündlichen Überlieferung zwar gekannt, hat aber versucht, den Text stellenweise noch einmal selbst nachzuvollziehen und die lateinische Vorlage dadurch verändert. Schließlich weicht das Lied *Waer ys die dochter van Zion*, das in der Stuttgarter Fassung Strophen aus insgesamt drei Liedern entlehnt, deutlich von der Fassung aus der Drucküberlieferung ab. Es wurden zwar keine neuen Strophen dazu gedichtet, die Komposition ist allerdings in dieser Art in keiner anderen Quelle belegt. Dabei wurden Strophen, die nicht zur Weihnachtsthematik passten – programmatisch? – getilgt.

Obwohl man für einzelne Fassungen der Stuttgarter Sammlung überlieferungsgeschichtliche Zusammenhänge aufzeigen kann, ist die Einordnung der Sammlung insgesamt sehr schwierig. Sind die Drucke SuB 1572, 1600a und 1600d, mit denen die Sammlung die größten Ähnlichkeiten aufweist, durch mehrere lutherische Lieder profiliert, so ist dies bei der Stuttgarter Sammlung weniger eindeutig der Fall. Den deutlichsten Akzent in diese Richtung setzt Lied Nr. 5, *Een kyndekyn soe lauelick*, das durch den Inhalt als lutherisch-reformiertes Lied gekennzeichnet und in katholischen Quellen nicht überliefert ist. Da in dem Text polemisiert wird – es ist die Rede von *valsche leer ende boese wandel, daer wy lange tyt in hebben gestaen* –, liegt ein reformatorischer Einfluss nahe. Zugleich schwächt die in der Stuttgarter Sammlung überlieferte Lesart *wandel* statt *waen* das lutherische Anliegen wieder etwas ab. Bei der Übertragung des Hymnus *Christe qui lux es et dies* handelt es sich ebenfalls formal um die Fassung aus der reformatorischen Enchiridion-Tradition, die Rezeption des Hymnus an sich ist jedoch überkonfessionell. Bei diesen punktuellen Spuren der Reformation bleibt es allerdings, ein reformatorischer Duktus, der sich durch die gesamte Sammlung zieht, ist nicht auszumachen. Die meisten anderen volkssprachigen Lieder sind älter und wurden schon vor der Reformation gesungen. Allerdings wurden diese Lieder auch in Drucke aufgenommen, die teilweise einen reformierten Hintergrund haben. Dieses Phänomen ist auch in Bezug auf lateinische Weihnachtslieder zu beobachten. Beispielsweise nahm Luther in das Klugsche Gesangbuch Cantiones für Weihnachten auf und betonte, dass diese Lieder *von den Alten gemacht* seien. Obwohl im Zuge der Reformation viele neue Lieder entstanden sind, findet an dieser Stelle eine bewusste Aneignung der Tradition statt.

Hervorzuheben ist schließlich aber auch, dass Maria in der Stuttgarter Sammlung eine zentrale Bedeutung einnimmt. Selbstverständlich ist die Geburt Christi untrennbar mit der Gottesmutter verbunden, die Marienverehrung spielte in der protestantischen Tradition jedoch eine untergeordnete Rolle. Im Lied *Mit disen nijen iaere* wird Maria im Refrain Jesus gleichgestellt (*Gelouet moet sy dat suete kyndeken / geeret moet syn dat reyne machdekyn*), ganze Strophen werden aus ihrer Perspektive geschildert. Das Lied wurde zwar auch in protestantisch gefärbte Drucke aufgenommen (z.B. VhSL 1600), im 17. Jahrhundert fand es jedoch Eingang in das katholische Würzburger Gesangbuch und ist insgesamt eher der katholischen Tradition zuzuordnen.[399] Weiterhin heben die Cantio *Dies est letitiæ nam processit hodie* und auch der Refrain von Lied Nr. 14 die Rolle Marias hervor. Den deutlichsten Akzent setzt schließlich die Marienstrophe in *In dulci iubilo*, sie bildet den katholischen Gegenpol zu Lied Nr. 5. Die Vorstellung von Maria als Mittlerin, die sogar in der Lage ist, die Sünden zu vergeben, ist mit der protestantischen Theologie nicht vereinbar. Im Klugschen Gesangbuch von 1533 ist daher auch eine aus nur drei Strophen bestehende ‚parvum'-Fassung des Liedes überliefert, die Marienstrophe ist vollständig getilgt.[400]

Die Stuttgarter Sammlung hat in erster Linie einen thematischen Schwerpunkt, sie entzieht sich der Zuordnung zu einer bestimmten Benutzerschicht oder Konfession. Im Zeitalter der Reformation und der Konfessionalisierung ist diese überkonfessionelle Anlage an sich schon bemerkenswert. Doch im Vergleich zu den Drucken SuB 1572ff. kann man die Anlage der Stuttgarter Sammlung nicht mit kommerziellen Interessen erklären. Die Handschrift wäre vielmehr ein Hinweis darauf, dass eine überkonfessionelle Liedkultur tatsächlich existiert haben könnte. Dies würde dann den besonderen Zeugniswert der Sammlung ausmachen.

---

399 In dem Lied wird an einer Stelle die Vorbildfunktion Marias betont (*alle vrouwen tot een exempel*). Dieser Gedanke ist in der lutherisch-protestantischen Tradition zentral, weshalb eine Rezeption dieses Liedes hier vorstellbar wäre.

400 Vgl. HARZER (2006), S. 163.

Literatur und Quellen

I   Abkürzungen

AfD	Archiv für Diplomatik
DBNL	Digitale Bibliotheek voor de Nederlandse Letteren, Zugang unter: http://www.dbnl.org/index.php
DH	A Dictionary of Hymnology. Origin and History of Christian Hymns and Hymnwriters of all Ages and Nations, hg. v. John D. Julian, 2 Bde., New York 1957. [Nachdr. der 2. Aufl. von 1907].
JLH	Jahrbuch für Liturgik und Hymnologie
KmJB	Kirchenmusikalisches Jahrbuch
LexMa	Lexikon des Mittelalters, 9 Bde. und Registerbd., Band 1–6 München/Zürich 1980ff., Band 7–9 München 1995ff.
MGG²	Die Musik in Geschichte und Gegenwart, 17 Bde. und Supplement- u. Registerbd., 2. Aufl., hg. v. Ludwig Fischer, Kassel/Basel u.a.; Stuttgart/Weimar 1994ff.
NdJb	Jahrbuch des Vereins für niederdeutsche Sprachforschung
PBB	Beiträge zur Geschichte der deutschen Sprache und Literatur
VD 16	Verzeichnis der im deutschen Sprachbereich erschienenen Drucke des 16. Jahrhunderts (VD 16), Zugang unter: http://www.bsb-muenchen.de/index.php?id=180
VL²	Die deutsche Literatur des Mittelalters. Verfasserlexikon, 2., völlig neu bearb. Aufl., hg. v. Kurt Ruh (Bd. 1–8) und Burghart Wachinger (Bd. 9–14), Berlin/New York 1978–2008.
WA	D. Martin Luthers Werke, Weimar 1883–2009.
ZfdA	Zeitschrift für deutsches Altertum und deutsche Literatur
ZfkT	Zeitschrift für katholische Theologie

II   Textausgaben

Adam Reißner, hg. v. JANOTA
Adam Reißner. Gesangbuch, 2 Bde. (I. Faksimile der Augsburger Handschrift, II. Kommentar zur Augsburger Handschrift), hg. und in Zusammenarbeit mit Ute Evers komm. v. Johannes Janota, Tübingen 2004 (Studia Augustana 12.13).

Analecta hymnica
Analecta hymnica medii aevi, hg. v. Guido Maria Dreves unter Mitarbeit v. Clemens Blume und Henry M. Bannister, 55 Bde., Leipzig 1886–1926.

Anna von Köln, hg. v. SALMEN/KOEPP
Liederbuch der Anna von Köln (um 1500), eingeleitet und hg. v. Walter Salmen und Johannes Koepp, Düsseldorf 1954 (Denkmäler rheinischer Musik 4).

Babstsches Gesangbuch, hg. v. AMELN
Das Babstsche Gesangbuch von 1545. Faksimiledruck mit einem Geleitwort hg. v. Konrad Ameln, Kassel/Basel u.a. 1966.

BÄUMKER
Das katholische deutsche Kirchenlied in seinen Singweisen von den frühesten Zeiten bis gegen Ende des siebzehnten Jahrhunderts aufgrund handschriftlicher und gedruckter Quellen bearb. u. hg. v. Wilhelm Bäumker, 4 Bde. (4. Bd. hg. v. Joseph Gotzen), Freiburg im Breisgau u.a. 1886–1911. [Nachdr. Hildesheim 1962].

Bonner Gesangbuch, hg. v. KLUSEN
Das Bonner Gesangbuch von 1550, hg. v. Ernst Klusen, Kamp-Lintfort 1965 (Quellen und Studien zur Volkskunde 6).

Brüssel, KB, Ms. II 270, hg v. BOUCKAERT/SCHREURS
Collectie Middelnederlandse en Latijnse Geestelijke liederen. Brussel, Koninklijke Bibliotheek, Ms II 270, hg. v. Bruno Bouckaert, Eugeen Schreurs u.a., Leuven 2005 (Monumenta Flandriae Musica 7).

Brüssel, KB, Ms. II 2631, hg. v. JOLDERSMA
Online-Publikation von Hermina Joldersma,
Zugang unter: http://people.ucalgary.ca/~joldersm/incipitsregister.htm

Cato, hg. v. VAN BUUREN
Den duytschen Cathoen. Naar de Antwerpse druk van Henrick Eckert van Homberch. Met als bijlage de andere redacties van de vroegst Middelnederlandse vertaling der *Dicta Catonis*, hg. v. A.M.J. van Buuren u.a. Hilversum 1998 (Middelnederlandse tekstedities 5).

Cantiones Germanicae, hg. v. GAMBER
Cantiones Germanicae im Regensburger Obsequiale von 1570. Erstes offizielles katholisches Gesangbuch Deutschlands, hg. v. Klaus Gamber, Regensburg 1983 (Textus patristici et liturgici 14).

Catherina von Tirs, hg. v. HÖLSCHER

Niederdeutsche geistliche Lieder und Sprüche aus dem Münsterlande nach Handschriften aus dem XV. und XVI. Jahrhundert, mit Anmerkungen, Wörterbuch und einer Musikbeilage hg. v. Bernhard Hölscher, Berlin 1854. S. 1–89.

Devoot ende Profitelijck Boecxken, hg. v. SCHEURLEER

Een devoot ende Profitelijck Boecxken, inhoudende veel gheestelijcke Liedekens ende Leysenen, diemen tot deser tijt toe heeft connen gheuinden in prente oft in ghescrifte. Geestelijk Liedboek met melodieën van 1539, hg. v. Daniel François Scheurleer, 's-Gravenhage 1889.

VAN DUYSE

Het oude Nederlandsche lied. Wereldlijke en geestelijke liederen uit vroegeren tijd. Teksten en melodien, hg. v. Florimond van Duyse, 4 Bde., Den Haag/Antwerpen 1903–1908.

Erlauer Weihnachtsspiel, hg. v. SUPPAN

Texte und Melodien der ‚Erlauer Spiele‘, hg. v. Wolfgang Suppan auf Grund einer Textübertragung von Johannes Janota, Tutzing 1990 (Musikethnologische Sammelbände 11).

Frauenlieder, hg. v. CLASSEN

Mein Seel fang an zu singen. Religiöse Frauenlieder des 15.–16. Jahrhunderts. Kritische Studien und Textedition, hg. v. Albrecht Classen, Leuven u.a. 2002 (Studies in Spirituality, Supplement 6).

GGDM

Das deutsche Kirchenlied, Abt. II: Geistliche Gesänge des deutschen Mittelalters. Melodien und Texte handschriftlicher Überlieferung bis um 1530, in Verbindung mit Mechthild Sobiela-Caanitz, Cristina Hospenthal und Max Schiendorfer hg. v. Max Lütolf, Kassel u.a. 2003 ff.

Glogauer Liederbuch, hg. v. RINGMANN

Das Glogauer Liederbuch, 2 Bde. (I. Deutsche Lieder und Spielstücke, II. Ausgewählte lateinische Sätze), hg. v. Heribert Ringmann, Textrevision v. Joseph Klapper, Kassel/Basel 1954 (Das Erbe deutscher Musik 4.8).

Haager Lhs., hg. v. KOSSMANN

Die Haager Liederhandschrift. Faksimile des Originals mit Einleitung und Transkription, hg. v. Ernst F. Kossmann, Haag 1940.

Hamburgische Gesangbücher, hg. v. GEFFCKEN

Die Hamburgischen Niedersächsischen Gesangbücher des sechzehnten Jahrhunderts, kritisch bearb. und mit einer Einleitung über das Kirchenlied und die Gesangbücher in Hamburg seit der Reformation hg. v. Johannes Geffcken, Amsterdam 1966. [Nachdr. der Ausg. Hamburg 1857].

HARZER (2006)

[siehe Forschungslit.]

HASCHER-BURGER (2002)

   [siehe Forschungslit.]

Hofken 1577, Online-Publikation DBNL

   Zugang unter: http://www.dbnl.org/tekst/_hof001hofk01_01/

Hohenfurther Liederhandschrift, hg. v. ROTHE

   Die Hohenfurther Liederhandschrift (H 42) von 1410. Facsimileausgabe mit ein-
   leitenden Abhandlungen von L. Vacha, F. Schäfer und G. Massenkeil, hg. v. Hans
   Rothe Köln/Wien 1984 (Bausteine zur Geschichte der Literatur bei den Slaven
   21).

HRUSCHKA (1878)

   [siehe Forschungslit.]

Kateline Winkelmans, hg. v. BRAEKMAN

   Braekman, Willy L.: Geestelijke en wereldlijke Liederen en Spreuken uit Brugge
   (vroege 16de eeuw?), in: Verslagen en mededelingen van de Koninklijke Acade-
   mie voor Nederlandse Taal- en Letterkunde, Gent 1996. S. 109–136.

KLAPPER (1908)

   [siehe Forschungslit.]

Klugsches Gesangbuch, hg. v. AMELN

   Geistliche Lieder auffs new gebessert zu Wittemberg. Das Klugsche Gesangbuch
   1533 nach dem einzigen erhaltenen Exemplar der Lutherhalle zu Wittenberg,
   Faksimileausgabe erg. und hg. v. Konrad Ameln, Kassel/Basel u.a. 1954.

Leisentrit, hg. v. LIPPHARDT

   *Geistliche Lieder und Psalmen der alten Apostolischen recht und warglaubiger
   Christlicher Kirchen, so vor und nach der Predigt ... ordentlicher weiß mögen
   gesungen werden.* Das Gesangbuch von Johann Leisentrit 1567, Faksimileausgabe
   mit einem Nachwort hg. v. Walther Lipphardt, Kassel/Basel u.a. 1966.

Lied van Noord-Nederland, hg. v. BRUNING/VELDHUYZEN

   Het geestelijk lied van Noord-Nederland in de vijftiende eeuw. De Nederlandse
   liederen van de handschriften Amsterdam (Wenen ÖNB 12875) en Utrecht (Ber-
   lijn MG 8° 190), hg. v. Eliseus Bruning, Marie Veldhuyzen u.a., Amsterdam 1963
   (Monumenta musica Neerlandica 7).

Luitboek van Thysius, hg. v. BURGERS/GRIJP

   Het Luitboek van Thysius. Facsimile-editie van Leiden, Bibliotheca Thysiana
   1666, hg. v. Jan W. J. Burgers und Louis Peter Grijp, 2 Bde., Leiden/Utrecht 2009
   (Muziek uit de Republiek, Speciale projecten 2).

Lyrik des späten Mittelalters, hg. v. WACHINGER

   Deutsche Lyrik des späten Mittelalters, hg. v. Burghart Wachinger, Frankfurt am
   Main 2006 (Bibliothek des Mittelalters 22).

Magdeburger Enchiridion, hg. v. CRIST
Enchiridion geistliker Leder unde Psalmen, Magdeburg 1536. Faksimileausgabe, eingeleitet und hg. v. Stephen A. Crist, Atlanta 1994 (Emory texts and studies in ecclesial life 2).

MÄKINEN (1964)
[siehe Forschungslit.]

Mönch von Salzburg, hg. v. SPECHTLER
Die geistlichen Lieder des Mönchs von Salzburg, hg. v. Franz Viktor Spechtler, Berlin/New York 1972.

MONE
Lateinische Hymnen des Mittelalters aus Handschriften hg. und erkl. v. Franz Joseph Mone, 3 Bde., Freiburg im Breisgau 1853–1855. [Nachdr. Aalen 1964].

Moosburger Graduale, hg. v. HILEY,
Moosburger Graduale. München Universitätsbibliothek, 2° Cod. ms. 156. Faksimileausgabe mit einer Einleitung und Registern hg. v. David Hiley, Tutzing 1996.

München, BSB, Clm 5023 (Digitalisat der Bayerischen Staatsbibliothek)
Zugang unter:
http://daten.digitale-sammlungen.de/~db/0003/bsb00035328/images/

Niederländische Lieder, hg. v. HOFFMANN VON FALLERSLEBEN
Niederländische geistliche Lieder des 15. Jahrhunderts aus gleichzeitigen Handschriften, hg. v. August Heinrich Hoffmann von Fallersleben, Amsterdam 1968 (Horae belgicae 10). [Nachdruck der Ausg. von 1854].

Piae Cantiones, hg. v. MARVIA
Theodoricus Petri (Rutha) Nylandensis: Piae cantiones ecclesiasticae et scholasticae veterum episcoporum 1582, Facsimile, hg. v. Einari Marvia, Helsinki 1967 (Documenta musicae finnicae 10).

Rigaer Kirchenordnung, hg. v. GEFFCKEN
Kirchendienstordnung und Gesangbuch der Stadt Riga. Nach den ältesten Ausg. von 1530 flgg. kritisch bearb. u. mit einer geschichtlichen Einleitung hg. v. Johannes Geffcken, Hannover 1862.

Slüter Gesangbuch, hg. v. WIECHMANN-KADOW
Joachim Slüter's ältestes Rostocker Gesangbuch vom Jahre 1531 und der demselben zugeschriebene Katechismus vom Jahre 1525, nach dem Originaldruck wortgetreu hg. v. C. M. Wiechmann-Kadow, Schwerin 1858.

Speyerer Gesangbuch, hg. v. POHL
Alte catholische geistliche Kirchengeseng / auff die fürnemste Feste / auch in Processionen, Creutzg(ngen und Kirchenf(rten/ bey der H. Meß / Predig / in Heusern, und auff dem Feld zu gebrauchen, sehr nützlich / sampt einem Catechismo. Faksimileausgabe hg. v. Herbert Pohl, Speyer 2003.

STEIN (1956)
[siehe Forschungslit.]

Sterzinger Weihnachtsspiel, hg. v. JORDAN

Das Sterzinger Weihnachtsspiel vom Jahre 1511 und das hessische Weihnachts-spiel. Ein Beitrag zur Geschichte des geistlichen Dramas im Mittelalter, hg. v. Rudolf Jordan, o. O. 1902.

Suverlijc Boecxken 1508, hg. v. MAK

Dit is een suverlijc boecxken. Het oudste gedrukte geestelijke liedboek in de Nederlanden; nar het enig bekende exemplaar van de Antwerpse druk van 1508 in de Koninklijke Bibliotheek te 's-Gravenhage, hg. v. J. J. Mak, Amsterdam 1957.

Tongerer Liederbuch, hg. v. BRUNING

De middelnederlandse liederen van het onlangs ontdekte handschrift van Tonge-ren (omstreeks 1480), hg. v. Eliseus Bruning, Antwerpen/Amsterdam 1955.

Tropen und Cantiones, hg. v. ROTHE

Geistliche Lieder und Gesänge in Böhmen. Bd. II,1: Tropen und Cantiones aus böhmischen Handschriften der vorhussitischen Zeit 1300–1420, bearb. v. Brigitte Böse und Franz Schäfer, hg. v. Hans Rothe, Köln/Wien 1988 (Bausteine zur Ge-schichte der Literatur bei den Slaven 29).

WACKERNAGEL

Das deutsche Kirchenlied von der ältesten Zeit bis zu Anfang des XVII. Jahrhun-derts. Mit Berücksichtigung der deutschen kirchlichen Liederdichtung im weiteren Sinne und der lateinischen von Hilarius bis Georg Fabricius und Wolfgang Am-monius, hg. v. Philipp Wackernagel, 5 Bde., Leipzig 1864–77. [2. Nachdr. Hildes-heim 1990].

Weihnachtsspiele, hg. v. FRONING

Das Drama des Mittelalters, 4 Teile (Teil 4: Weihnachts- und Dreikönigsspiele, S. 867–952), hg. v. Richard Froning, Darmstadt 1964. [Nachdr. der Ausg. von 1891].

WENNEMUTH (2003)

[siehe Forschungslit.].

Werdener Liederhandschrift, hg. v. JOSTES

Jostes, Franz: Eine Werdener Liederhandschrift aus der Zeit um 1500, in: NdJb 14 (1888). S. 60–89.

Wienhäuser Liederbuch, hg. v. KAUFHOLD

Das Wienhäuser Liederbuch, hg. v. Peter Kaufhold, Wienhausen 2002 (Kloster Wienhausen 6).

VhSL 1600, Online-Publikation DBNL

Zugang unter: http://www.dbnl.org/tekst/_vee005veel01_01/

Vilnius, F. 22-95, hg. v. DE LOOS/GONCHAROVA

Vilnius, Library of the Lithuanian Academy of Sciences, Department of Man-uscripts, F. 22-95, hg. v. Ike De Loos und Victoria Goncharova, Ottawa 2003 (Publications of Mediaeval Manuscripts 29).

Zweibrücker Gesangbuch, hg. v. BÜMLEIN
Zweibrücker Gesangbuch 1557, Faksimileausgabe mit Erläuterung hg. v. Klaus Bümlein, Heidelberg u.a. 2007 (Veröffentlichungen des Vereins für Pfälzische Kirchengeschichte 26).

III Forschungsliteratur

AMELN (1970)
Ameln, Konrad: *Resonet in laudibus – Joseph, lieber Joseph mein*, in: JLH 15 (1970). S. 52–112.

AMELN (1985)
Ameln, Konrad: Die Cantio *In dulci iubilo*, in: JLH 29 (1985). S. 23–78.

AUFFAHRT (1993)
Auffahrt, Christoph: Himmlisches und irdisches Jerusalem, in: Zeitschrift für Religionswissenschaft 1 (1993). S. 25–49 und 91–118.

BERTHOLD (1932)
Berthold, Luise: Die Kindelwiegenspiele, in: PBB 56 (1932). S. 208–224.

BICK (2009), Online-Publikation
Bick, Martina, u.a.: Das Liederbuch der Catherina von Tirs, 2007-2009, Zugang unter: http://mugi.hfmt-hamburg.de/Liederbuch_Tirs/index.html

BODEMANN/STAUBACH (2004)
Kirchenreform von unten. Gerhard Zerbold von Zutphen und die Brüder vom gemeinsamen Leben, hg. v. Ulrike Bodemann und Nikolaus Staubach, Frankfurt am Main 2004 (Tradition – Reformation – Innovation. Studien zur Modernität des Mittelalters 6).

DE BOER (1957)
De Boer, Bertilo P.: Dirk Coelde en het liedboek *Dit is een suverlijc boecxken*, in: Bijdragen voor de Geschiedenis van de Provincie der Minderbroeders in de Nederlanden 10 (1957). S. 387–406.

BOLLMANN (2002)
Bollmann, Anne: *Mijt dijt spynnen soe suldi den hemel gewinnen*. Die Arbeit als normierender und frömmigkeitszentrierender Einfluss in den Frauengemeinschaften der Devotio moderna, in: Normative Zentrierung/Normative Centering, hg. v. Rudolf Suntrup und Jan R. Veenstra, Frankfurt am Main u.a. 2002. S. 85–124.

BOLLMANN (2004)
Bollmann, Anne: Frauenleben und Frauenliteratur in der Devotio moderna. Volkssprachige Schwesternbücher in literarhistorischer Perspektive, Groningen 2004.

BOS (2003)

Bos, Bertine: Mit neu erweckten Zungen. Das deutsche geistliche Lied vom Spätmittelalter bis zur Romantik in den Niederlanden, Nijmegen 2003.

BOSINSKI (1984)

Bosinski, Gerhard: Niederdeutsch im Liedgut der Reformationszeit, in: De Ken-
nung. Zeitschrift für plattdeutsche Gemeindearbeit 7 (1984). S. 6–38.

BRAUNSCHWEIG-PAULI (1991)

Braunschweig-Pauli, Dagmar: Die ein- und mehrstimmigen Lieder in der Handschrift 516/1595, in: Kurtrierisches Jahrbuch 31 (1991). S. 45–74.

DE BRUIN (2002)

De Bruin, Martine: Het muzikale behang van de zestiende eeuw. Het Nederlandse
lied tot 1600 in kaart gebracht, in: Respons 5 (2002). S. 28–34.

ČERNY (1995)

Černy, Jaromír: Cantio, in: MGG^2, Bd. 2 (1995). Sp. 389–393.

CLASSEN (2001)

Classen, Albrecht: Deutsche Liederbücher des 15. und 16. Jahrhunderts, Münster
2001.

CORNELISSEN (2003)

Cornelissen, Georg: Kleine niederrheinische Sprachgeschichte (1300–1900). Eine
regionale Sprachgeschichte für das deutsch-niederländische Grenzgebiet zwischen
Arnheim und Krefeld, Geldern/Venray 2003.

DENECKE (1987)

Denecke, Ludwig: Nikolaus von Kosel, in: VL^2, Bd. 6 (1987). Sp. 1089–1093.

DUTCH SONG DATABASE

Zugang unter: http://www.liederenbank.nl/nieuws.php?lan=en

EINIG (1995)

Einig, Bernhard: Vom Tag zur Nacht. Die Hymnen der Komplet als Verdichtung,
Begleitung und Bewältigung eines Transitus, St. Ottilien 1995 (Pietas Liturgica.
Studia 8).

FIALA/IRTENKAUF (1963)

Fiala, Virgil; Irtenkauf, Wolfgang: Versuch einer liturgischen Nomenklatur, in:
Zur Katalogisierung mittelalterlicher und neuerer Handschriften, hg. v. Clemens
Köttelwesch, Frankfurt am Main 1963. S. 105–137 (Zeitschrift für Bibliothekswe-
sen und Bibliographie, Sonderheft).

GAMBER (1980)

Gamber, Klaus: Ein kleines Kind – der ewige Gott. Bild und Botschaft von Christi
Geburt, mit Beiträgen von Christa Schaffer und Abraham Thiermeyer, Regensburg 1980 (2. Beiheft zu den Studia Pastristica et Liturgica).

GEORGES

Ausführliches lateinisch-deutsches Handwörterbuch. Aus den Quellen zusammengetragen und mit besonderer Bezugnahme auf Synonymik und Antiquitäten unter

Berücksichtigung der besten Hilfsmittel, ausgearbeitet von Karl Ernst Georges, 2 Bde., Hannover 1995. [Nachdr. der 8. Aufl. von 1913].

GLESSGEN/LEBSANFT (1997)

Gleßgen, Martin-Dietrich; Lebsanft, Franz: Von alter und neuer Philologie. Oder: Neuer Streit über Prinzipien und Praxis der Textkritik, in: Alte und neue Philologie. Beiheft zu Editio, hg. v. Martin-Dietrich Gleßgen und Franz Lebsanft, Tübingen 1997. S. 1–14.

GLIER (1981)

Glier, Ingeborg: Haager Liederhandschrift, in: VL², Bd. 3 (1981). Sp. 358–360.

GOEDBLOED (1989)

Goedbloed, Judith: Kompakt-Grammatik Niederländisch, Stuttgart 1989.

GOEMAN (1909)

Goeman (von Pastor Goeman): Das Emdener Enchiridion aus dem Jahre 1630 in niedersächsischer Sprache, in: Jahrbuch der Gesellschaft für bildende Kunst und vaterländische Altertümer zu Emden 17 (1909). S. 73–196.

GOTTWALD (1964)

Gottwald, Clytus: *In dulci iubilo*. Morphogenese eines Weihnachtsliedes, in: JLH 9 (1964). S. 133–143.

HANDSCHRIFTEN MIT MEHRSTIMMIGER MUSIK

Handschriften mit mehrstimmiger Musik des 14., 15. und 16. Jahrhunderts. Mehrstimmige Musik in italienischen, polnischen und tschechischen Quellen des 14. Jahrhunderts; mehrstimmige Stücke in Handschriften aller Länder aus d. Zeit um 1400–1425/30; organale Sätze im älteren Stil u. mehrstimmige Stücke in Choralhandschriften des 15. u. 16. Jahrhunderts, beschrieben und inventarisiert v. Kurt von Fischer, hg. in Zusammenarbeit mit Max Lütolf, 2 Bde., München 1972 (RISM).

HANDSCHRIFTENCENSUS

Handschritencensus. Eine Bestandsaufnahme der handschriftlichen Überlieferung deutscher Texte des Mittelalters, Zugang unter: http://handschriftencensus.de/

HANTSCHE (2000)

Hantsche, Irmgard: Atlas zur Geschichte des Niederrheins, 3. Aufl., Bottrop/Essen 2000 (Schriftenreihe der Niederrhein-Akademie 4).

HARNONCOURT (1974)

Harnoncourt, Philipp: Gesamtkirchliche und teilkirchliche Liturgie, Freiburg 1974 (Untersuchungen zur praktischen Theologie 3).

HARZER (2006)

Harzer, Anne-Dore: *In dulci iubilo*. Fassungen und Rezeptionsgeschichte des Liedes vom 14. Jahrhundert bis zur Gegenwart, Tübingen 2006 (Mainzer Hymnologische Studien 17).

HASCHER-BURGER (2002)

Hascher-Burger, Ulrike: Gesungene Innigkeit. Studien zu einer Musikhandschrift der Devotio Moderna (Utrecht, Universitätsbibliothek, MS. 16 H 34, Olim B 113). Mit einer Edition der Gesänge, Leiden/Boston/Köln 2002 (Studies in the History of Christian Thought 16).

HASCHER-BURGER (2007)

Hascher-Burger, Ulrike: Singen für die Seligkeit. Studien zu einer Liedersammlung der Devotio Moderna: Zwolle, Historisch Centrum Overijssel, coll. Emmanuelshuizen, cat. VI. Mit einer Edition und Faksimile, Leiden/Boston/Köln 2007 (Brill's Series in Church History 28).

HASCHER-BURGER (2008)

Hascher-Burger, Ulrike: Verborgene Klänge. Inventar der handschriftlich überlieferten Musik aus den Lüneburger Frauenklöstern bis ca. 1550. Mit einer Darstellung der Musik-Ikonographie von Ulrike Volkhardt, Hildesheim/Zürich/New York 2008.

HAUG/STÄBLEIN (1998)

Haug, Andreas; Stäblein, Bruno: Tropus, in: MGG², Bd. 9 (1998). Sp. 897–921.

HÄUSSLING (2004)

Häußling, Angelus: ‚Brevier‘, in: VL², Bd. 11 (2004). Sp. 287–297.

HEIMANN (1997)

Heimann, Heinz-Dieter: Die niederländisch-westfälische Nachbarschaft im späten Mittelalter. Politische Distanz versus Wirtschaftsverbund und kulturelle Dynamik, in: Humanistische Buchkultur. Deutsch-niederländische Kontakte im Spätmittelalter (1450–1520), hg. v. Jos. M. M. Hermans und Robert Peters, Münster/Hamburg 1997. S. 19–36.

HEINZ (1979)

Heinz, Andreas: *Es ist eyn dach der frolicheit*, in: Trierer theologische Zeitschrift 88 (1979). S. 306–323.

HIRT (2002)

Hirt, Beate: Das Bild des Hirten im Alten und Neuen Testament, in: Das Motiv des Guten Hirten in Theologie, Literatur und Musik, hg. v. Michael Fischer und Diana Rothaug, Tübingen/Basel 2002 (Mainzer Hymnologische Studien 5). S. 15–49.

HOFMAN (1993)

Hofman, Bert: Liedekens vol gheestich confoort. Een bijdrage tot de kennis van de zestiende-eeuwse schriftuurlijke lyriek, Hilversum 1993.

HOLLWEG (1961)

Hollweg, Walter: Das Gesangbuch für die niederländischen Flüchtlinge in Emden, in: Jahrbuch der Gesellschaft für bildende Kunst und vaterländische Altertümer zu Emden, 41 (1961). S. 39–58.

HOLLWEG (1971)

Hollweg, Walter: Geschichte der evangelischen Gesangbücher vom Niederrhein im 16.–18. Jahrhundert, ergänzt mit Vorwort und bibliographischem Nachtrag vom Verfasser, Hildesheim/New York 1971.

HRUSCHKA (1878)

Hruschka, Alois: Über eine Handschrift in Privatbesitz, in: ZfdA 22 (1878). S. 78–82.

HUSMANN (1953)

Husmann, Heinrich: Die mittelniederländischen Lieder der Berliner Handschrift Germ. 8° 190, in: Internationale Gesellschaft für Musikwissenschaft, Fünfter Kongress Utrecht 3.–7. Juli 152, hg. v. der Vereniging voor Nederlandse Muziekgeschiedenis, Amsterdam 1953. S. 341–251.

HUYBENS (1982)

Huybens, Gilbert: Een onbekende 16de-eeuwse uitgave van *Dit is een suuerlijk boecxken*, in: Quaerendo 12 (1982). S. 281–308.

ISERLOH (1999)

Iserloh, Erwin: Devotio Moderna, in: LexMa, Bd. 3 (1999). Sp. 928–930.

JANOTA (1968)

Janota, Johannes: Studien zu Funktion und Typus des deutschen geistlichen Liedes im Mittelalter, München 1968 (MTU 23).

JANOTA (1989)

Janota, Johannes: *Puer natus in Bethlehem*, in: VL², Bd. 7 (1989). Sp. 903f.

JANOTA (1999a)

Janota, Johannes: Werdener Liederbuch, in: VL², Bd. 10 (1999). Sp. 883–886.

JANOTA (1999b)

Janota, Johannes: Wienhäuser Liederbuch, in: VL², Bd. 10 (1999). Sp. 1046–1052.

KLAPPER (1908)

Klapper, Jos: Altdeutsche Texte aus Breslau, in: ZfdA 50 (1908). S. 167–205.

KLAUSMANN (2003)

Klausmann, Theo: *Consuetudo consuetudine vincitur*. Die Hausordnungen der Brüder vom gemeinsamen Leben im Bildungs- und Sozialisationsprogramm der Devotio Moderna, Frankfurt am Main 2003 (Tradition – Reformation – Innovation. Studien zur Modernität des Mittelalters 4).

KNUTTEL (1906)

Knuttel, Johannes Adrianus Nelinus: Het Geestelijk Lied in de Nederlanden voor de Kerkhervorming, Rotterdam 1906. [Nachdr. Groningen/Amsterdam 1974].

KOCK (2002)

Kock, Thomas: Die Buchkultur der Devotio Moderna. Handschriftenproduktion, Literaturversorgung und Bibliotheksaufbau im Zeitalter des Medienwechsels, 2. überarb. Aufl., Frankfurt am Main u.a. 2002 (Tradition – Reformation – Innovation. Studien zur Modernität des Mittelalters 2).

KOHLE (2004)

Kohle, Maria: Das Paderborner Gesangbuch 1609. Das älteste erhaltene katholische Gesangbuch Westfalens und sein gottesdienstlicher Gebrauch im Dienst der Katholischen Reform, Paderborn 2004 (Studien und Quellen zur westfälischen Geschichte 50/1).

KOLDAU (2005)

Koldau, Linda-Maria: Frauen – Mystik – Kultur. Ein Handbuch zum deutschen Sprachgebiet in der Frühen Neuzeit, Wien 2005.

KOLDAU (2008)

Weibliche Kulturräume – weibliche Spiritualität? Das Liedgut der Devotio moderna und das Liederbuch der Anna von Köln, in: Das Erzbistum Köln in der Musikgeschichte des 15. und 16. Jahrhunderts, hg. v. Klaus Pietschmann, Berlin 2009. S. 171–189.

KORNRUMPF (2000)

Kornrumpf, Gisela: *In dulci iubilo*. Neue Aspekte der Überlieferungsgeschichte beider Fassungen des Weihnachtsliedes, in: Edition und Interpretation: Neue Forschungsparadigmen zur mittelhochdeutschen Lyrik. Festschrift für Helmut Tervooren, hg. v. Johannes Spicker, Susanne Fritsch-Staar u.a., Stuttgart 2000. S. 159–190.

KORNRUMPF (2004)

Kornrumpf, Gisela: *Dies est laetitiae in ortu regali* (Korr./Nachtr.), in: VL², Bd. 11 (2004). Sp. 349–351.

KRAUSS (2007)

Krauß, Susanne: Die Devotio Moderna in Deventer. Anatomie eines Zentrums in der Reformbewegung, Berlin 2007 (Abhandlungen 31).

KREMER (2004)

Kremer, Ludger: Geschichte der deutsch-friesischen und deutsch-niederländischen Sprachgrenze, in: Sprachgeschichte. Ein Handbuch zur Geschichte der deutschen Sprache und ihrer Erforschung. 2., vollständig neu bearb. u. erw. Aufl., hg. v. Werner Besch, Anne Betten, Oskar Reichmann und Stefan Sonderegger, 4. Teilband, Berlin/New York 2004. Sp. 3390–3404.

KRIEGER (1990)

Krieger, Dorette: Die mittelalterlichen deutschsprachigen Spiele und Spielszenen des Weihnachtsstoffkreises, Frankfurt am Main u.a. 1990.

LASCH (1974)

Lasch, Agathe: Mittelniederdeutsche Grammatik, 2., unveränderte Aufl., Tübingen 1974.

LEIF (2006)

Leif, Grane: Die Confessio Augustana. Einführung in die Hauptgedanken der lutherischen Reformation, Göttingen 2006.

LESSER (2005)

Lesser, Bertram: Johannes Busch: Chronist der Devotio Moderna. Werkstruktur, Überlieferung, Rezeption, Frankfurt am Main 2005 (Tradition – Reformation – Innovation. Studien zur Modernität des Mittelalters 10).

LIPPHARDT (1972a)

Lipphardt, Walther: Die liturgische Funktion deutscher Kirchenlieder in den Klöstern niedersächsischer Zisterzienserinnen des Mittelalters, in: ZfkT 94 (1972). S. 158–198.

LIPPHARDT (1972b)

Lipphardt, Walther: *Magnum nomen Domini Emanuel*. Zur Frühgeschichte der Cantio *Resonet in laudibus*, in: JLH 17 (1972). S. 194–204.

LIPPHARDT (1980)

Lipphardt, Walther: *Dies est laetitiae in ortu regali*, in: VL², Bd. 2 (1980). Sp. 90–93.

VAN LOEY (1974)

Van Loey, Adolphe: Middelnederlandse spraakkunst, 6. Aufl., Groningen 1974.

DE LOOS/VAN DER POEL (2001)

De Loos, Ike; van der Poel, Dieuwke: Het liederenhandschrift Brussel, KB, II 2631: samenstelling en repertoire, in: Queeste 8 (2001). S. 97–117.

LÜBBEN

Mittelniederdeutsches Handwörterbuch, hg. v. August Lübben, vollendet von Christoph Walther, Darmstadt 1965. [Nachdr. der Ausg. von 1888].

LUTH (2004)

Luth, Jan R.: Gemeindegesang in den Niederlanden im 16. Jahrhundert, in: Der Genfer Psalter und seine Rezeption in Deutschland, der Schweiz und in den Niederlanden 16.–18. Jahrhundert, hg. v. Eckhard Grunewald, Henning P. Jürgens und Jan R. Luth, Tübingen 2004. S. 421–434.

MAK (1948)

Mak, J. J.: Het kerstfeest. Ontstaan en verbreiding viering in de middeleeuwen, 's-Gravenhage 1948.

MÄKINEN (1964)

Mäkinen, Timo: Die aus frühen böhmischen Quellen überlieferten Piae Cantiones-Melodien, Jyväskyliä 1964.

MANUSCRIPTA MEDIAEVALIA

Manuscripta Mediaevalia. Handschriften, Handschriftensammlung und Handschriftenkataloge, Zugang unter: http://www.manuscripta-mediaevalia.de/#|4

MAURICE (1957a)

Maurice, Jane: *Dies est laetitiae*, in: DH, Bd. 1 (1957). S. 149f.

MAURICE (1957b)

Maurice, Jane: *Puer natus in Bethlehem*, in: DH, Bd. 2 (1957). S. 940f.

MAXIMILIANUS (1957)

Maximilianus, P.: Rezension von J. J. Mak, *Dit is een suuerlijc boecxken* [...], Amsterdam 1957, in: Franciscaans Leven 40 (1957). S. 125–128.

MEERSSEMAN (1960)

Meersseman, G. G.: Der Hymnos Akathistos im Abendland. Gruß-Psalter, Gruß-Orationen, Gaude-Andachten und Litaneien, Freiburg (Schweiz) 1960.

MUSICA DEVOTA

Musica Devota. Musik in Handschriften und Drucken aus dem Umkreis der Devotio moderna, Betreut von Ulrike Hascher-Burger, Zugang unter: http://www.musicadevota.nl/handschriften ausserl.htm

NEON

Nederladse Online, Niederländische Sprachwissenschaft der FU Berlin, Zugang unter: http://neon.niederlandistik.fu-berlin.de/de/

NOORDZIJ (2003)

Noordzij, Huib: Handboek van de Reformatie. De Nederlandse kerkhervorming in de zestiende eeuw, Kampen 2003.

PETERS (1987)

Peters, Robert: Katalog sprachlicher Merkmale zur variablenlinguistischen Erforschung des Mittelniederdeutschen. Teil I, in: Niederdeutsches Wort 27 (1987). S. 61–93.

VAN DER POEL (2001)

Van der Poel, Dieuwke: De opbouw van het liederenhandschrift Brussel KB II 261, in: Spiegel der Letteren 43 (2001). S. 148–156.

RASCH (1985)

De cantiones natalitiae en het kerkelijke muziekleven in de zuidelijke nederlanden gedurende de zeventiende eeuw, 2 Bde., Koedijk 1985.

REHM (1985)

Die Schwestern vom gemeinsamen Leben im nordwestlichen Deutschland. Untersuchungen zur Geschichte der Devotio moderna und des weiblichen Religiosentums, Berlin 1985 (Berliner Historische Studien 11).

REPERTORIUM

Repertorium van het Nederlandse lied tot 1600, 2 Bde., hg. v. Martine de Bruin und Johan Oosterman unter Mitarbeit von Clara Strijbosch u.a., Gent/Amsterdam 2001 (Studies op het gebied van de Cultuur in de Nederlanden 4).

RÖSSLER (1981)

Rößler, Martin: Da Christus geboren war... Texte, Typen und Themen des deutschen Weihnachtsliedes, Stuttgart 1981 (Calwer Theologische Monographien 7).

SALZER (1893)

Salzer, Anselm: Die Sinnbilder und Beiworte Marias in der deutschen Literatur und lateinischen Hymnenpoesie des Mittelalters. Mit Berücksichtigung der patristischen Literatur, Linz 1893.

SAND u.a. (1999)

Sand, A.; Stolz, S.; Wessel, K.; Engels, O.; Brückner, W.: Drei Könige, in: LexMa, Bd. 3 (1999). Sp. 1384–1389.

SAPPLER (1981)

Sappler, Paul: Glogauer Liederbuch, in: VL^2, Bd. 3 (1981). Sp. 57–59.

SCHEIDGEN (2008)

Scheidgen, Andreas: Katholische Gesangbücher im Reformationsjahrhundert, in: Geschichte des katholischen Gesangbuchs, hg. v. Dominik Fugger und Andreas Scheidgen, Tübingen 2008. S. 3–8.

SCHNEIDER (1999)

Schneider, Karin: Paläographie und Handschriftenkunde für Germanisten. Eine Einführung, Tübingen 1999.

SCHNELL (1997)

Schnell, Rüdiger: Was ist neu an der ‚New Philology‘, in: Alte und neue Philologie. Beiheft zu Editio, hg. v. Martin-Dietrich Gleßgen und Franz Lebsanft, Tübingen 1997. S. 61–95.

SCHREINER (1994)

Schreiner, Klaus: Maria. Jungfrau, Mutter, Herrscherin, München u.a. 1994.

SCHWEIKLE (1982)

Schweikle, Günther: Vom Edieren mittelhochdeutscher Lyrik: Theorie und Praxis. Eine Replik in: PBB 104 (1982). S. 231–255.

SCHWEIKLE (1994)

Schweikle, Günther: Zur Edition mittelhochdeutscher Lyrik. Grundlagen und Perspektiven, in: Ders.: Minnesang in neuer Sicht, Stuttgart/Weimar 1994. S. 114–134.

SERRURE (1861)

Serrure, C. P.: Drie historische liederen en een hekeldicht van Antonius Ghyselers, in: Vaderlandsche Museum voor Nederduitsche Letterkunde, Oudheid en Geschiedenis 4 (1861). S. 181–200.

SMELIK (2002)

Smelik, Jan: Psalmsingen, in: Musik und Kirche 72 (2002). S. 14–17.

DE SMET (1983)

De Smet, Gilbert: Niederländische Einflüsse im Niederdeutschen, in: Handbuch zur niederdeutschen Sprach- und Literaturwissenschaft, hg. v. Gerhard Cordes und Dieter Möhn, Berlin 1983. S. 730–761.

SMITS VAN WAESBERGHE (1959)

Smits van Waesberghe, Joseph: Die Melodie der Hymne *Puer nobis nascitur* (*Ons is gheboren een kindekijn*), in: KmJb 43 (1959). S. 27–31.

SPECHTLER/WACHINGER (1978)

Spechtler, Franz Viktor; Wachinger, Burghart: *Christe qui lux es et dies* (deutsch), in: VL^2, Bd. 1 (1978). Sp. 1211–1213.

SPITTA (1909)

Spitta, Friedrich: *In dulci iubilo nun singet und seid froh*! Monatsschrift für Gottesdienst und kirchliche Kunst 14 (1909). S. 365–373 und 15 (1910) S. 13–19.

STACKMANN (1994)

Stackmann, Karl: Neue Philologie? in: Modernes Mittelalter. Neue Bilder einer populären Epoche, hg. v. Joachim Heinzle, Frankfurt am Main/Leipzig 1994. S. 398–427. Wieder in: Stackmann, Karl: Philologie und Lexikographie. Kleine Schriften II, hg. v. Jens Haustein, Göttingen 1998. S. 20–41.

STEIN (1956)

Stein, Frank A.: Das Moosburger Graduale (1354-60) als Quelle geistlicher Volkslieder, in: JLH 2 (1956). S. 93–97.

STEPHAN (1956)

Stephan, Rudolf: Lied, Tropus und Tanz im Mittelalter, in: ZfdA 87 (1956/57). S. 147–162.

TACENKO (1992)

Tacenko, Tamara N.: Zur Geschichte der deutschen Kursive im 16. Jahrhundert. Bemerkungen zur Entwicklung dieser Schrift anhand von Dokumenten einer Sammlung aus St. Petersburg, in: AfD 38 (1992). S. 357–380.

TERVOOREN (2006)

Tervooren, Helmut: Van der Masen tot op den Rijn. Ein Handbuch zur Geschichte der mittelalterlichen volkssprachlichen Literatur im Raum von Rhein und Maas, unter Mitarbeit von Carola Kirschner und Johannes Spicker, Berlin 2006.

VALKESTIJN (1968)

Valkestijn, Jan: Kerstliederen in een Cantuale, in: Gregoriusblad 92 (1968). S. 243–247.

VELLEKOOP (1997)

Vellekoop, Kees: Een liedboekje in het Devoot ende profitelijck boecxken. De werkwijze van een verzamelaar, in: Veelderhande Liedekens. Studies over het Nederlandse lied tot 1600. Symposium Antwerpen 28 februari 1996, hg. v. Frank Willaert u.a., Leuven 1997. S. 103–117. (Antwerpse Studies over Nederlandse Literatuurgeschiedenis 2).

VERWIJS/ VERDAM

Middelnederlandsch woordenboek, hg. v. Eelco Verwijs und Jakob Verdam, 11 Bde., 's-Gravenhage 1885–1952.

WACHINGER (1983)

Wachinger, Burghart: *In dulci iubilo*, in: VL², Bd. 4 (1983). Sp. 368–371.

WACHINGER (2003)

Wachinger, Burghart: Gattungsprobleme beim geistlichen Lied des 14. und 15. Jahrhunderts, in: Forschungen zur deutschen Literatur des Spätmittelalters, Fs. für Johannes Janota, hg. v. Horst Brunner und Werner Williams-Krapp, Tübingen 2003. S. 93–107. Wieder in: Wachinger, Burghart: Gesammelte Aufsätze zur mittelhochdeutschen Lyrik, Berlin/New York 2011. S. 311–327.

WACHINGER (2011)

Nachtrag zum Aufsatz ‚Gattungsprobleme beim geistlichen Lied des 14. und 15. Jahrhunderts', in: Wachinger, Burghart: Lieder und Liederbücher. Gesammelte Aufsätze zur mittelhochdeutschen Lyrik, Berlin/New York 2011. S. 324–327.

WENNEMUTH (2003)

Wennemuth, Heike: Vom lateinischen Hymnus zum deutschen Kirchenlied. Zur Übersetzungs- und Rezeptionsgeschichte von *Christe qui lux es et dies*, Tübingen/Basel 2003 (Mainzer Hymnologische Studien 7).

WIEDER (1977)

Wieder, F. C.: De Schriftuurlijke Liedekens. De Liederen der Nederlandsche Hervormden tot op het Jaar 1566. Inhoudsbeschrijving en Bibliographie, Utrecht 1977.

WILBRINK (1930)

Wilbrink, G. G. (Sr. Marie Josepha): Das geistliche Lied der Devotio Moderna. Ein Spiegel niederländisch-deutscher Beziehungen, Nijmegen 1930.

WOLF (2002)

Wolf, Jürgen: Ältere deutsche Literatur, in: Germanistik als Kulturwissenschaft. Eine Einführung in neue Theoriekonzepte, hg. v. Claudia Benthien und Hans Rudolf Velten, Hamburg 2002. S. 175–195.

ZIJLSTRA (2000)

Zijlstra, Samme: Om de ware gemeente en de oude gronden. Geschiedenis van de dopersen in de Nederlanden 1531–1675, Verloren u.a. 2000.

IV Handschriften

Signatur bzw. Bezeichnung der Liedersammlung	Lied Nr.
Amsterdam, Universiteitsbibliotheek, I B 50	1,3,7,9
Amsterdamer Lhs.	3,4,6,9,12
= Wien, Österreichische Nationalbibliothek, Cod. Ser. n. 12875	
Anna von Köln	1,3,5,7,8,9,
= Berlin, Staatsbibliothek zu Berlin-Preußischer Kulturbesitz,	10,11,13,15
Ms.germ.oct 280	
Anthonius Ghiselers	1,3,4,9,11,15
= Gent, Rijksuniversiteit, Centrale Bibliotheek (UB), Ms. 901-I	
Aosta, Biblioteca del Seminario Maggiore, Ms. 13	3
Augsburg, Universitätsbibliothek, Cod. II.2.8° 13	3
Augsburg, Universitätsbibliothek, Cod. II.2.8° 23	1
Augsburg, Universitätsbibliothek, Cod. III 1.8° 27	13

Augsburg, Universitätsbibliothek, Cod. III.1.8° 57	1,3,11
Bamberg, Staatsbibliothek, R.B. Msc. 169	3
Basel, Öffentliche Bibliothek der Universität, A XI 96	1,3,7
Basel, Öffentliche Bibliothek der Universität, AN II 46	1,3,8,11,13
Basel, Öffentliche Bibliothek der Universität, Cod. AX 130	13
Berlichingen, Schlossarchiv, o. Sign.	11
Berlin, Staatsbibliothek zu Berlin-Preußischer Kulturbesitz, Ms.germ.qu. 1008	5
Bernkastel-Kues, Bibliothek des St.-Nikolaus Hospitals, Hs 22	4
Antiph. Ms. Bobbiense saec. 13 Cod. Taurinen F I 4[i]	11
Breslau, Archiwum Archidieczjalne (Diözesanarchiv), Ms. 58	3
Breslau, Biblioteka Uniwersytecka, Hs. 1,8,113[ii]	8
Breslau, Biblioteka Uniwersytecka, I Q 419	5
Breslau, Biblioteka Uniwersytecka, I Q 466	3
Brüssel, Koninklijke Bibliotheek van België, Ms. II 270-B	1,3,7,9,11,12
Brüssel, Koninklijke Bibliotheek van België, Ms. II 2631-B	1,3,7,12
Cambridge/Massachusetts, USA,	4
Harvard College Library, The Houghton Library, Ms. Dutch 1	3
Catherina von Tirs [verschollen]	1,4,8,10,11,
= Catherina von Tirs, hg. v. HÖLSCHER	12
Chrudim, Městské Muzeum, Ms. 12580	8
Darmstadt, Universitäts- und Landesbibliothek, Hs 1907	13
Den Haag, Koninklijke Bibliotheek, 68 A 1	1,3
Den Haag, Koninklijke Bibliotheek, 133 D 21-II	4
Deventer Lhs.	4,6,12,13
= Berlin, Staatsbibliothek zu Berlin-Preußischer Kulturbesitz, Ms.germ.oct. 185	
Erfurt, Domarchiv, Bibliothek, Ms. Lit. 6	3,5,8,11
Gaesdonck b. Goch, Collegium Augustinianum, Ms. 37	3,10
Gent, Rijksuniversiteit, Centrale Bibliotheek, Ms. 1347	13
Glogauer Ldb.	3
= z.Zt. Krakau, Uniwersytet Biblioteka Jagiellońska (Berlin, Staatsbibliothek zu Berlin-Preußischer Kulturbesitz, Mus. ms. 40098)	
Graz, Universitätsbibliothek, Ms. 557	3
Haager Lhs.	4
= Den Haag, Koninklijke Bibliotheek, 128 E2	

---

i   Aufbewahrungsort unklar, ehemals Bobbio; erwähnt in Analecta hymnica, Bd. 20, S. 99.
ii   Signatur unstimmig.

Hohenfurt, (Vyšší Brod/ČR), Zisterzienserstift, Stiftsbibliothek,   1,3,5,8
    Cod. 28
Hohenfurter Lhs.   1,3,11
    = Hohenfurt, (Vyšší Brod/ČR), Zisterzienserstift, Stiftsbibliothek,
    Cod. 42
Kassel, Universitätsbibliothek, Landesbibliothek und Murhardsche   1
    Bibliothek der Stadt Kassel, 2° Ms. poet. et roman 19
Kateline Winkelmans   15
    = Brügge, Stadsbibliotheek, Hs. 29
Katharina von Hatzfeld   12,13
    = Berlin, Staatsbibliothek zu Berlin-Preußischer Kulturbesitz,
    Ms.germ.qu. 1480
Klatovy, Okresní Muzeum, Ms. C 3/403   8
Klosterneuburg, Augustiner-Chorherrenstift, Bibliothek CCl. 1228   8
Köln, Historisches Archiv der Stadt, AW 141   13
Köln, Historisches Archiv der Stadt, W 72   13
Köln, Historisches Archiv der Stadt, W 75   3
Köln, Universitäts- und Stadtbibliothek, 5 P 114   9
Königgrätz (Hradec Králové/ČR),   3,8,11
    Státní okresní archiv (Staatl. Kreisarchiv), Cod. II A 6
Kopenhagen, Det Kongelige Bibliotek, GKS 3451 8°   1,3
Krakau, Dominikanerkloster, Bibliothek, Ms. 100[iii]   3
Leiden, Gemeentearchief, Bibliotheek, 65052/7   1,7
    [olim Leiden, Lakenhal, Ms. 436]
Leiden, Rijksuniversiteit te Leiden, Bibliotheek, BPL 2777   1
Leiden, Rijksuniversiteit te Leiden, Bibliotheek, Ms. Thysius 1666   1
Leipzig, Universitätsbibliothek, Ms.1305   3
London, British Library, Add. Ms. 5666   11
Lüne, Klosterarchiv, Hs. 11   1
Mainz, Stadtbibliothek, Hs I 164   10
Michaelbeuern b. Salzburg, Benediktinerabtei, Bibliothek,   11
    Man. cart. 1
Moosburger Graduale   1,11
    = München, Universitätsbibliothek, 2° Cod. ms. 156
München, Bayerische Staatsbibliothek, Cgm 178   13
München, Bayerische Staatsbibliothek, Cgm 444   1,3
München, Bayerische Staatsbibliothek, Cgm 1115   3
München, Bayerische Staatsbibliothek, Clm 2992   1,3,5,8,11

[iii]   Signatur unstimmig.

München, Bayerische Staatsbibliothek, Clm 5023   1,3,11
München, Bayerische Staatsbibliothek, Clm 6034   3
München, Bayerische Staatsbibliothek, Clm 27406   11
Nimwegen, Universiteitsbibliotheek, Hs 475   1,11
Nimwegen [IV 84][iv] 3,   7
Nürnberg, Germanisches Nationalmuseum, Hs 7060 L II 64   5
Oldenburg, Landesbibliothek, Cim I 73   13
Olmütz, Státní vědecká knihova   3,9
  (Wissenschaftliche Staatsbibliothek; Studienbibliothek), M I 406
Oxford, Bodleian Library, MS. Lat. liturg. f. 4   3
Paris, Bibliothèque nationale de France, Néerl. 106   6
Paris, Bibliothèque nationale de France, Rés. 1522   1,3,7,9
Prag, Knihovna národního muzea (Bibl. des Nationalmuseums), I E 22   3
Prag, Knihovna národního muzea, II C 7   1,3,11
Prag, Knihovna národního muzea, XII A1   3
Prag, Knihovna národního muzea, XII F 14   3,11
Prag, Knihovna národního muzea, XIII A 2   3,8
Prag, Knihovna národního muzea, XVI A 18   11
Prag, Národní archiv v Praze, Ms. KVš 376   1,3,8,11
Prag, Národní knihovna České Republisky, Cod. Vissegradensis[V]   1,8,11
Prag, Národní knihovna České Republisky, VI B 24   8
Prag, Národní knihovna České Republisky, VI C 20a   8
Prag, Národní knihovna České Republisky, VI G 5   11
Prag, Národní knihovna České Republisky, VI, G 10b   11
Prag, Národní knihovna České Republisky, VII G 16   11
Prag, Národní knihovna České Republisky, X E 2   3
Prag, Národní knihovna České Republisky, XII E 15   11
Prag, Národní knihovna České Republisky, XIII H 3c   11
Schmidl'sche Handschrift (Carl Gustav Schmidl)   5
St. Gallen, Benediktinerabtei, Bibliothek, Cod. 392   1,3
St. Gallen, Benediktinerabtei, Bibl., Cod. 692   11
Stuttgart, Württembergische Landesbibliothek, Cod. mus. 2o I 3   3
Stuttgart, Württembergische Landesbibliothek, Cod. mus. 2o I 41   3
Tongerer Ldb.   1,3,7,9,10,
  = Brüssel, Koniklijke Bibliotheek van België, Ms. IV 421   11,15
Trient, Archivio Capitolare, Cod. 88   3
Trier, Bistumsarchiv, Ms. 529   11

---

iv   Vollständige Signatur nicht ermittelbar, Handschrift genannt bei MUSICA DEVOTA.
V   Vollständige Signatur nicht ermittelbar, Handschrift genannt bei MÄKINEN (1968).

Trier, Stadtbibliothek mit Stadtarchiv, Hs. 516/1595 8°	1,3,7,10,12
Trier, Stadtbibliothek mit Stadtarchiv, Hs. 1878 4o	3
Utrecht, Bibliotheek der Rijksuniversiteit [UB], 16 H 34	1,3,7,10,11, 12
Utrecht, Gemeentearchief, Bibliotheek, XIII G 43	3,6,10,12,14
Utrecht, Museum Catharijneconvent, Bibliotheek, BMH h 27	1,3,7,9,11
Utrechter Lhs. = Berlin, Staatsbibliothek zu Berlin-Preußischer Kulturbesitz, Ms.germ.oct. 190	1,4,3,6,7,9, 10,11,12
Ms. Valkestijn 468[vi]	1
Ms. Valkestijn, 460	9
Ms. Valekstijn 464	11
Vilnius, Lietuvos Mokslų Akademijos Biblioteka, F. 22-95	1,3,7,8,9,11
Völs, Erzpfarre, o. Sign.[vii]	8
Weimar, Herzogin Anna Amalia Bibl., Q 59 b	11
Werdener Lhs. [verschollen] = Werdener Lhs., hg. v. JOSTES	4,6,12,13
Wien, Österreichische Nationalbibliothek, Cod. 4494	1,3,10,11
Wien, Österreichische Nationalbibliothek, Cod. 5371	3
Wien, Österreichische Nationalbibliothek, Cod. 13435	13
Wienhäuser Ldb. = Wienhausen b. Celle, ehem. Zisterzienserinnenkloster; heute evangelisches Damenstift, Archiv, Hs. 9	1,3,8,10,11
Wittingau (Třeboň/ČR), Státní oblastní archiv (Staatl. Gebietsarchiv), A4	1
Wolfenbüttel, Herzog August Bibliothek, Cod. 1189 Helmst.	13

V Siglen gedruckter Quellen

AlPs 1567 B.A., *Alle de Psalmen des H. Conicklycken Propheten Davidts…* [Frankfurt, Johan I Wolf], 1567.	5,13

---

vi   Die Handschriften ‚Valkestijn‘ sind erwähnt auf MUSICA DEVOTA.
vii   Handschrift erwähnt bei JANOTA (1968).

Babst 1545   3,11
   Geystliche Lieder. Mit einer newen vorrhede, D. Mart. Luth. …
   Leipzig, Valentin Babst d. Ä., 1545.

Bonner Gb 1550   5,11,13
   Gsangbüchlein Geistlicher Psalmen, hymnen, leider vnde gebet…
   Bonn, Laurenz von der Mülen, 1550.

Costerius OHB 1590   1,2,3,4,6,7,9,
   Henricus Costerius, *Het oudt Huysken van Bethleem, met vele*   11,12,15
   schoone Leyssenen…
   Antwerpen, Hieronimus Verdussen, [c. 1590?].

Datheen Ps 1572a   13
   Petrus Datheen, *De Psalmen Davids…*
   Gent, Ferdinand Sampsons, [1572 (1579?)].

DEPB 1539   1,3,4,6,7,9,
   Een devoot ende profitelijck boecxken, inhoudende veel   12,15
   ghestelijcke Liedekens ende Leysenen…
   Antwerpen, Symon Cock, 1539.

Dillingen Gb 1576   11
   Kurtzer Ausßzug. Der Christlichen vnd Catholischen Ges(ng, deß
   Ehrwirdigen Herrn Joannis Leisentritij…
   Dillingen, Sebald Mayer, 1576.

Erfurter Ench 1526   13
   Enchiridion geystlicher gesenge vnd Psalmen…
   Erfurt, Johann Loersfeld, 1526.

GehSout 1567   5,13
   Den Geheelen Souter der Koenicklijcken Propheten Davids…
   Wesel, [Augustijn van Hasselt], 1567.

Haecht Ps 1579   5,13
   Willem van Haecht, *De CL. Psalmen Davids, in dichte ghestelt…*
   Antwerpen, Aernout s'Coninx, 1579.

Haecht Ps 1582   5,13
   Willem van Haecht, *De Psalmen Davids, in Nederduytschen dichte*
   *ghestelt…*Antwerpen, Aernout s'Coninx, 1582.

Haecht Ps 1583   5,13
   Willem van Haecht, *De Psalmen Davids, in Neder-duytschen dichte*
   *ghestelt…*Antwerpen, Aernout s'Coninx, 1583.

Hamburger Ench 1558   5,13
   Enchiridion Geistliker Leder vnde Psalmen…
   Hamburg, Johann Wickradt d. J., 1558.

Hamburger Ench 1565   5,13
   Enchiridion Geistliker leder vnd Psalmen…
   Hamburg, Joachim Löw, 1565.

Hantboecxken 1565   5,13
   B.A., *Een Hantboecxken inhoudende den heelen Psalter des*
   H. propheete David…Frankfurt [=Wesel?] Hans de Braeker, 1565.
Hofken 1577   1,4,6,7,9,
   Het Hofken Der geestelycker liedekens…   11,12,15
   Leuven, Rutgeert Velpius, 1577.
Kluge 1533   3
   Geistliche lieder auffs new gebessert zu Wittemberg. D. Mart. Luth.,
   Wittenberg, Josef Klug, 1533.
Leisentrit 1567   1,3,9,11
   Johann Leisentrit, *Geistliche Lieder vnd Psalmen*…
   Bautzen, Hans Wolrab, 1567.
Lossius 1553   3,11
   Lucas Lossius, *Psalmodia, hoc est, cantica sacra veteris*…
   Nürnberg, Gabriel Hain, 1553.
Lübecker Ench 1545   5,13
   Enchiridion Geistlike Lede vnd Psalmen…
   Lübeck, Johann Balhorn d. Ä., 1545.
Magdeburg Gb 1543   11 [u.a.?]
   Geystlike leder vnde Psalmen vppet nye gebetert…
   Magdeburg, Hans Walther, 1543.
Magdeburger Ench 1536   5,13
   Enchiridion Geistliker leder vnde Psalmen…
   Magdeburg, Michael Lotter, 1536.
Münchner Gb 1586   11
   Gesang vnd Psalmenbuch…München, Adam Berg, 1586.
NiDB 1576   = DEPB 1539
   Een nieu devoot Boecxkin, vol schoone gheestelicke Liedekins…
   Gent, Pieter de Clerck, voor Guillame van Paris te Antwerpen,
   1567.
Nystadensis 1543   1,2,3,4,7,8,
   Chr. Adolf Nystadensis, *Ein schoen gesitlick Sangboeck*…   10,11,12
   Magdeburg, Christian Roedinger, 1543.
Piae Cantiones 1582   1,3,8,11
   Petrus Didrik, *Piæ Cantiones ecclesiasticæ et scholasticæ*…
   Greifswald, Augustin Färber d. Ä., 1582.
Regensburger Obsequiale 1570   11
   Obsequiale, vel liber Agendorum…*ritum Ecclesie Ratisbonensis*.
   Ingolstadt, Alexander Weißenhorn III, 1570.
Rigaer Kirchenordnung 1530   5
   Kurtz Ordnung des Kirchendiensts…
   Rostock, Ludwig Dietz, 1530.

Rigaer Kirchenordnung 1548/49   3,5
    Eijn korte Ordnung des kerckendensts…
    Lübeck, Jürgen Kicholff, 1549.
Rigaer Kirchenordnung 1567   3,5,8
    Korte Ordninge des kerckendenstes…
    Lübeck, Jürgen Kicholff, 1567.
SchrL 1580   13
    Schriftuerlicke liedekens, met noch sommighe Lofsangen…
    [Jan I Canin] voor Jacob de Boot te Dodrecht, 1580.
SchrL 1595   13
    Schriftuerlicke Liedekens, met noch sommighe Lofsangen…
    Leiden, Jan Paedt Jacobszoon en Jan Bouwenszoon, 1595.
Slüter 1531   3,5,13
    Geystlyke leder vppt nye gebetert tho Wittemberch, dorch
    D. Martin Luther… Rostock, Ludwig Dietz, 1531.
SomSGL 1600   13
    Sommige schone geestelijcke Liedekens...
    [Delft?, Maritgen Simons oder Jan Andriesz. Cloeting?], [ca. 1600?].
Spangenberg 1544   1,3,8,9,11
    Joh. Spangenberg, *Alte vnd Newe Geistliche Lieder vnd Lobgesenge*
    *von der Geburt Christi...*Erfurt, Melchior Sachse d. Ä., 1544.
Speyerer Gb 1599   1,3,8,9,11
    Alte catholische geistliche Kirchengeseng, auff die fürnemste Feste…
    Köln, Arnold Quentell, 1599.
SuB 1508   1,6,11,12,15
    Dit is een suverlijc boecxken in welcke staen scone leysen
    ende veel scone gheestelike liedekens…
    Antwerpen, Adriaen van Berghen, 1508.
SuB 1540   1,6,11,12,15
    Dit is een suyverlijck boecxken. Int welcke staen veel schoone
    leysenen ende ghestelijcke liedekens…
    Antwerpen, Willem Vorsterman, 1540.
SuB 1565   1,3,4,6,7,9,11,
    Dit is een suyuerlijck boecxken.   12,13,15
    Antwerpen, Jan van Ghelen, 1565.
SuB 1572   1,2,3,4,5,6,7,
    Dit is een schoon suyverlijck Boecxken, in den welcken ghy   9,10,11,12,
    vinden sult veel schoone Leysenen…   13,14,15
    Antwerpen, Thomas Pietersz. Baert, [1572?].

SuB 1599   1,3,4,6,7,9,11,
    Dit is een suverlijck Boecxken inden welcken staen veel schone   12,13,15
    leysen, in latijn ende in duytsche…
    Amsterdam, Harmen Jansz. Muller, [ca. 1599?].
SuB 1600a   1,2,3,4,5,6,7,
    Dit is een schoon suyverlijck Boecxken in den welcken ghy   9,10,11,12,
    *vinden sult veel schoone Leysenen…*Amsterdam,   13,14,15
    [Willem Jansz. van Campen? für] Cornelis Claesz., [ca. 1600?].
SuB 1600b   1,3,4,6,7,9,11,
    Dit is een suyverlijck Boecxken, inden welcken staen   12,13,15
    veel schoone Leysen…
    Amsterdam, bei Harmen Jansz. Muller, [ca. 1600 oder später].
SuB 1600c   1,3,4,5,6,7,9,
    [*Dit is een schoon suverlijc boecxken*],   10,11,12,13,15
    [Utrecht?, Herman van Borculo?, ca. 1600?].
SuB 1600d   1,2,3,4,5,6,7,
    [*Dit is een schoon suverlijc boecxken*],   9,10,11,12,
    [ca. 1600?].   13,14,15
Tegernsee 1577   3,11
    Adam Walasser, *Schône, alte, Catholische Gesang vnd Rûff…*
    Tegernsee, Klosterdruckerei, 1577.
Utrechter Cantuale 1541   1,3,7,9,11
    Cantuale Traiectensis Diocesis scholasticis…
    Johannes Jacobus?, 1541.
VhSL 1600   4,6,12,13,15
    Veelderhande Schrifturelijcke Leysenen ende Gheestelijcke
    *Liedekens…*Antwerpen, Martinus Verhulst, [ca. 1600 oder später].
Wesel Gb 1554   5,13
    G[eistlike] Lede[r vnd Psalmen]…
    Wesel, Derick van der Straten, 1554.
Zweibrücker Gb 1557   3,5,11
    Kirchenordnung…Kirchengesanng teutsch vnd lateinisch…
    Nürnberg, Johann vom Berg und Ulrich Neuber, 1557.
Zwickauer Ench 1528   5,13
    Enchiriridion [!] geistlicher gesenge vn Psalmen,
    Zwickau, Johann Schönsperger d. J., 1528.

Anhang:

Faksimile der Handschrift
‚Stuttgart, Württembergische Landesbibliothek, Cod. Don. A III 18'

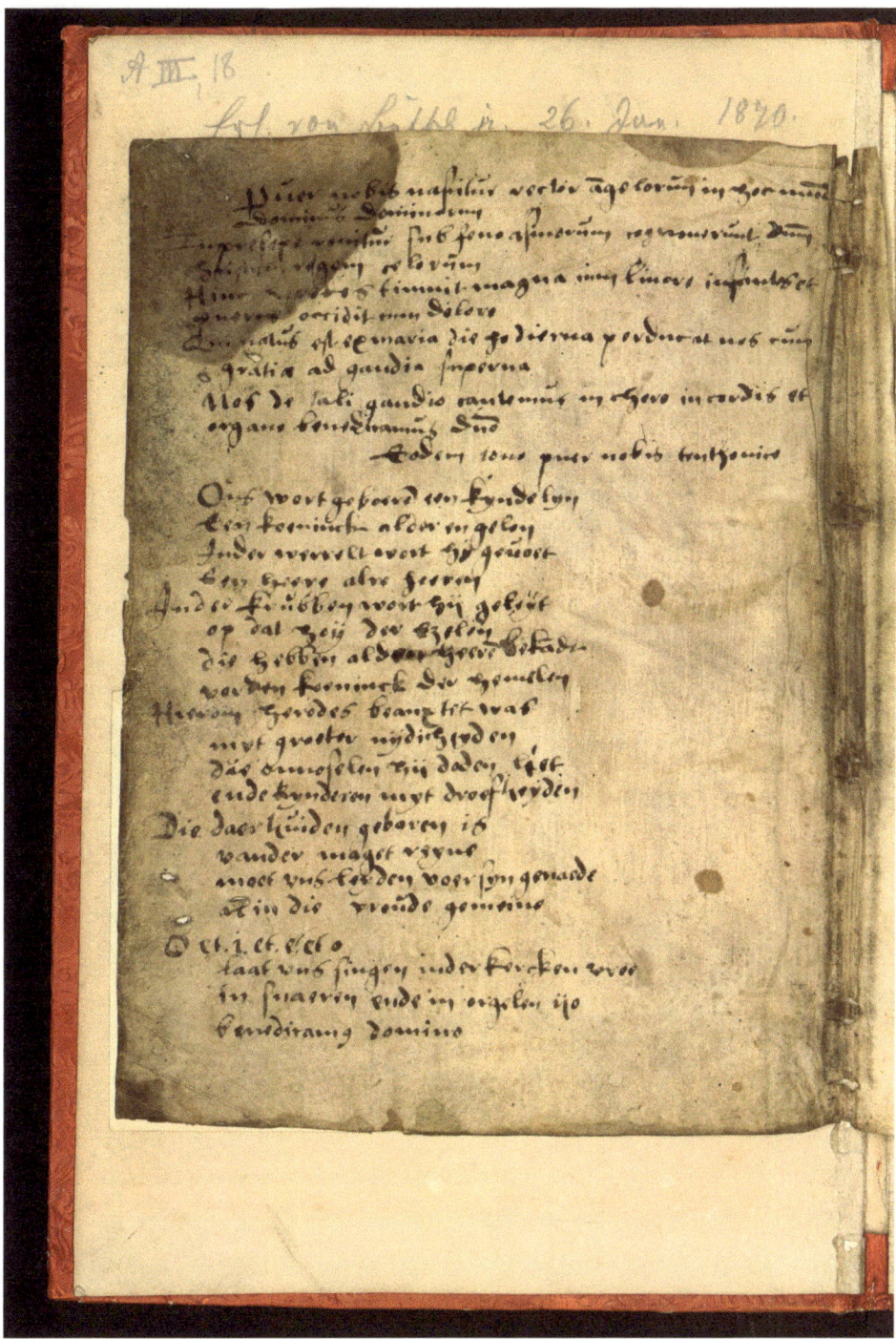

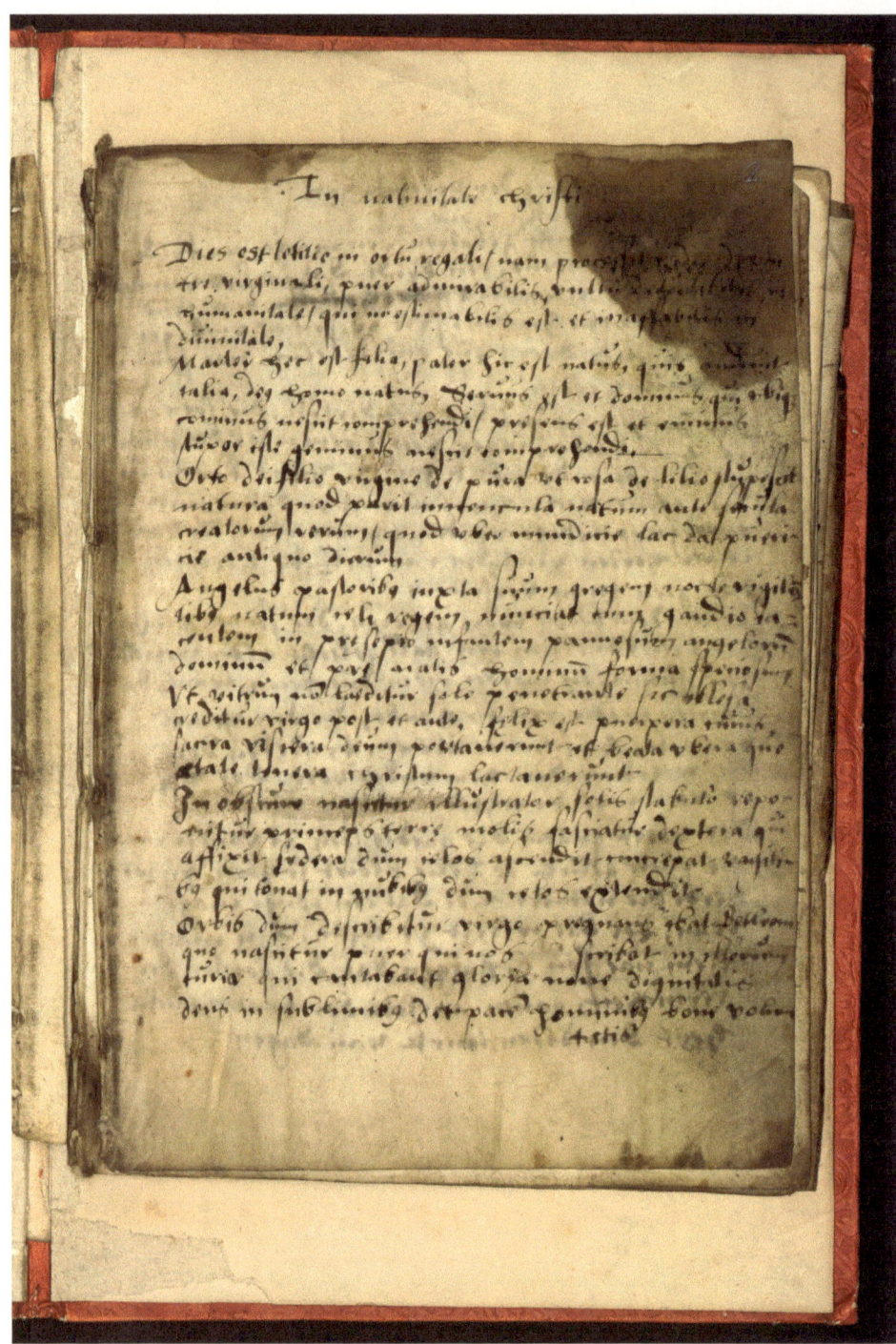

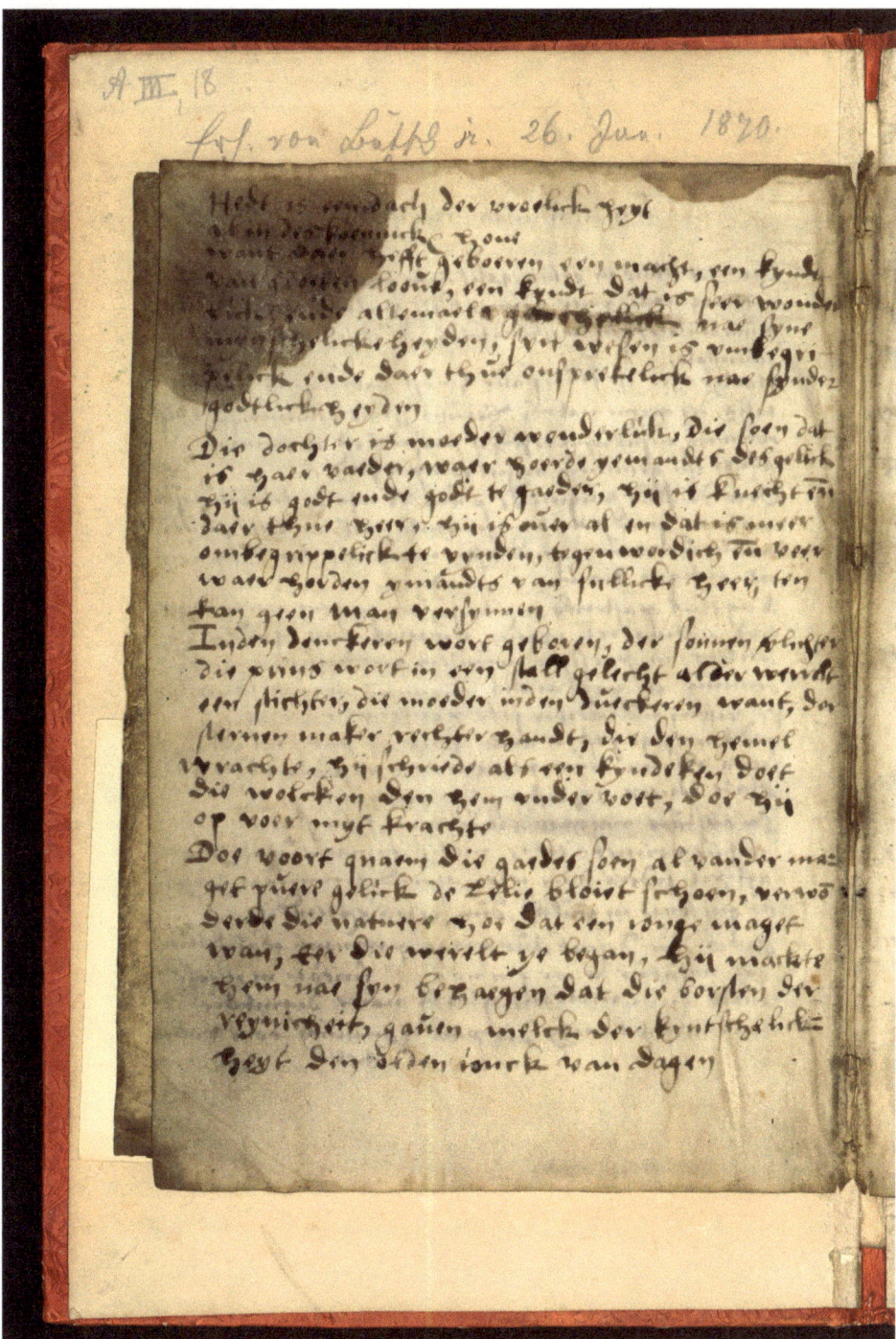

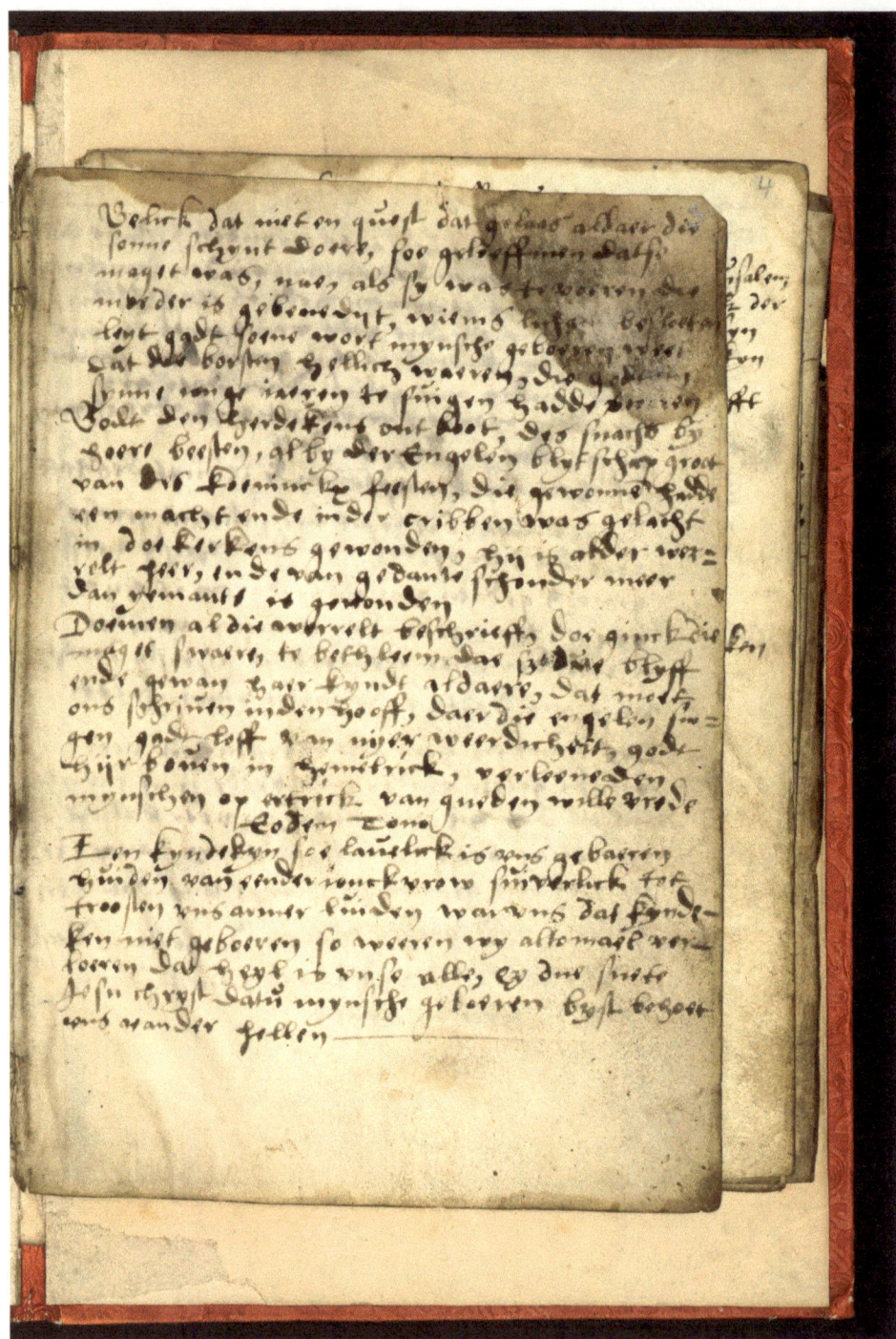

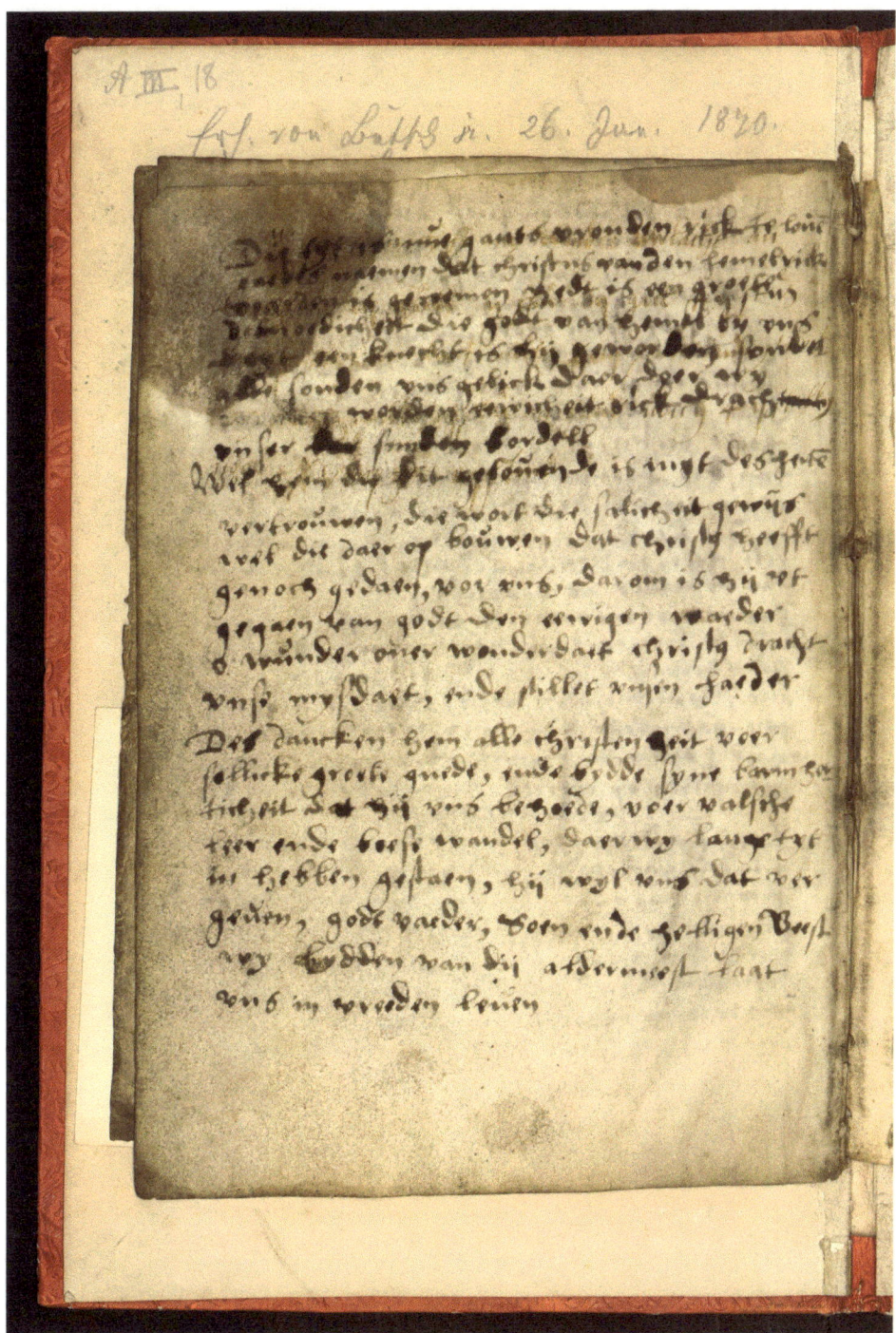

3v

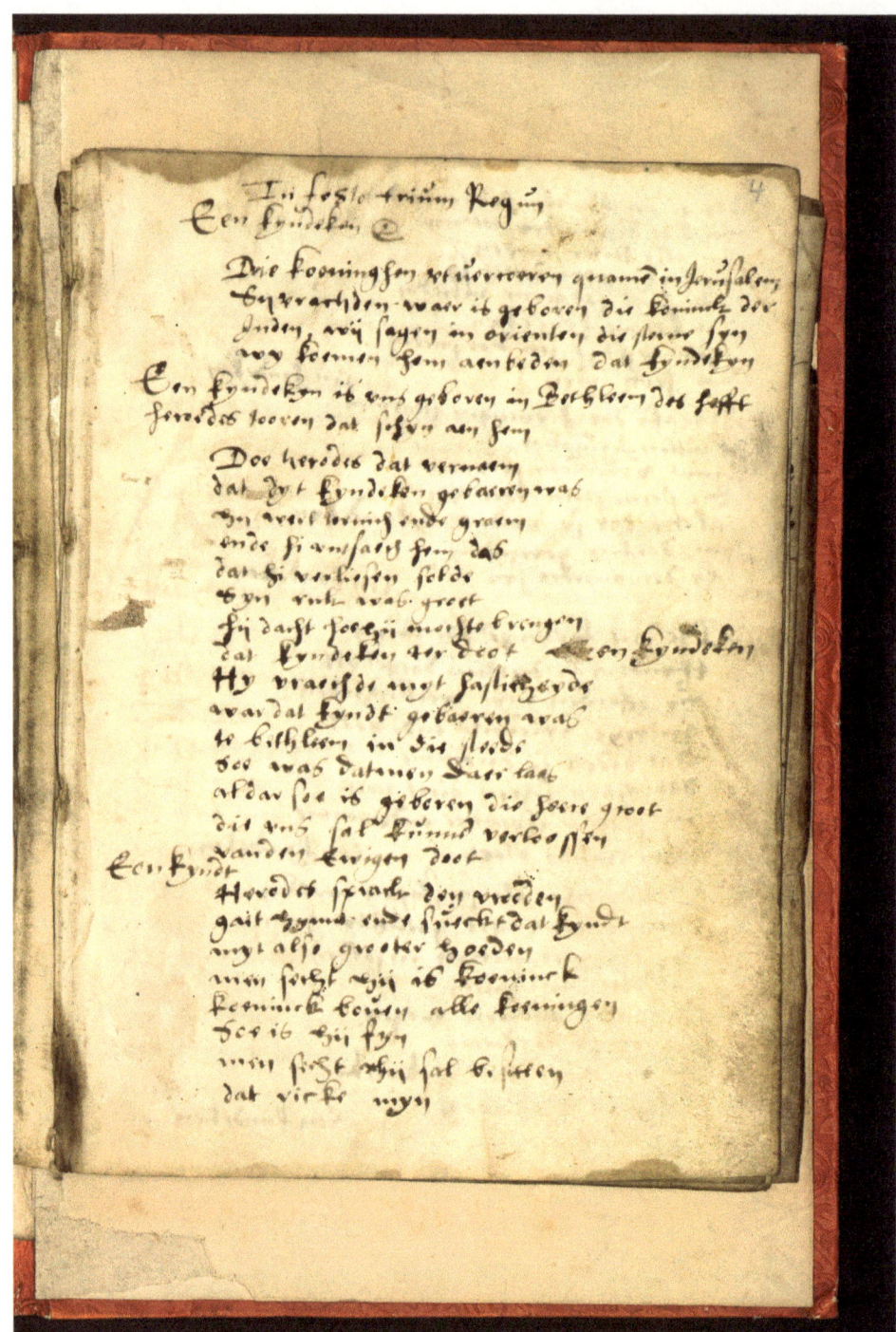

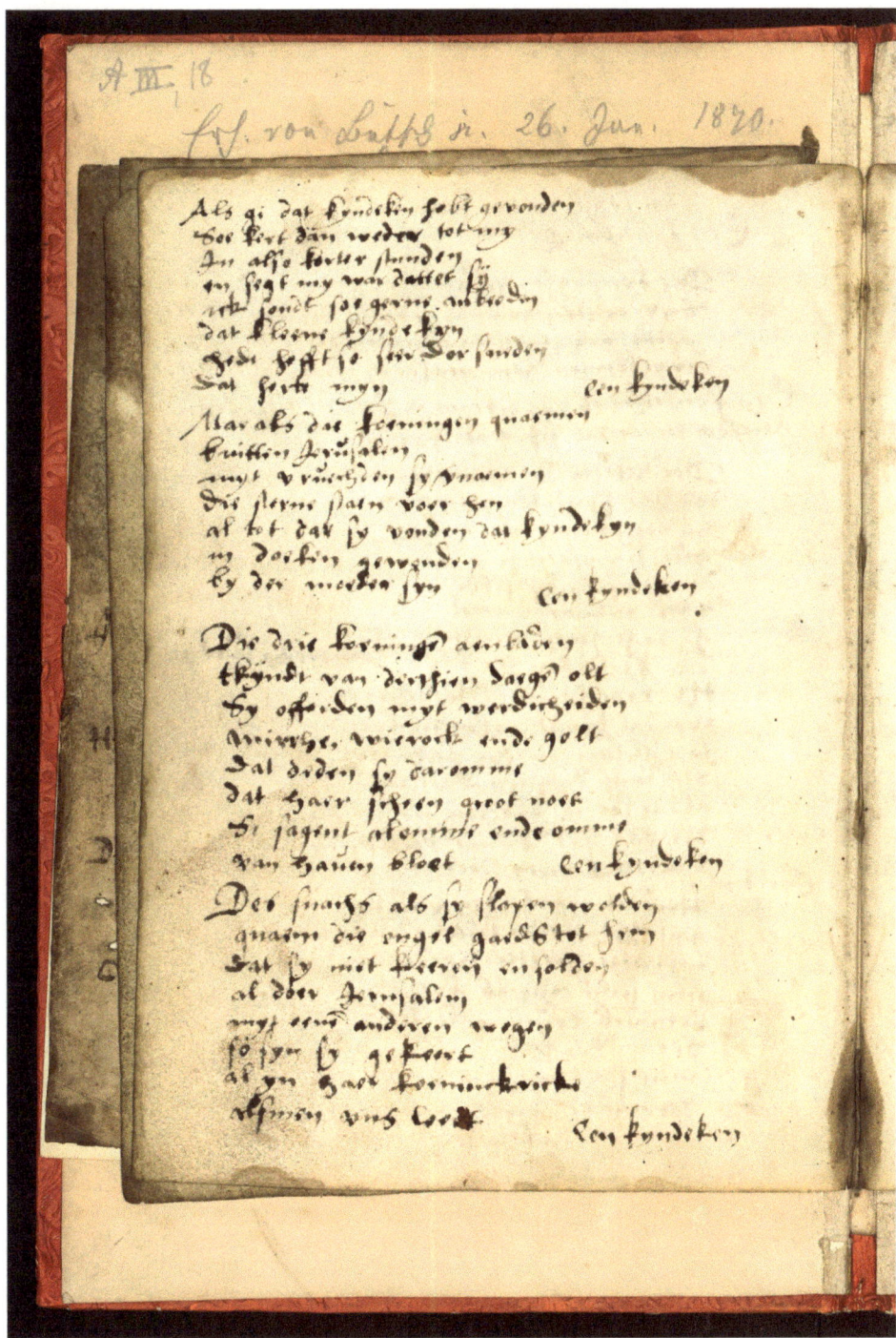

4v

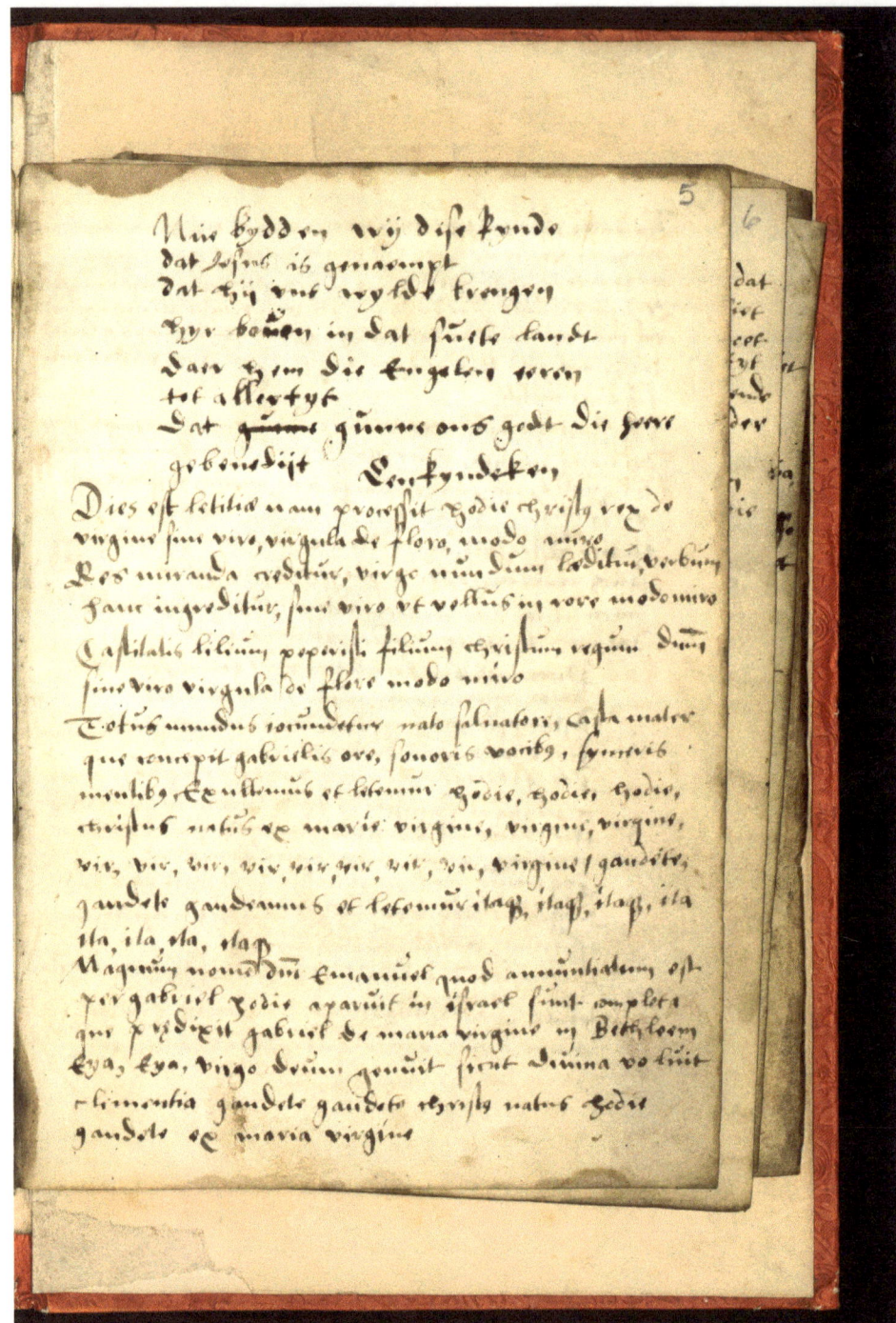

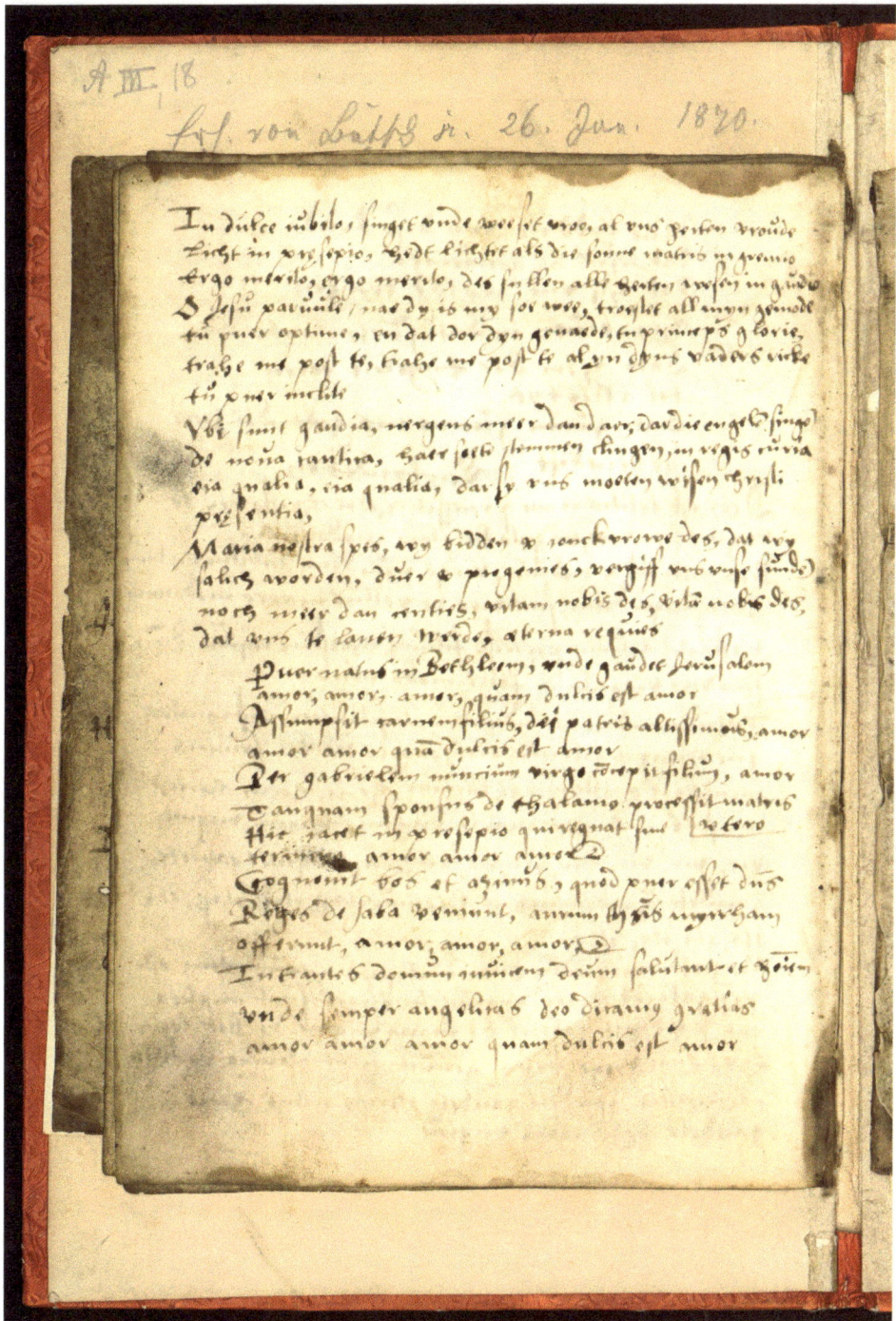

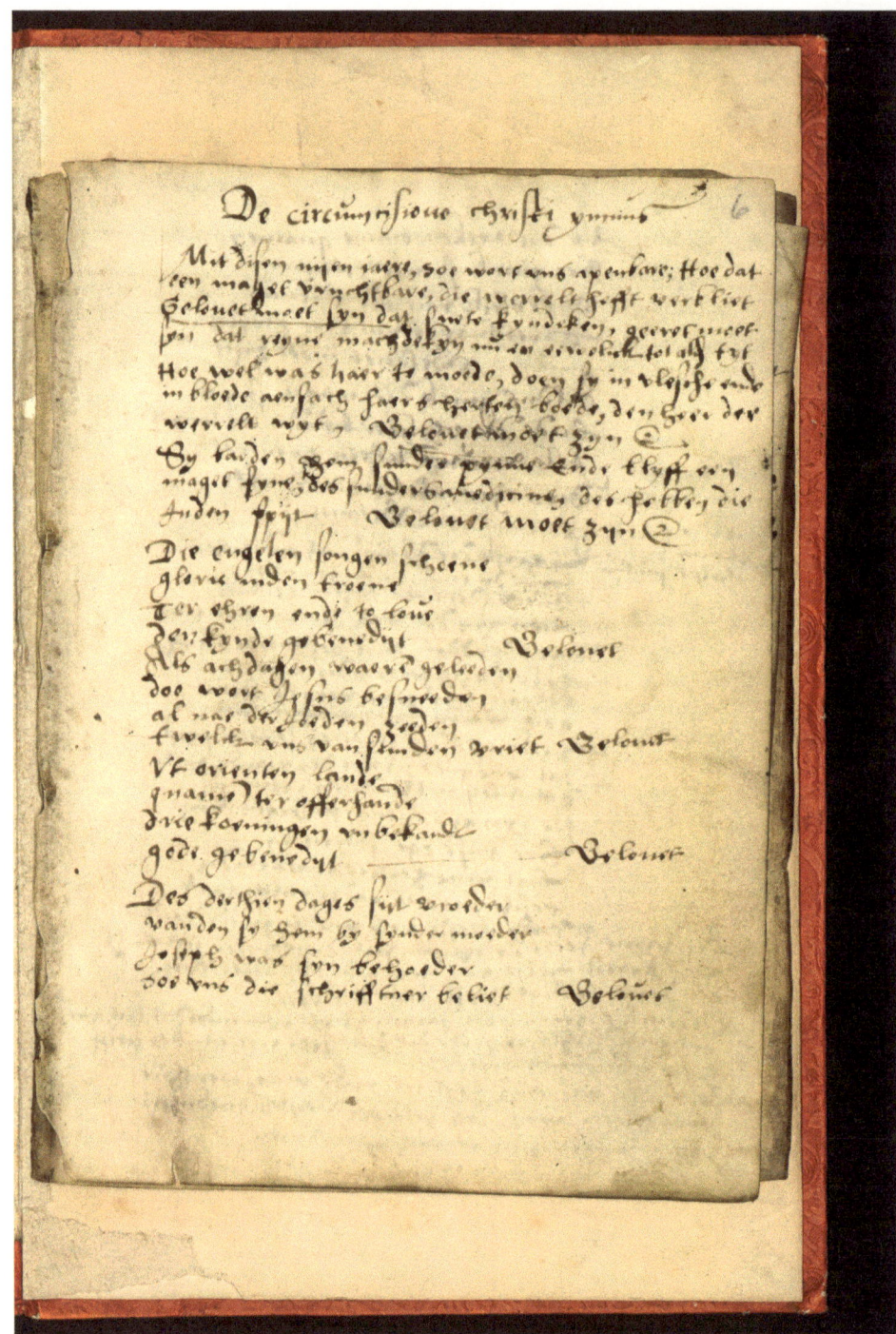

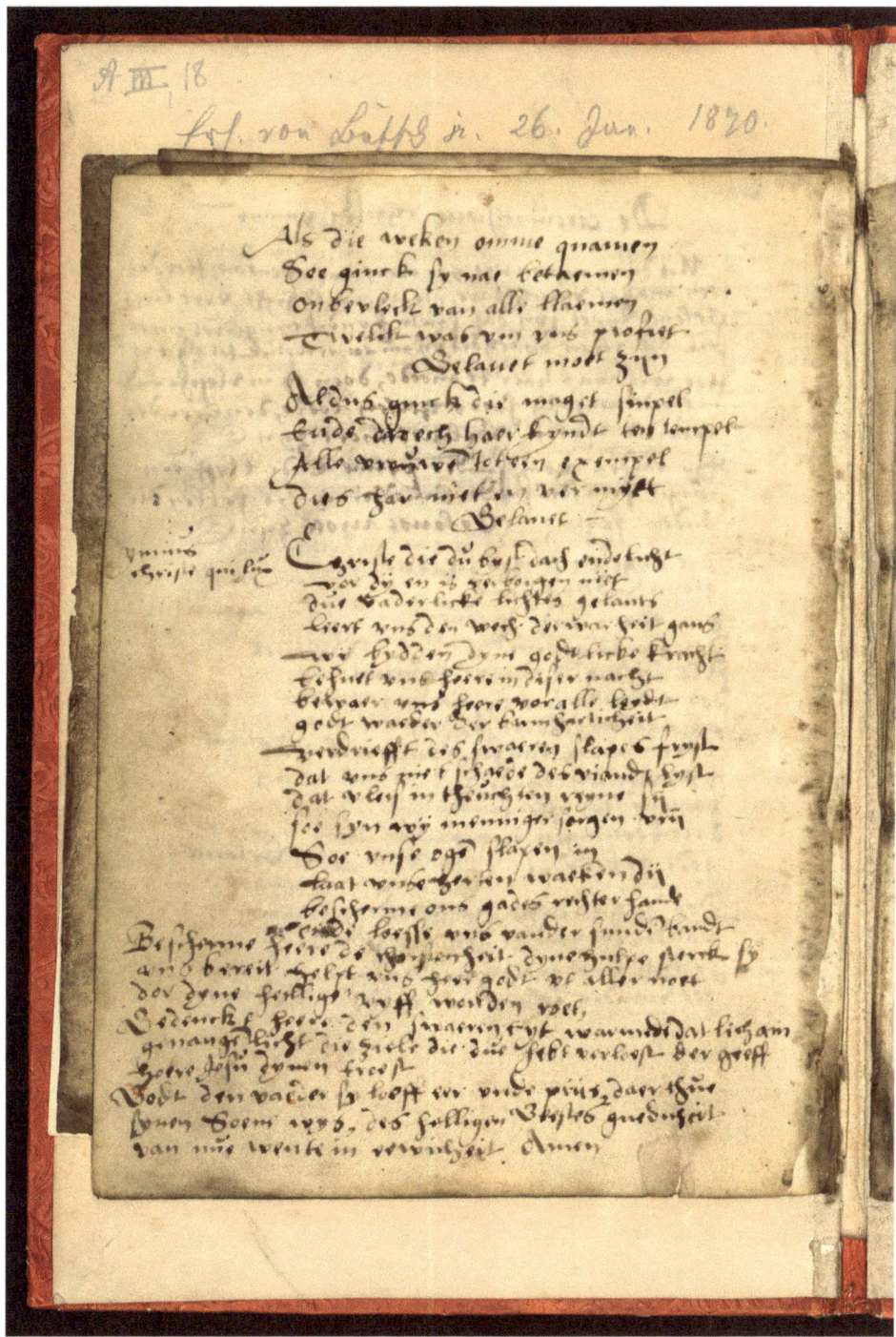

6v

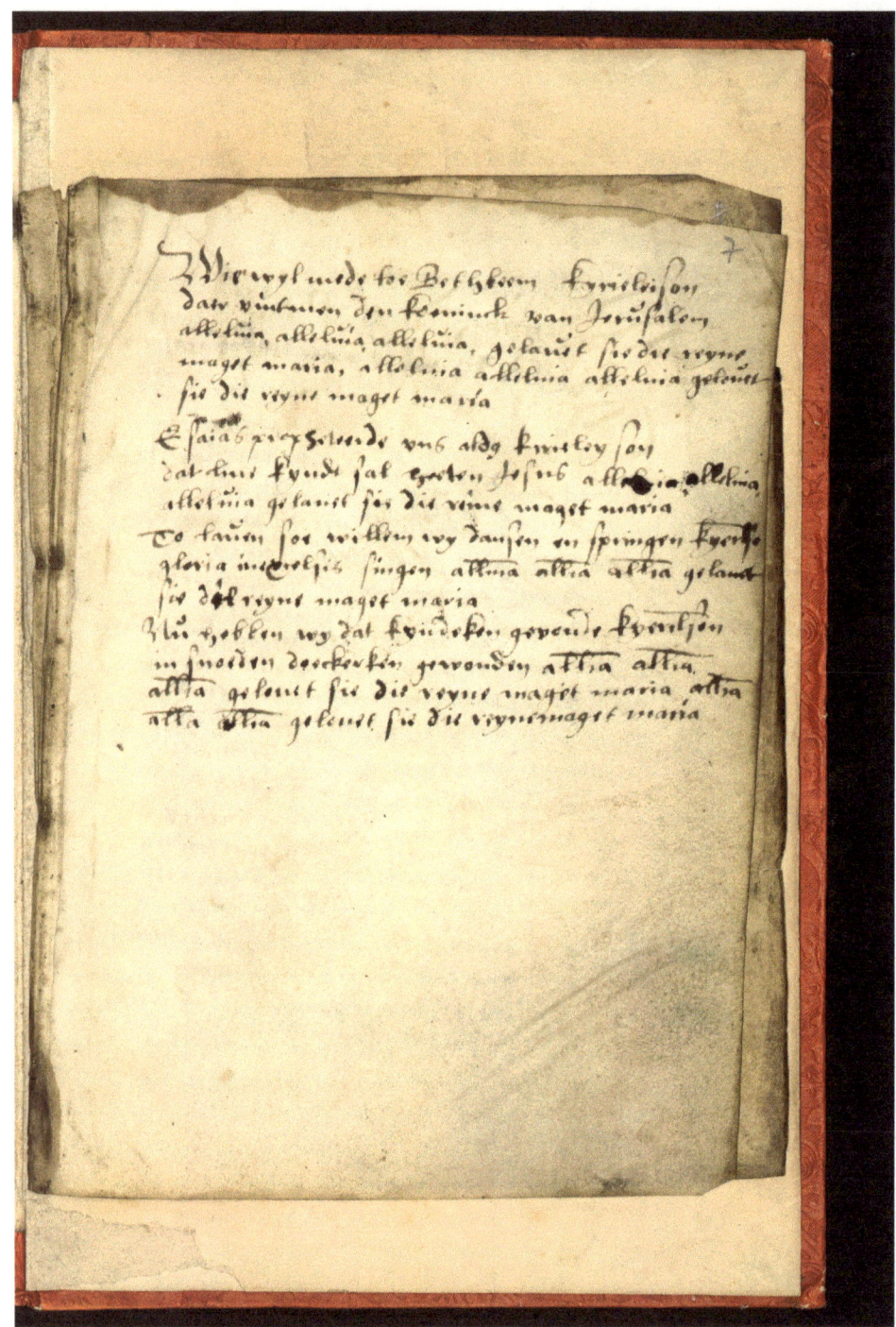

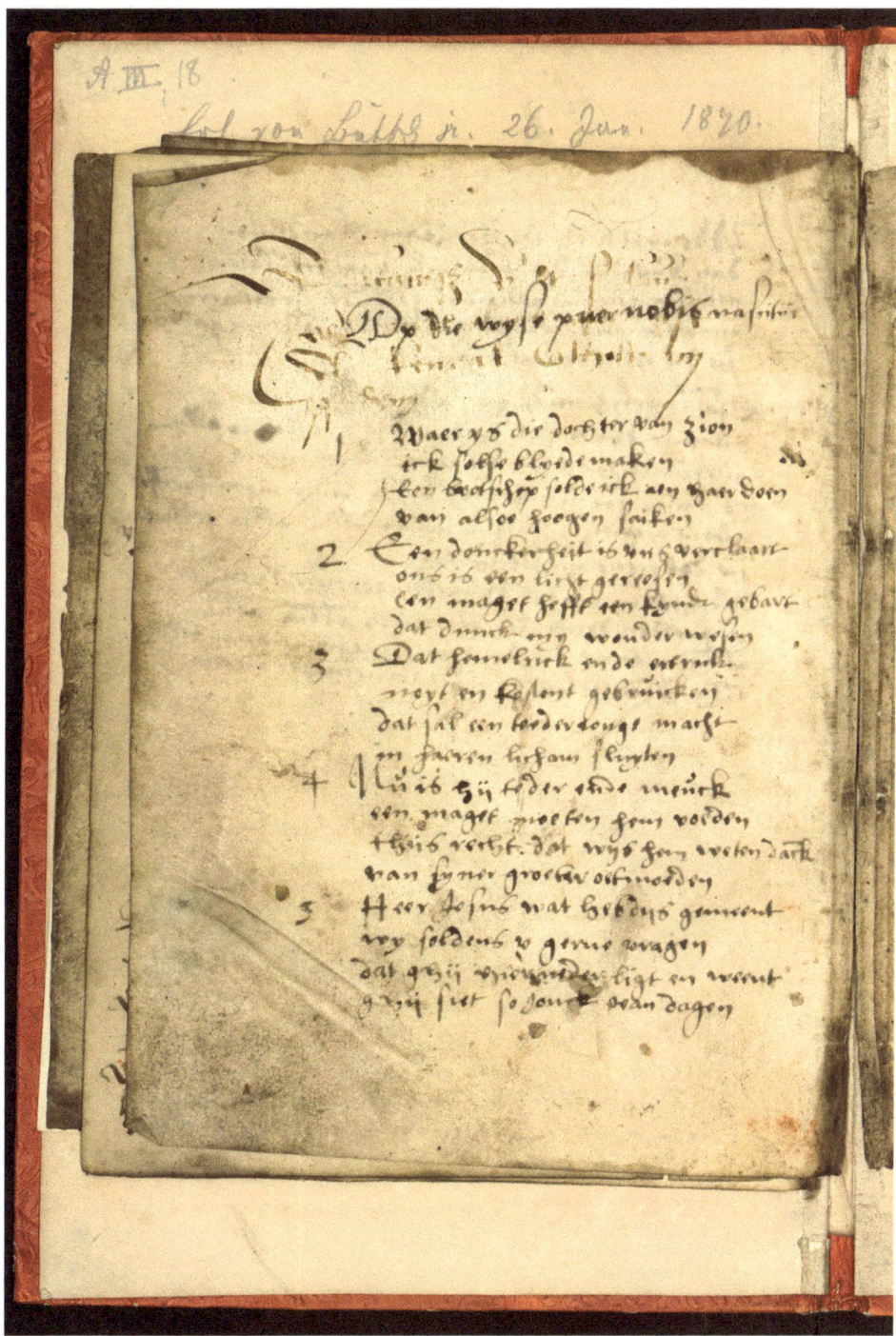

7v

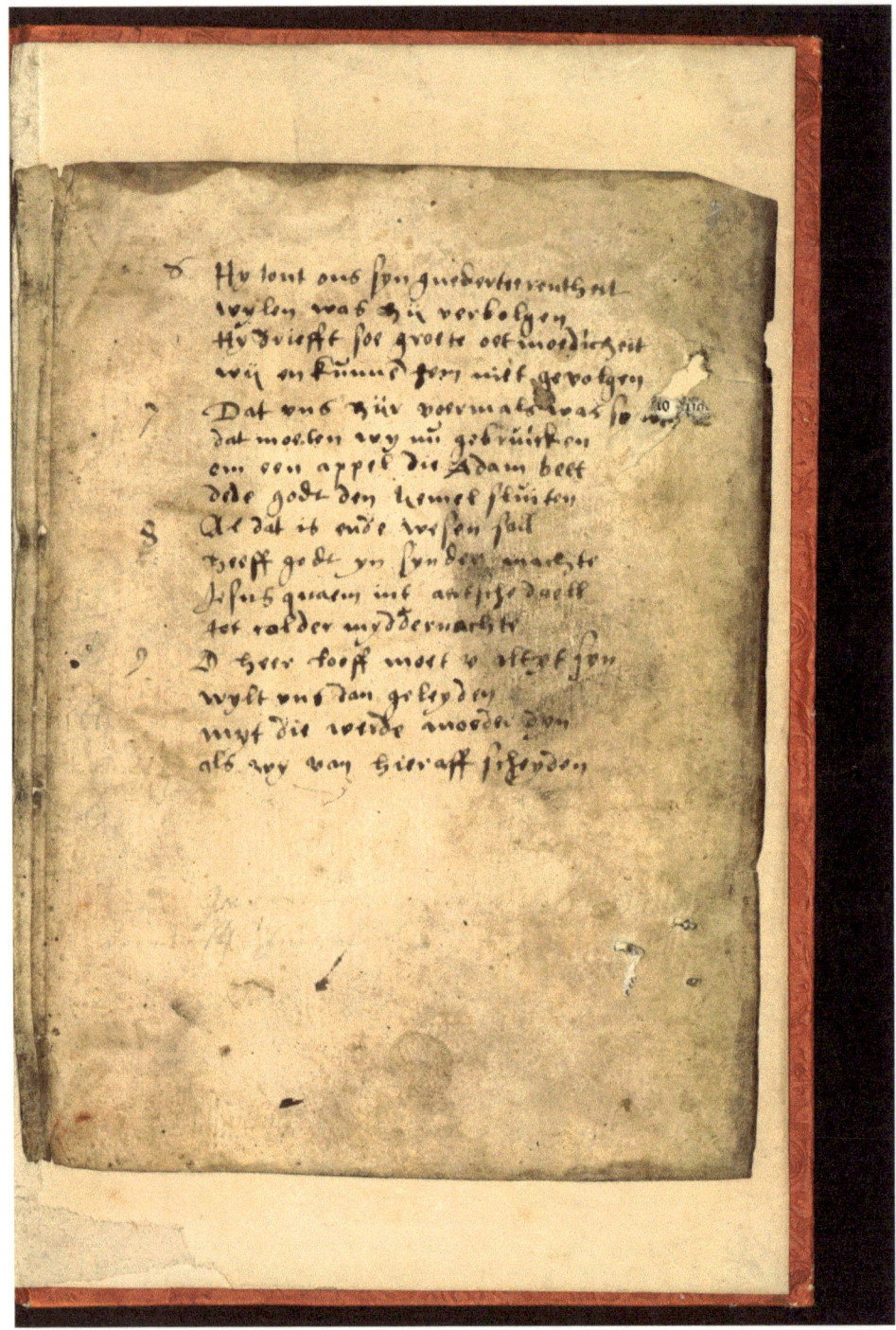

8v